ピート・Hに

君はわたしにパソコンを与え、
わたしが書いたすべての文章を編集し、
小切手を受け取れるよう口座を手配してくれた。
最初の日には鉛筆までくれた！
君とステラがいなかったら、何ひとつ実現できなかっただろう。

君は本物のブラザーだ（母親は別だが）。

CONVICT CONDITIONING 2

Copyright © 2011 Paul"Coach"Wade
Published by Dragon Door Publications
Little Canada, MN 55164, USA
www.dragondoor.com

Japanese translation rights arranged with Dragon Door Publications, Inc., Minnesota
through Tuttle-Mori Agency, Inc., Tokyo

# FOREWORD
## まえがき

### 強さに通じる多くの道

　これまで筋力トレーニングについての本を十数冊、記事を数百は書いてきたので、誰かの本に短い序文を書くことは、わたしにとって割とたやすい作業になる。しかし、この依頼に関しては……（キャリステニクスについて綴った本の序文にこの言い方が許されるなら）ポール・ウェイドが挙げたのは、とてつもない重量のウエイトだ。ポールが300ページ以上をクリアしたというのに、わたしときたら、わずかな文字数を書けずにいる。

　この本の序文を書くようポールがわたしに頼んできたことも、わたしがそれを了承したことも、わたしたちを知るアスリートたちからすると少々不思議な話になるだろう。ポールが、キャリステニクスに捧げた『プリズナートレーニング』を書いた男であり、わたしが、ウエイトトレーニングに捧げた『ダイナソートレーニング（Dinosaur Training）』（未邦訳）を書いた男だからだ。

　「どこに共通点が？」と思うだろう。

　お話ししよう。

　『ダイナソートレーニング』の表紙の話から始めよう。この表紙には、古い時代の身体文化を体現する男が、頭上に樽を持ち上げているシンプルな線画が使われている。それは、ジョージ・F・ジョウェットの前腕とグリップを強くするためのトレーニングコースから拝借したものだ。ジョウェットは、リフターであり、レスラーであり、ストロングマンであり、さまざまな記録を打ち立てた1世紀前のアスリートだ。身体文化について語る書き手の中でもっとも感銘を受けるひとりであり、彼のトレーニング技術に従った多くのアスリートが本物の強さを身につけていったことで知られている。

本書の最終草案を読んでいたわたしが、そこに、同じタッチの線画を見つけた時の驚きを想像してほしい。『ダイナソートレーニング』の表紙とまったく同じではなかったが、やはり重い樽を持ち上げている別の線画で、同じジョウェットのトレーニングコースからの抜粋だった。

それが、重い鉄を持ち上げることについて書いている男が、この本の序文を書く理由のひとつになっている。

わたしとポールは、古い時代の身体文化と昔のアスリートやストロングマンが編み出したトレーニング法に対する感謝の気持ちでつながっている。わたしたちは、強くなりたい時は近くの商業ジムに通わなければならないという多くの人の誤りを、それぞれの本や記事で指摘してきた。商業ジム。そこは、最先端のボディビルディング・プログラムをやらないかと誘われ、どんどん新しくなる筋力増強マシンや有酸素マシンを使ってトレーニングし、サプリメントを大量摂取し、筋肉をつくるための食事法に従い、ステロイドを都合してくれる人と知り合いになれないかと期待する世界だ。

わたしは、そのナンセンスに異を唱える者だ。そして、昔ながらの鍛え方、つまり、ハードワークと実用的なプログラム、さらには年を取っても役に立つ強さと健康と本質的な体力を手に入れることができるトレーニングスタイルを信じる者でもある。それは、1890年頃に始まる、わたしが「強者の黄金時代」と呼んでいる頃のストロングマンのやり方に従うことで可能になる。

ポールも同じことを信じている。興味深いことに、ポールの前作および本書には、わたしが今まで本や記事で紹介してきた「強者の黄金時代」の男たちが登場する。そしてポールが指摘するように、ステロイド、リストストラップ、スーパースーツが登場するはるか前の時代に、今日でもわずかな男にしか持ち上げられない、あるいは誰も持ち上げることができないウエイトの記録を残した男たちだ。

これがわたしとポールに共通する縫い糸だ。わたしたちはどちらも、現代のトレーニング技術——要は、現代的なボディビルディング——に背を向け、古い時代の身体文化に戻ることで本物の強さを希求してきた。古い時代のやり方が機能し、現代的なやり方が機能しないからだ。そして、わたしもポールも、あなた自身に機能するやり方でトレーニングしてほしいと願っている。「強者の黄金時代」に実在した伝説のアスリートたちと同じ強さを開発してほしいのだ。

　あなたは本物の強者になるための本を手にしている。賢く、そして隅々まで利用すれば、あなたの中に眠っている強い自分と出会うことになるだろう。

ブルックス・キュービック

# DISCLAIMER!
## おことわり

　健康を損ねるようなフィットネスや強さであっては意味がない。適切なトレーニングであれば、健康、フィットネス、強さは、手を取り合いながら望ましい方へと向かうものだ。この本では、トレーニングを安全に行うことの大切さと、そのために必要な技術を伝えるために、あらゆる努力を払っている。しかし、トレーニー（トレーニングをする者）の体は、各々異なっている。求めるものもさまざまだ。細心の注意を払い、自己責任のもとにトレーニングを進めてほしい。あなたには、自身の体を気遣う責任がある。どんなトレーニングプログラムであろうと、それを始める前に、医師に相談するよう、あらゆる医療専門家がアドバイスしている。何よりも安全第一に！

　この本は楽しんでもらうことを目的にしている。伝記でもない。本書に登場する個人名、経歴および状況は、部分的あるいは完全に変更されている。しかし、本書のすべての運動原理（技術、システム、イデオロギー）があなたの役に立つであろうことを著者は信じている。あなたにとってのベストを目指してほしい。

# PRISONER TRAINING

永遠の強さを手に入れる最凶の自重筋トレ
## プリズナートレーニング
## 超絶!! グリップ&関節編

## CONTENTS

## FOREWORD
まえがき ─────────────────────────── 3

## DISCLAIMER!
おことわり ─────────────────────────── 6

## OPENING SALVO
火蓋を切る ─────────────────────────── 18

## CHAPTER 1
### INTRODUCTION イントロダクション
    鉄格子の中に自分を閉じ込めろ ───────────── 21
    監獄内でのトレーニング法 ─────────────── 22
    わたしの場合 ───────────────────── 22
    コンビクト・コンディショニング・システム ─────── 23
    より大きく、より強くなるための高度な情報 ─────── 24
    消灯！ ──────────────────────── 28

# PART 1
# ショットガンマッスル
SHOTGUN MUSCLE

## CHAPTER 2
**IRON HANDS AND FOREARMS 鋼のような手と前腕**

- 極限の筋力をつくる２つの技術 ——————————————— 30
- 現代的なやり方？ 忘れろ。 ——————————————— 32
- かつては前腕をこう鍛えていた ——————————————— 33
- 進化とぶら下がり運動 ——————————————— 34
- 開閉のバランスを取る：指先プッシュアップ ——————————————— 35
- 前腕は、指を遠隔操作するディーゼルエンジン ——————————————— 37
- なぜハンギング・グリップか？ ——————————————— 38
- ワンアーム・タオル・ハング ——————————————— 43
- 消灯！ ——————————————— 43

## CHAPTER 3
**THE HANG PROGRESSION ザ・ハンギング・シリーズ**

- 重力を使って万力のようなグリップをつくる ——————————————— 44
- ぶら下がるコツ ——————————————— 46
  - STEP1　ホリゾンタル・ハング ——————————————— 49
  - STEP2　バー・ハング ——————————————— 50
  - STEP3　アンイーブン・ハング ——————————————— 51
  - STEP4　ワンアーム・バー・ハング ——————————————— 52
  - STEP5　タオル・ハング ——————————————— 53
  - STEP6　ツイン・タオル・ハング ——————————————— 54
  - STEP7　アンイーブン・タオル・ハング ——————————————— 55
  - THE MASTER STEP STEP8　ワンアーム・タオル・ハング ——————————————— 56
- 消灯！ ——————————————— 57

## CHAPTER 4
### ADVANCED GRIP TORTURE 拷問グリップワーク

- 瞬発力を備えたチタンのような指をつくる —————————— 58
- 高度なグリップワーク❶その先へ —————————————— 59
- 高度なグリップワーク❷フィンガーホールド ————————— 60
- 高度なグリップワーク❸瞬発グリップトレーニング —————— 62
- 消灯！——————————————————————————— 65

## CHAPTER 5
### FINGERTIP PUSHUPS 指先プッシュアップ

- 指を曲げる・伸ばす筋力のバランス ————————————— 66
- 拮抗筋を鍛えることの重要性 ———————————————— 66
- 素手を鍛える技術 —————————————————————— 68
- 指先プッシュアップの哲学 —————————————————— 69
- 少しずつ強くしていく ———————————————————— 70
- 消灯！——————————————————————————— 73

## CHAPTER 6
### FOREARMS INTO FIREARMS 火を噴く前腕

- 手と前腕をどう鍛えるか？：サマリー＆チャレンジ —————— 74
- プログラムのテンプレート —————————————————— 75
- 鋼鉄のガントレット ————————————————————— 76
- 消灯！——————————————————————————— 79

## CHAPTER 7
### LATERAL CHAIN TRAINING ラテラルチェーン・トレーニング

- キャプチャリング・ザ・フラッグ ——————————————— 81
- 現代の腹斜筋神話 —————————————————————— 82
- 腹斜筋を鍛える必要があるか？———————————————— 83
- 究極のラテラルチェーン運動：ザ・フラッグ ————————— 84
- ２種類のフラッグ —————————————————————— 87
- 消灯！——————————————————————————— 88

# CHAPTER 8
## THE CLUTCH FLAG ザ・クラッチフラッグ

- ８つの簡単なステップ ——————————————————— 90
- どこでトレーニングするか？ ————————————————— 92
- クラッチフラッグのトレーニング指標 ——————————— 92
- 基本のクラッチホールド ———————————————————— 94
  - STEP1　クラッチハング ———————————————————— 97
  - STEP2　ダイアゴナル・スプリット・クラッチ —————— 98
  - STEP3　ダイアゴナル・タック・クラッチ ———————— 99
  - STEP4　ダイアゴナル・クラッチ —————————————— 100
  - STEP5　ホリゾンタル・タック・クラッチ ———————— 101
  - STEP6　ホリゾンタル・スプリット・クラッチ —————— 102
  - STEP7　ベント・レッグ・クラッチフラッグ ——————— 103
  - THE MASTER STEP STEP 8　クラッチフラッグ ————— 104
- 消灯！ ———————————————————————————————— 105

# CHAPTER 9
## THE PRESS FLAG ザ・プレスフラッグ

- それほど簡単ではない８ステップ ————————————— 106
- 上半身のバリエーション ——————————————————— 107
- プレスホールドを理解する —————————————————— 108
- 神経系を奮い立たせる雷管：上下させる技術 ————— 109
- プレスフラッグ・トレーニングの戦略 ——————————— 110
- 基本のプレスホールド ————————————————————— 111
  - STEP1　サポートプレス —————————————————— 115
  - STEP2　プレスハング ——————————————————— 116
  - STEP3　キックプレス ——————————————————— 117
  - STEP4　バーチカル・チェンバー・プレス ———————— 118
  - STEP5　バーチカルフラッグ ———————————————— 119
  - STEP6　スプリット・プレス・フラッグ —————————— 120
  - STEP7　ベンド・レッグ・プレスフラッグ ———————— 121
  - THE MASTER STEP STEP8　プレスフラッグ ————— 122
- その先へ ——————————————————————————————— 123
- 消灯！ ———————————————————————————————— 125

# CHAPTER 10
## BULLDOG NECK ブルドッグのような首

- もっとも弱い部分を防弾する ———— 126
- 仕事に必要な首の力 ———— 127
- 秘密兵器 ———— 128
- 健康上の利点 ———— 129
- 古代から続く頸部トレーニングプログラム ———— 131
- レスラーブリッジ(プレバージョン) ———— 132
- レスラーブリッジ(フルバージョン) ———— 133
- フロントブリッジ(プレバージョン) ———— 134
- フロントブリッジ(フルバージョン) ———— 136
- どう進歩していくか? ———— 138
- フロントブリッジのための柔軟トレーニング ———— 139
- 頸部を鍛えるためのプログラミング ———— 143
- 鉛筆のような首に別れのキスを ———— 145
- 消灯! ———— 147

# CHAPTER 11
## CALF TRAINING ふくらはぎトレーニング

- 最高のふくらはぎをマシン抜きでつくる ———— 148
- ふくらはぎトレーニングの役割 ———— 149
- マシンの神話 ———— 150
- ふくらはぎの〝強壮剤〟 ———— 150
- ふくらはぎシリーズのサンプル ———— 154
- ウォーミングアップと休息 ———— 160
- ステップが多すぎる? ———— 160
- パワーを得るための献身 ———— 161
- 高度なふくらはぎトレーニングのヒント ———— 162
- 消灯! ———— 164

# PART 2
# 関節"防弾"トレーニング
## BULLETPROOF JOINTS

### CHAPTER 12
#### TENSION-FLEXIBILITY しなやかな筋力

- 関節トレーニングという失われた技術 —— 166
- 強い関節とキャリステニクス —— 171
- ジムでは筋肉をつくれても強い関節はつくれない —— 172
- ストレッチする時にリラックスしているか？ —— 175
- 筋伸張反射：緊張が土壇場の勝利をもたらす —— 176
- リラクゼーションとケガ —— 178
- しなやかな筋力をつくる際に気をつけたいこと —— 179
- 消灯！ —— 180

### CHAPTER 13
#### STRETCHING - THE PRISON TAKE 監獄ストレッチ

- 柔軟性、可動性、筋肉制御 —— 181
- 柔軟性は"副産物" —— 182
- 筋力+柔軟性=可動性 —— 182
- コンビクト・コンディショニングと柔軟性 —— 183
- 受動的ストレッチ VS 能動的ストレッチ —— 184
- 受動的ストレッチの正しい役割 —— 185
- 能動的ストレッチが関節を防弾する —— 186
- 消灯！ —— 190

# CHAPTER 14
## THE TRIFECTA ザ・トリフェクタ

- 傷めた体、硬くなった体を蘇らせる秘密兵器 —————— 192
- 〝トリフェクタ〟を解き放つ —————————————— 194
- 関節トレーニングの3つの戦略 ————————————— 194
- トリフェクタの力 ——————————————————— 203
- トリフェクタをプログラミングする ——————————— 205
- 消灯！ ——————————————————————— 208

# CHAPTER 15
## THE BRIDGE HOLD PROGRESSIONS ザ・ブリッジホールド・シリーズ

- 究極のケガ予防・リハビリ技術 ————————————— 209
- アイソメトリックブリッジ VS ダイナミックブリッジ ———— 211
- ブリッジを進化させる ————————————————— 211
  - STEP1　ショート・ブリッジホールド ———————————— 213
  - STEP2　ストレート・ブリッジホールド ——————————— 214
  - STEP3　アングルド・ブリッジホールド ——————————— 215
  - STEP4　ヘッド・ブリッジホールド ————————————— 216
  - STEP5　ブリッジホールド ————————————————— 217
- その先へ？ ————————————————————— 218
- 消灯！ ——————————————————————— 219

# CHAPTER 16
## THE L-HOLD PROGRESSIONS ザ・Lホールド・シリーズ

- 深層筋を鍛え、股関節と下背部を治癒する ————————— 220
- ハンギング・レッグレイズ VS Lホールド ————————— 221
- Lホールドを進歩させる ———————————————— 222
  - STEP1　ベント・レッグホールド —————————————— 223
  - STEP2　ストレート・レッグホールド ———————————— 224
  - STEP3　Nホールド ———————————————————— 225
  - STEP4　アンイーブン・Nホールド ————————————— 226
  - STEP5　Lホールド ———————————————————— 227
- その先へ？ ————————————————————— 228
- 消灯！ ——————————————————————— 229

# CHAPTER 17
**TWIST PROGRESSIONS** ツイストホールド・シリーズ

- 自由に動く機能的三対称軸をつくる ————————————— 231
- 肩の奥深くにある痛みと弱さを消す ————————————— 232
- ビッグ7？ ——————————————————————————— 232
- 昔に戻ってツイストを ——————————————————— 233
  - STEP1　ストレートレッグ・ツイストホールド ——————— 234
  - STEP2　イージー・ツイストホールド ——————————— 235
  - STEP3　ハーフ・ツイストホールド ————————————— 236
  - STEP4　スリークオーター・ツイストホールド ——————— 237
  - STEP5　フル・ツイストホールド —————————————— 238
- その先へ？ ——————————————————————————— 239
- 筋力の導きに従う ————————————————————— 240
- 消灯！ ————————————————————————————— 242

# PART 3
# 監房棟 G で学んだ知恵
## WISDOM FROM CELLBLOCK G

# CHAPTER 18
**DOING TIME RIGHT** トレーニング生活に服役する

- ストレート・エッジを歩け ————————————————— 244
- 規律が才能を解き放つ ——————————————————— 245
- 休息と睡眠 ——————————————————————————— 246
- 新たな活動レベルへ順応するには ————————————— 248
- ストレスとは何か ————————————————————— 249
- ボーンヤード（……セックス！） —————————————— 250
- アスリート最大の敵、タバコ ———————————————— 251
- 監獄酒 ————————————————————————————— 253

新しいドラッグ ——————————————————— 254
　　ステロイドの真実 —————————————————— 256
　　消灯！ ———————————————————————— 258

# CHAPTER 19
## THE PRISON DIET ザ・監獄ダイエット
　　囚人アスリートは何を食べて筋肉をつくるのか？ ——— 260
　　監獄式のメニューと食べ方 ————————————— 262
　　蛇口から水を ———————————————————— 264
　　シンプルにいこうぜ —————————————————— 265
　　プロテインについて —————————————————— 266
　　タンパク質がそんなに必要か？ ———————————— 267
　　「少量を、回数多く」……って本当か？ ———————— 269
　　肥満について考える ————————————————— 270
　　カロリーを燃やしても解決策にはならない ——————— 271
　　体重を減らすには —————————————————— 272
　　潜在意識の効果——脂肪を減らす〝秘密兵器〟——— 273
　　消灯！ ———————————————————————— 274

# CHAPTER 20
## MENDIN' UP 傷ついた体を修復する
　　治癒を促す8つの法則 ———————————————— 275
　　大暴動とケガ ———————————————————— 289
　　サン・クエンティンで負傷して ————————————— 291
　　瘢痕組織をストレッチする —————————————— 293
　　監獄内のストレッチマスターたち ——————————— 294
　　消灯！ ———————————————————————— 295

# CHAPTER 21
## THE MIND 内なる声と向き合う
　　心の監獄から自由になる ——————————————— 296
　　心の中のネガティブな声 ——————————————— 297
　　トレーニング上の6つの悪魔 ————————————— 298
　　消灯！ ———————————————————————— 308

# BONUS CHAPTER
## PUMPIN' IRON IN PRISON 監獄ジムでバーベルを挙げる

- 神話、筋肉、そして誤解 ─── 310
- 神話1　すべての監獄にジムがある ─── 311
- 神話2　監獄ジムは男をより強く、より筋肉質にするのに適した場所だ ─── 312
- 神話3　すべての囚人が日がな一日ウエイトを挙げている。
　　　　そのことが、巨大な化け物を量産している ─── 315
- 神話4　監獄では、いつでもウエイトを挙げることができる。
　　　　だから、囚人が巨大で強くなるのは当然だ ─── 316
- 監獄ジムのウエイトトレーニング・プログラム ─── 317
- 監獄ジムの王 ─── 318
- 腕への執念 ─── 320
- 岩のような肩 ─── 322
- 下半身リフト ─── 322
- 消灯！ ─── 324

## ACKNOWLEDGEMENTS 謝辞 ─── 325

# OPENING SALVO
## 火蓋を切る

「ガムを噛んだあとにショットガンをぶっ放す。
そのつもりでここに来た。
で、あいにくガムが切れててね……」
　　　　──ロディ・パイパー（映画「ゼイリブ」より）

　ノートの山、試行錯誤の末のアイデア、いにしえの世界から伝わる教えをまとめたこの〝本〟の中に飛び込む前に、警告しておきたい。

　最優先事項を。筋力や筋量を増やすための基本的なワークアウトを探しているなら、この本を買ってはいけない。それらは、前作の『プリズナートレーニング』の中にある。バーベルやマシンにウエイトを積んでトレーニングする男たちが生まれる前の、特に囚人たちが、自分の体重を使って最大限の強さをどう開発してきたかについて語り尽くしてある。

　『プリズナートレーニング』が書店に並んでから、基本を超えたテーマについて多くの質問を受けた。それは、以下のような内容に集約される。

・上腕や大腿の先にある、前腕、ふくらはぎ、さらに首はどう鍛えたらいいか？

・体の側面にある筋肉はどう鍛えたらいいか？
・関節を強くするトレーニングはないか？
・監獄の食事だけで体を大きくできるのか？
・傷ついた囚人が、回復を早めるために使っている特別な技術はあるか？
・囚人アスリートはメンタルをどう鍛えているのか？

　以上のような質問に対する答えがこの本の中にある。それらを知りたければ、手に取ってほしい。

　新しい読者がいるかもしれないので、2番目の警告を。このマニュアルは、あなたが今まで目にしてきた筋力やフィットネスについて書かれた本とは、まったく異なるものだ。他の書籍の著者は、真っ当なトレーナーであることを証明する認証を何十と持っている。だいたいが博士号を持っていて、ウェブサイトがあり、YouTube チャンネルがある。

　わたしにはそれらがない。

　もし次のような話を聞きたいなら、この本を読むと時間の無駄になる。

・ウエイトを挙げろ
・10レップス3セットが基本
・ストレッチしろ
・1日6回食べろ
・プロテインを飲め

　わたしはこんなことは言わない——実際、わたしが口にすることのほとんどが、現代のフィットネスシーンがアピールする内容とは真逆になる（だから、効果があるのだが）。

　はっきり言っておかなければならない。わたしは誰の認証も受けていない。公式記録にも載っていない。栄養学や運動療法の学位もない。

YouTubeの中にわたしの姿はない。権威というバックグラウンドが、わたしにはひとつもない。

　20年にわたって過ごした鉄格子の後ろが、わたしの学校だったからだ。最新のエクササイズマシン、栄養学や生化学に関する研究、洒落たワークアウトについて語ることができないのは、そのためだ。

　専門家やパーソナルトレーナーの同意が得られる何かを教えられるわけではないし、彼らと議論するつもりもない。わたしにできるのは、監獄内で受け継がれてきた最善のトレーニング方法と体調を整えるためのコンディショニング技術をあなたに伝えることだけだ。

　この本は、以上を心に留めて読んでもらいたい。また、物議をかもしやすい内容であることに間違いはない。とはいえ、どうか頭に血を上らせないでいただきたい。あなたの血管を傷つけることはわたしの本意ではない。ただ読んでほしいのだ。気に入らなければ深刻に受け取らなくていい。気に入ったら、試し、テストし、使ってほしい。

　監獄の中で機能する内容だ。参考にしてもらえたらうれしい。

ポール・ウェイド

# CHAPTER 1

## イントロダクション
### INTRODUCTION

**PUT YOURSELF BEHIND BARS**
## 鉄格子の中に自分を閉じ込めろ

筋金入りのジムを想像してほしい。

- そこは男たちが生存を懸けてトレーニングしている闘技場のようなジムだ。チッペンデール風（訳注：筋肉男たちが歌って踊って裸になるショー）のかわいい筋肉ではなく、剥き出しともいえる動物的なパワー、機能的な身体能力、頑強なタフネスさを得るためのジムであり、理不尽で暴力的な政治力に支配されているジムでもある。

- 新しいトレーニングマシンや、腹につける洒落たハイテク機器、ジュースバーや空調設備といった贅沢品とは縁がなく、そこにあるのは──時代を超えて伝えられてきた──自重力トレーニングのみ。文字通り、汗をかき、格闘し、孤独にトレーニングするしかないジムであり──観客はおらず、賞賛もなく──秘めた闘志しかないジムでもある。

- そこは、素早く、効率的に結果を導き出すトレーニング技術以外は採用されないジムでもある。

わたしがトレーニングについて、あるいは、体がどうできているかを学んだのが、この究極のジムだ。もうおわかりだと思うが、そこは、連邦あるいは州の矯正システムと呼ばれるところ、つまり、監獄という名のジムである。

## THE EVOLUTION OF PRISON TRAINING METHODS
## 監獄内でのトレーニング法

多くの囚人アスリート、特に服役期間が長い囚人は、年老いた囚人から監獄生活を上手に送るためのコンディショニング技術を学ぶ。その年老いた囚人も、それ以前に生きていた囚人から技術を受け継いでいる。こういった古い時代の囚人にとって、鉄格子の外で流行する器具やトレーニング法はまったく縁がないものだった。その結果、外の世界から切り離された監獄でのトレーニング法は、純粋で、タフで、機能的な姿のまま生き残ることになった。

囚人アスリートは革新的でなければならない。エクササイズやトレーニング戦略を自分で編み出す必要に迫られるからだ。休むことなく監房内でトレーニングしながら、彼らが追い求めたのは、監獄でサバイバルするための筋力だ。そこから生まれたのが、雑誌の記事になることもなく、パーソナルトレーナーが知る由もない究極のトレーニング法だ。

## MY TIME
## わたしの場合

世間についてわたしが知ることは少ない。しかし、自重力トレーニングにだけは精通している。20年にわたる監獄暮らしで学んだからだ。きっかけは薬物犯罪だった。最初はサン・クエンティン。そこから出所してからの密売で、連邦矯正施設に〝ステップアップ〟した。25万回のプッシュアップと数え切れないスクワットをやるはめになったのは、そのためだ。

鉄格子の後ろでの永遠とも思える長い時間、体を開発することがわたしの情熱になり、いつしか執念になっていった。そのことがわたしを正気にさせ、誰かに殺されることなく心臓が今もビートを刻んでいる理由になっている。あらゆる種類の人々から学ぼうとした。元ネイビー・シールズ、海兵隊員、

空手家。特に、監房で自重力トレーニングに励む古老たちからできるだけ多くの技術を吸収しようとした。

何年もかけて自重力トレーニングをマスターしたわたしは、他の囚人にもそのトレーニングを施すようになっていった。わたしのやり方は囚人から囚人へと伝えられてきた伝統的な監獄キャリステニクスに基づくもので、それをさらに蒸留したものだ。自分の体重を使い、最低限の装置を使い（あるいはまったく使わず）、漸進的に進歩し、冷酷なまでに激しい。監獄トレーニングのあるべき姿を体現したものになっている。

## THE CONVICT CONDITIONING SYSTEM
## コンビクト・コンディショニング・システム

ほとんどのパーソナルトレーナーが、キャリステニクスを〝簡単〟な運動、またはウォーミングアップと見なしている。しかし、囚人アスリートはキャリステニクスを使って強く大きな体をつくっていく。彼らの強さの源泉は、キャリステニクスの中にこそある。

キャリステニクスがすべての土台になる。そして、コンビクト・コンディショニング・システムを使えば、スタミナ、バランス感覚、敏捷性、反射スピードを驚異的なレベルまで高めることができる。

しかし、大切なのは筋力を高めることだ。定期的にプッシュアップをやって筋肉と腱を強くしない限り、クラッピング・プッシュアップで必要になる瞬発力とスピードはつくれない。筋力がなければ、筋持久力がつくことはない。バーピーをやってスタミナをつくろうとしても、筋力がなければケガをするだけだ。だからこそ、もっとも基本的でハードコアな動作であるビッグ6が、システム全体の核になっている。すべてがビッグ6から外へと放射されていくイメージになる。

## THE CONVICT CONDITIONING SYSTEM
### コンビクト・コンディショニング・システム

**生き残るための運動技術**
・スタミナトレーニング
・戦闘能力開発
・筋持久力構築

**6 ザ・ビッグ6 パワームーブ**

**動態**
・爆発力
・敏捷性
・反射運動
・スピード

**筋力のための高度なキャリステニクス**

**特殊な部位**
・手と前腕
・ラテラルチェーン
・足とふくらはぎ
・首

**関節トレーニング**
・筋緊張時の柔軟性
・関節可動性
・機能的三対称軸
・ザ・トリフェクタ

**他の要素**
・栄養
・心理
・解毒
・治癒etc

## GETTING BIGGER AND STRONGER - THE ADVANCED INFO
## より大きく、より強くなるための高度な情報

　前作では、ビッグ6を使って筋力システムの土台を築く内容を紹介した。2冊目のこの本は、その土台の上につくる、さらに強くなるためのキャリステニクスを紹介している。最初は、1冊の本にコンビクト・コンディショニング・システムのすべてを詰め込もうとした。しかし、それではページ数が膨大になりすぎるので2冊に分冊することになった。その結果、本書は高度なキャリステニクス技術を集めたシステムの上級編になっている。

　システムの高度な領域は、ビッグ6に取って代わるものにはならない。すべてがビッグ6から派生していくからだ。筋力と筋量の増加は、目を引く玩具や複雑な技術、似非科学的なアプローチからは生まれない。体を本気で開発したいなら、ビッグ6を、絶え間なく、秩序立てて、漸進的にトレーニングすればいい。ビッグ6の基本的な動作とそのバリエーションは、創造的なトレーニングを可能にするだろう。トレーニングを積んでいけば、レップス数、スピード、プログラムなどをアレンジできるようにもなる。最初の本は、

それさえあれば、生涯にわたって生産的なトレーニングができる内容になっている。

　ところが、アスリートが成長すると、いくつかの情報がほしくなる。通常3つのカテゴリに分類される。

①特殊な部位の鍛え方：グリップ、首、ふくらはぎ、体の側部などはどう鍛えたらいいか？
②関節トレーニング：腱を強くする、関節の可動性を高める、関節の痛みを除去する方法が知りたい
③ライフスタイル上のアドバイス：脂肪の減らし方、疲労からの回復法、トレーニングにおける心構えなどを知りたい

　この3つが本書のテーマになっている。

　第1部には「ショットガンマッスル」というタイトルをつけた。最初の本にも、前腕、体の側部、首、ふくらはぎといった筋肉の鍛え方についての情報が入っている。しかし、選ぶスポーツによって、あるいは身体上の理由などから、それらの筋肉に、特別なトレーニングが必要になることがある。ショットガンマッスルは（通常は弱いままの）それらの部位を鍛えることで、体全体を〝スーパーヒーロー〟レベルにまで押し上げるエクササイズや技術を凝縮した内容になっている。すべて監獄の中で学んだものであり、コンビクト・コンディショニングの哲学である「最小限の器具しか使わず最大限の結果を」にも忠実な内容になっている。

　現代の身体文化の中で、関節トレーニングほど過小評価されている分野はないだろう。体が大きく強くなるにつれ、関節にかかわるトラブルは切実な問題になっていく。筋肉が強くなり、筋肉にかける負荷が大きくなると、関節や腱にかかる負荷も大きくなるからだ。痛む関節に悩むボディビルダーは多い。彼らのトレーニング法だと、硬直した不自然な動作やケガをしやすい結合組織をつくり出すものになる。キャリステニクスが優れているのは、こ

の点だ。関節や腱にトラブルを招くのではなく、それらを強いものに変えていくトレーニングになるからだ。第2部である「関節〝防弾〟トレーニング」は、強い関節をつくる方法と、関節に古くからある痛みを除く方法を紹介している。ここでは囚人アスリートのストレッチ観と、彼らが使う伝統的なストレッチ法をお教えする。

　第2部では、「トリフェクタ（Trifecta）」とわたしが呼ぶ、関節に機能的な可動性をもたらすプログラムも紹介している。1日数分ででき、年老いても健康で可動性が高い関節を維持できるスグレモノだ。

　第3部「監房棟Gで学んだ知恵」は、アスリートの生活領域について言及している。わたしにはパーソナルトレーナーやライフコーチの資格がない。しかし、以下のような項目について教えることができる。

・監獄内での食事スタイル
・規律正しく生活する方法（〝ブザー〟とともに暮らす）
・睡眠と休息の重要性
・メンタルコントロール（〝悪魔〟と戦う）
・「ストレートエッジ」の有益性（やるべきことに集中して生きる）
・癒しのスキル（最低限の医療的知識、監獄内での健康法について）

　最終章は、トレーニングにおける心の役割について説明している。心のパワーは、フィットネス関連のほとんどの本で軽く扱われている（または完全に見落とされている）。外の世界には、内省（自己観察）から自分をそらすものがたくさんあるからだろう。頭の中に浮かんでは消えていく思考、さらには社会にもたらした罪の思い出。監房の中にそれらと一緒に閉じ込められて、わたしは何千もの夜を過ごした。それらの夜が教えてくれたのが、心が演じるトリックについてだ。それらにどう対処したらいいかも学んだ。あなたのトレーニングの助けになればうれしい。

　この本にはボーナスチャプターもある。監獄を出た後、ウエイトやボディ

ビルディングをやっている男たちから、ウエイトを使える環境にある囚人がどうトレーニングしているかたくさんの質問を受けた。このトピックは彼らにとって、非常に魅力的らしい。わたしにとってはキャリステニクスがすべてだが、ひっきりなしに聞かれるので、本の最後に加えることにした。「監獄ジムでバーベルを挙げる」がそれだ。おおよその質問に対する答えが、ここにある。

監獄トレーニングが世界クラスのアスリートを生み出す。体重を使ってトレーニングすれば、筋持久力がつくことを誰もが知っている。しかし、それだけではなく、爆発的な筋力もつくり出す。たとえば、ハンドスタンド・プッシュアップ中に拍手するような、罪深いほどのパワーが手に入る。

# LIGHTS OUT!
## 消灯!

　タフガイになりたい男たちが犯す最大の誤りが何か、わかるだろうか？ それは移り気だ。あるトレーニング法から別のトレーニング法へといとも簡単に移ることだ。あるツールや技術が流行すると、今までやってきたことを捨て、それを始める。システムを変え、目標とアプローチ法を変えることは、トレーニングにおける自殺行為に等しい。

　世界でもっとも優れたアスリートのうちの何人かが囚人であることは間違いない。しかし、それは、遺伝的に恵まれているからではない。もちろん世界クラスのコーチの教えを受けることなどできないし、先端的な栄養学的プログラムやサプリメントを使えるわけでもない。何が彼らを最高のアスリートにするのか？ それは文字通り、キャリステニクスというひとつのトレーニング法にロックされることだ。

　トレーニング法を変えないほど、そして、トレーニングに必要なものが少なくなるほど、また、基本に集中すればするほど、好ましい結果がついてくる。進歩すればするほど、この考え方が大切になる。強く大きくなってきたからと、他の要素――ウエイト、マシン、体を鍛えると謳う玩具――を加えたくなる衝動に惑わされてはならない。母なる自然がデザインした通りに体を動かすやり方でトレーニングするだけでいいからだ。たとえば、わたしたちのグリップは、樹からぶら下がるために進化した。だから、強いグリップをつくりたい時は、何かからぶら下がればいいし、それが最高のトレーニング法になる。わざわざグリッパーやエクスパンダーを買う必要はない。脂肪を落としたい？ ならば、脂肪を減らすピルや高価なサプリメント、複雑な食事法を避け、1日3回しっかり食べることだ。

　メッセージを理解してもらえただろうか？ では、すべてをシャットダウンする。鉄格子の中に自分をロックし、トレーニング開始だ。

# PART 1

## ショットガンマッスル
### SHOTGUN MUSCLE

ビッグ6は、胸、上腕、背中、ミッドセクション、太ももといった、〝主要〟な筋肉を対象にするトレーニングだ。
本質的なパワーがこれらに宿るからだ。

しかし時には、
ショットガンマッスルと呼ばれる筋肉をトレーニングする必要が出てくる。

ショットガンマッスルとは、昔の囚人アスリートたちの用語で、
前腕、腹斜筋、首、ふくらはぎを指す。
〝ショットガン〟と称するのは、馬車で荒野を旅していた時代、
ショットガンを握った用心棒が助手席に座ったことに由来する。
襲ってくる強盗や野生動物から馬を操る人を守り、補佐するためだ。
同じように、〝主要〟な筋肉を補佐しているのがショットガンマッスルだ。

ここから先の第2〜7章は、
ショットガンマッスルを鍛えるためのマニュアルになっている。
ちっぽけなショットガンを、
いかついキャノン砲に変える監獄スタイルを学んでほしい。

# CHAPTER 2

## 鋼のような手と前腕
### IRON HANDS AND FOREARMS

**ULTIMATE STRENGTH - WITH JUST TWO TECHNIQUES**
**極限の筋力をつくる2つの技術**

　手と前腕を鍛える。それは、二次的な筋力トレーニングと見なされやすい。プロを含めたボディビルダーの多くも、前腕に限定してトレーニングすることがあまりない。手や前腕が無視されやすいのは、ダンベルロウやリフティング、カールといったエクササイズをやっていれば、それらに二次的な負荷がかかると考えるからだ。確かに、重量があるバーを握ってエクササイズすれば、手や前腕が十分なトレーニングを受けているように見える。

　だが、わたしはその考えには賛同できない。

　エンジニアは、そのマシンがどれほどパワフルか——どれだけ動くか——を知りたい時、もっとも強いパーツではなく、もっとも弱いパーツを見ろと言う。どんなシステムでも、たとえそれが単純なチェーンであっても、もっとも弱い連結部分がそのチェーン全体の強さを決める。同じことが人体にも当てはまる。残念ながら、今の男たちの手は弱く、当人が持つユニットとしての体の強さを手が台無しにしている。どこのジムに行っても、バーベルを挙げる時の助けにするため、リストストラップとフックを使う男たちを見かける。〝もっと〟挙げられるようになるからだ、と彼らは言うが、それは違う。

確かに腕はその重量を挙げている。しかし、手にはその重量を挙げる力がない。つまり、実際には挙げていない。肉体的な能力を解き放つのにストラップやフックがいつも必要だとしたら、それはおかしな話になる。ニセモノの習慣をつくるし、強さだって見せかけだ。ジムの中ではこのごまかしが通用するが、現実世界では？ 急な手仕事をやることになった時や、非常時に重いものを動かすことになった時、どうする？ リストストラップやフックを持ち歩くわけにはいかないだろう？

ストロングマンでなくても、数世代前の男たちは今の男たちよりはるかに強い手を持っていた。重さがある物体を油圧機械で吊り上げるようになる前は、袖をたくし上げた男たちが油圧機械の代わりをしていた。鉱山や鋳物工場、農場で長時間働く男たちは、強力な腱を備えたパワフルな前腕と、その先に分厚くてタコだらけの手を持っていた。それは健康で便利な手だった。その時代の男たちの手には、ストラップやフックは必要ない。そこから百数十年しか経っていないのに、今の平均的な男たちといえば、キーボードを叩く時かビールの栓を抜く時くらいしか手を使わないようになっている。

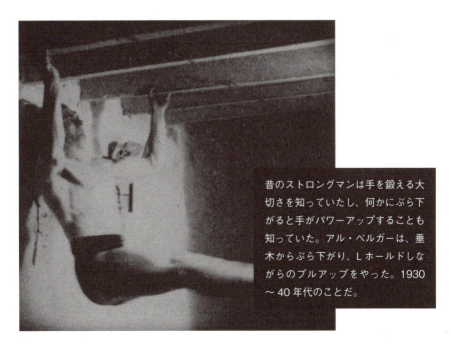

昔のストロングマンは手を鍛える大切さを知っていたし、何かにぶら下がると手がパワーアップすることも知っていた。アル・ベルガーは、垂木からぶら下がり、Lホールドしながらのプルアップをやった。1930〜40年代のことだ。

強い手はとても役立つ。瓶のフタを開けることから、ねじ廻しできつく締まったねじを外すことまでに、強い手が必要になる。ウエイトを挙げるアスリートにとっても手は不可欠だ。バーベルやダンベルを持つのは手だ。デッドリフトやバーベル・ハック・スクワットなどの脚のエクササイズでさえ、重量があるバーを手で持つ。同じ原則がキャリステニクスにも当てはまる。体重を支える強力な手がなければプルアップはできない。これは片腕で練習するステップに入ると、痛切に感じることになる。強い指と手のひらがなければ逆立ちはできない。指先プッシュアップのような高度な技術でも同じだ。手が弱い体操選手はいない。手が弱ければリングやパラレルバーを使って印象的な離れ業を演じるどころか、子どもたちに基本的な動作を教えることすらできないだろう。レスラーや武道家も、相手をつかむ時にパワフルな手を必要とする。とてつもない強さや運動能力があっても、手が弱いと、事実上すべての動作が制限されることになる。

## MODERN METHODS? FORGET THEM.
## 現代的なやり方？ 忘れろ。

　ジムにいるアスリートの誰もが、パワフルな手と前腕を欲しがる。最近は特にそうだ。近頃推奨されているハンドエクササイズを見れば理由がわかる。ジムでのハンドエクササイズといえばリストカールとリバースカールが二大トレーニング法になっている。そして、リストカールをやる時は軽いウエイトしか使わない。前腕を鍛えるという意味ではナンセンスだが、手首を捻挫しにくい利点がある。リバースカールは、主に肘関節のところで前腕をトレーニングする。レバレッジ的な理由から、こちらも軽いウエイトを使う風潮になっている。ボディビルダーは通常、実際にカールできる重量のおよそ半分でしかリバースカールをやらない。これではアナボリックステロイドを大量に摂取しない限り、筋力と筋量を前腕に加えることは無理だろう。

　前腕を正しく鍛える技術を知る人は少ない。前腕は（首を除く）他の筋肉群よりも頻繁に見られる部位なのだが、見せる筋肉を求めるボディビルダーがその正しいトレーニング法を知らないことは皮肉な話だと言える。タトゥーがもっとも彫られるのも前腕だが、それは人目につきやすいからだ。

巨大な前腕は見る者を威圧する。身体的優位性を誇示できることから、前腕を集中的にトレーニングする囚人も多い。

## OLD SCHOOL FOREARMS
## かつては前腕をこう鍛えていた

　20～30年前の囚人の前腕は怪物のようにパワフルだった。それは、体重を使って前腕を鍛える方法を知っていたからだ。もしあなたがプルアップやレッグレイズといったハンギングワークにエネルギーを注いでいたら、それだけで、すでにほとんどのアスリートの手や前腕を凌いでいる。マシン、ケーブル、ダンベルであつかう重量よりも重いことが多い〝体重〟を対象とするからだ。だから、レッグレイズをやるために頭上にある水平バーにぶら下がるだけで、指とグリップが自然に鍛えられる。腕を曲げて自分の体重を引き上げるプルアップであれば、なおさらだ。このことが、ジムにいる平均的なアスリート以上の手をつくることになる。

　ハンギングワークで特に負荷がかかるのが、腕橈骨筋（前腕を手のひら側から見た時、親指側に沿って走っている筋肉）と、上腕筋（腕橈骨筋の少し上、肩に向かって横たわっている筋肉）だ。腕橈骨筋は前腕の筋量のおよそ3分の1を占めている大きな筋肉であり、上腕筋は上腕二頭筋の土台に当たる筋肉だ。この上腕筋が発達すると上腕二頭筋が押し出され、上腕全体が大きく見えるようになる（アーノルド・シュワルツェネッガーは、とても発達した上腕筋を持っていた）。

　前の本で説明したプルアップ・シリーズに、これから説明する前腕エクササイズを加えると、腕橈骨筋や上腕筋が見違えるものになり、まったく別次元の前腕をつくることができる。半年やるだけで、同じ期間にありきたりの鍛え方をしたアスリートと比べ、筋力的にも筋量的にも段違いの差が出る。手首、指、腱も人間離れしたものになる。それを可能にするのが、何かにぶら下がる時に使うハンギング・グリップだ。

　ぶら下がる時に使うグリップが前腕を鍛えるのはなぜか？　それは、もと

もと、ヒトが何かにぶら下がるために生まれてきた動物だからだ。

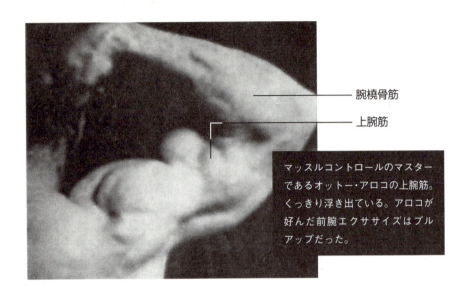

腕橈骨筋
上腕筋

マッスルコントロールのマスターであるオットー・アロコの上腕筋。くっきり浮き出ている。アロコが好んだ前腕エクササイズはプルアップだった。

## EVOLUTION AND HANGING OUT
## 進化とぶら下がり運動

　わたしたちの手は多才な能力を持っている。腕時計の修理からピエタ（十字架から降ろされたキリストを抱く聖母マリアを題材にした芸術）を彫刻することまで、様々な行為を可能にする。また、指を別々に動かしながら繊細で優美な世界を紡ぎ出しもする（ピアノ協奏曲を演奏するときの指の様子を思い浮かべてほしい）。人差し指から小指までの小回りが利く指と、それらと向かい合わせに位置する親指があるからこそできる技だ。この自由に動く手がなければ、万物の霊長と自称できるほどの支配的な立場に至ったかどうかは疑わしい。初歩的な道具さえつくり出せなくなるからだ。手が持つ無限の機能性は解剖学的にも解明されている。手は精密機械に近い。わたしたちの手はそれぞれが120以上もの靭帯によって安定的に保たれている。また、30以上もの筋肉によってコントロールされている。さらにそれらの筋肉に対応する腱が、異なる27個の骨に取り付けられている（一部の解剖学者は29個の骨だと主張している）。

この複雑さにもかかわらず、手にあるそれぞれの筋肉に個別のエクササイズを施す必要はない。全身を使った粗大運動——特に、何かにぶら下がる運動——をやれば、手にある主要な筋肉すべてが自動的に動くからだ。崖から落ちそうになって命からがらロープにしがみついている様を想像してほしい。その時、手は、筋肉を総動員し、しかも完璧に調和させながら、信じられないほどの力を出して命をつないでいる。まさにこのシチュエーションを想定して、手はできている。

ぶら下がる時に最大限の力が出るように設計されている手。それは、わたしたちの祖先が地上高くに暮らしていた長い年月がもたらしたものだろう。食料を見つけ、捕食者を避けるため、ヒトを含めた霊長類の多くが樹の天蓋の中、あるいは木から木へと移動して生きた。ヒトも、文字通り、ぶら下がるために生まれてくる。手のひらの把持反射は、赤ん坊が持つ原始的な本能のひとつだ。実際、赤ん坊や乳児の手は、その大きさの割に握力がとても強い（およそ2500年前に書かれた『老子道徳経』第55章も、赤ん坊の握力の強さについて言及している）。その握力は、生き残るために母親の毛皮を強くつかんでいた時代の名残だ。強い握力を持つ赤ん坊ほど生き残る確率が高くなる。その必要性に従って手が進化し、生まれた時から強い握力が備わっていると考えられている。

解剖学的に見たわたしたちの体も、ぶら下がるようにできている。鎖骨がその象徴だ。ごく少数の哺乳類が厳密な意味での鎖骨を持っているのだが、ヒトを含む霊長類にもそれがある。肩を痛めることなく樹からぶら下がっていられるのは、この鎖骨があるからだ。〝自然な〟動作に基づけば、トレーニングを効率的でケガの少ないものにできる。これが、先進的な体育家たちの共通認識だ。つまり、手を鍛えたいならぶら下がれ、ということになる。そして、ぶら下がる時に使うのが、ハンギング・グリップだ。

## BALANCING THE HANDS: FINGERTIP PUSHUPS
## 開閉のバランスを取る：指先プッシュアップ

手と前腕を強くするための従来のトレーニング法が低温調理鍋とすれば、

ぶら下がってのグリップワークは電子レンジに近い。目に見える結果が早くもたらされるということだ。さらに、グリップワークで得た強さはいつまでも残る。手をコントロールする筋肉はゴリラ並みにまで発達させることができ、トレーニングキャリアを懸けて追求できる。しかも、年老いてからでも開発可能だ。古い時代のストロングマンはみな、手の力を「最後まで残る」と言っていたが、わたしもその例をたくさん見てきた。

ぶら下がってのグリップワークは、指を閉じる時の筋肉や腱の力を速く効率的に開発する。しかし、あまりに効果的であるため、拮抗筋（指を開くための伸筋）と比べて強くなりすぎるという難点がある。バランスが取れた健康的な手にしたいなら、指を開くための伸筋も鍛える必要がある。

拮抗筋である手指伸筋のためのトレーニング法として唯一推奨できるのが、指先プッシュアップだ。指先プッシュアップであれば、手指伸筋だけでなく、手や手首全体を強くするエクササイズにもなる。体重を指で支える時の圧力が、筋肉や腱だけでなく、軟骨組織や骨にもかかるからだ。指先プッシュアップというととんでもない離れ業のように見えるが、心配はいらない。無理なくマスターできる方法を教えよう。

伸縮性のあるバンドを指の背側に巻き、それを広げて伸筋をトレーニングするアスリートを見かけるが、感心できるものではない。効果的でないし、使い勝手がよくないからだ（楽しくもない！）。一方、指先プッシュアップは、ハンギング・グリップを使うグリップワークを完璧に補完する。グリップワークもそうだが、指先プッシュアップもアイソメトリックス（筋肉の長さが一定のまま、緊張が増減するタイプの筋肉収縮トレーニング）だからだ。つまり、標的筋肉が動かない。アイソメトリックスであれば、手の動きを制御しやすいし、デリケートで傷つきやすい指関節を保護するものになる。

ぶら下がるワークに集中し、そこで得た強さを指先プッシュアップでバランスさせる。前腕を強くするのに必要なのはこの2つのエクササイズだけ。それ以上はやり過ぎになる。

## REMOTE CONTROL MUSCLES AND DIESEL FOREARMS
## 前腕は、指を遠隔操作するディーゼルエンジン

　ジムで前腕を鍛える人を観察すると、たくさんのエクササイズをやっている人が多い。たとえば、複数のリストカール、リバース・リストカールに加え、レバレッジをかける動作で前腕に筋肉を詰め込もうとしている。手首関節を曲げて前腕を鍛えようとするのは、手首を曲げれば前腕にある筋肉に負荷がかかると考えるからだ。つまり、肘関節を曲げることで上腕二頭筋を鍛えるのと同じ原理だ。表面的には正しく聞こえるが、これは、キネシオロジー（運動療法）を誤って適用している。前腕にある筋肉の大部分が、手首を曲げたり伸ばしたりするためのものではないからだ。小さくて弱いが、手首を屈伸させる筋肉は、専用のものが別にある。では、前腕にあるパワフルで大きな筋肉（特に肘の下にある筋肉）は何をしているのか？ それは、ただひとつの機能のためにある。何かをつかむことだ。

　前腕にある筋肉が、手首ではなく指を動かすためにあるという話は少し奇妙に聞こえる。ある関節を動かすのは、すぐ隣にある筋肉であることが多いからだ。確かに、上腕二頭筋、上腕三頭筋、三角筋などにはこの考えが当てはまる。しかし、前腕の筋肉は違っている。それは、まるで糸の先にある操り人形を動かすように、指関節を〝遠隔操作〟するためにある。つまり、指は、離れたところにある前腕の筋肉によってコントロールされているのだ。こういった構造になったのは、指が内部に筋肉を持っていないからだ。わたしたちの体の中にある可動部分はすべて、隣接する筋肉に引っ張られて動く。指は〝遠隔操作〟によって動く唯一の部位なのだ。このことが指を体の中でもユニークな存在にしている。

　結論を言うと、大きくて強い前腕が欲しい時に、リストカール、リバース・リストカール、レバレッジレイズ、リストローリングなど、手首を対象にしたトレーニングをやっていたらお門違いになる。手首をコントロールするために前腕の筋肉があるのではなく、指を操作するためにあるからだ。つまり前腕に筋力をつけ、太く大きくしたいなら、グリップを鍛えなければ意味が

ない。

## WHY THE HANG GRIP?
## なぜハンギング・グリップか？

　グリップを鍛える場合、バーベル、レバレッジベル、グリッパーなどの道具に頼ることが多い。しかし、グリップも自然なやり方で鍛えた方がいい。それは、何かにぶら下がることになる。さまざまな種類のグリップを見ていくことで、ぶら下がる時に使うハンギング・グリップでトレーニングするのがなぜ効果的かを説明したい。

　グリップには少なくとも1ダース以上の種類がある。よく使われる7つの握り方の長所と短所を見ていこう。

### サポート・グリップ

親指を他の指の上に乗せるグリップ。重力に抗いながらバーを持ち上げたり保ったりする時に使う。

**長所**　ウエイトを挙げやすくなる。重量があるウエイトを使ってワンアーム・デッドリフトやハンド＆サイリフトなどをやれば、指が強くなり、前腕が発達する。パワーリフターの前腕を見れば、それがわかる。

**短所**　手を鍛えるには、相当な重量が必要になり、脊柱や股関節、その他の関節に大きなストレスがかかる。また、親指の作業量が少ない。

## フック・グリップ

親指を他の指で覆うグリップ。重力に抗しながらバーを持ち上げたり保ったりする時に使う。

**長所** オリンピックに出るようなリフターが主に使うグリップ。親指を他の指で覆っていると、ウエイトを挙げる速度が急に変わっても、手にバーを〝ロック〟し続けることができるという利点がある。

**短所** 爆発的な動作中にリフターの指から重いバーが飛び出すのを防ぐ競技会用の技術以外の何物でもない。親指がとても不自然な位置に置かれる。

## フォールス・グリップ

手のひらと指をカップのような形にしてバーを握る時に使うグリップ。親指は使わない。

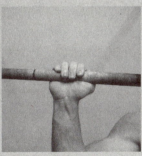

**長所** ボディビルダーが一般的に使っているグリップだ。親指を使わないで押したり引いたりすると、前腕や腕が動作から外れ、胸筋、三角筋、広背筋などにかかる負荷が増すと考えられている。

**短所** グリップを鍛えるために使うことは少ない。不安定だし、親指が動作から外れるからだ。前腕にもたらすものも少ない。

## モンキー・グリップ

曲げた指の先端あるいは指の肉質部(腹)を使って持ち上げたりぶら下がったりする時に使うグリップ。親指は使わない。

長所　頑丈なドアフレーム相手に、わたしはよくこのグリップを使ってプルアップする。なかなか楽しいし、パワフルで機能性に富んだ指になってくる。ロッククライマーが使う手の形に似ている。扱いにくい対象物を持ち上げる時にも使う。

短所　ここまで説明したグリップ同様、動作に親指がほとんど、あるいは、まったくかかわらない。サポート・グリップを使う時よりも、手のひらの筋肉に負荷がかからない。

## ピンチ・グリップ

親指と他の4本の指の肉質部を使って、幅が狭い対象物を握る時に使うグリップ。

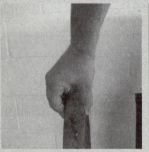

長所　親指に強い負荷がかかる利点がある。バーベル愛好家はこの理由だけでも、トレーニングにピンチ・グリップを加えた方がいい。

短所　指を伸ばしたピンチ・グリップを使うリフターが多く、レバレッジ的に挙げる重量をかなり減らさなければならない。

## クラッシュ・グリップ 　圧力をかけ、搾るように何かを握る時に使うグリップ。

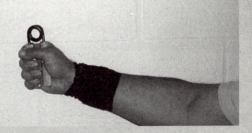

**長所** 　他の握り方のほとんどはアイソメトリックスだが、アイソトニックス（緊張度合いが一定のまま、筋肉の長さが変化していくタイプの筋肉収縮トレーニング）的に手が動作する。

**短所** 　圧力を強くかけながら手指関節を極限まで回転させるため、関節にストレスがかかりすぎる。運動的に手を使う時は、ピーク収縮を求めるこのグリップではなく、静的なアイソメトリックス・グリップを使うことが多い。つまり、機能的な手がつくれるかどうか疑問。

# ハンギング・グリップ

頭上にある何かをつかみ、地から足を離して垂直にぶら下がる時に使うグリップ。

- ハンギング・グリップを使ったワークをもっとも生産的(かつ困難)にするのは、垂らしたタオルまたはロープからぶら下がるスタイルだ。

- このグリップを使って水平バーにぶら下がるだけで、手と前腕に負荷をかけることができる。しかし、他のグリップと同じように親指にあまり負荷がかからない。一方、親指が強く働かない限り、垂らしたタオルは握れない。タオルを使えば、手と手にかかわるすべての筋肉を対象にしたハンギング・グリップになる。

- ぶら下がる時に使うグリップなので、脊柱、股関節、膝に強い負荷がかからない。タオルを使わないとしても、安全性の面でサポート・グリップに勝っている。

- 搾るようにすべての指を回転しなければ、やわらかいタオルを握り続けることはできない。クラッシュ・グリップと同じアイソトニックスになるが、タオルが緩衝材になって極限まで関節が回転することがない。そのため関節を損なうリスクが小さい。

- ウエイトを追加していけることから、ハンギング・グリップを使ったトレーニングよりもウエイトトレーニングの方が優れていると主張するリフターがいる。しかしハンギング・グリップにも、筋力やコンディションに合わせて少しずつ負荷を追加していく方法がある。

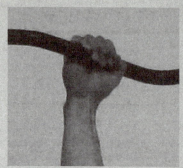

# THE ONE-ARM TOWEL HANG
## ワンアーム・タオル・ハング

　水平バーから片腕でぶら下がるだけでもきつい。これが、垂らしたタオルを対象に片腕でぶら下がるハンギング・グリップになると、究極のグリップトレーニングになる。最強のパワーリフターでもできる人は少ない。

　強い筋力を持つリフターが、このシンプルなトレーニングに苦しむ理由はいくつかある。ひとつは、彼らの手が、バーベル、ダンベル、マシンハンドルなどのバーに馴染んでいるからだ。細くて円筒形のバーは、持ちやすい。しかし、この「持ちやすい」ことがアダとなる。垂直に垂れ下がったタオルをつかむことがはるかに難しいのは、手のひらに落ち着かせるだけでなく、そこに親指を加えて搾るように握り続けなければならないからだ。手のひらの筋肉も悲鳴を上げながら鍛えられる。タオル・ハングの利点は、この親指と手のひらが鍛えられるところにある。ほとんどのリフターは、親指と手のひらが弱い。タオルにぶら下がれば、彼らも、その弱点を補うことができる。

## LIGHTS OUT!
## 消灯！

　タオルにぶら下がるだけ？　ちょっと間抜けなエクササイズだ。しかし、それが究極のエクササイズになる。信用できなければ、実際に試すといい。バスタオル、スポーツタオルなどの厚いタオルを用意し、水平バー（あるいは丈夫な木の枝など、何でも）の下へ。バーにタオルをかけて二重の厚さにし、そこに片腕でぶら下がる。まず、タオルを握ってぶら下がれるかどうかを試す。それができたら、60秒間のホールドだ。

　60秒間のホールドができたら……あなたのグリップ力は、全人類の上位１％以内に入るほど強い。そのまま樹上生活に戻っても生きていけるすばらしい手だ。ところが実際は、アスリートのほとんどが数秒もつかんでいられない。あなたがそのひとりであれば、残り99％の人類へようこそ、ということになる。上位１％に入るための方法を、次章で教えよう。

# CHAPTER 3

## ザ・ハンギング・シリーズ
### THE HANG PROGRESSION

**A VICE-LIKE BODYWEIGHT GRIP COURSE**
**重力を使って万力のようなグリップをつくる**

　片手でタオルを握ってぶら下がる力は、グリップを少しずつ開発しながらステップを上がっていく、いつものスタイルを使ってつくる。負荷を大きくしていくこの原則は、どんなタイプのレジスタンス・トレーニングにも当てはまる。バーベルを使う場合は力がつくにつれてプレートを足していけばいい。しかし、自分の体重を〝バーベル〟にする時は、話が違ってくる。動作を少しずつハードにしていく方法を編み出さねばならなくなるからだ。ハンギングワークでもそれは同じだ。

　前作を読んでいれば、「少しずつハードになっていくシリーズ」がどんなものかわかっているはずだ。しかし、本書のビッグブラザーに会っていない人のために、まずは基本原則を説明したい。

　少しずつ負荷を大きくしていくシリーズをつくるには、いつでも自由に使えるツール——対象物、レバレッジ、姿勢など——を特定し、トレーニングの構成要素にする。それらの要素を使うことで、ハンギングワークなどの動作が困難になるか簡単になるか、体を使って確認していく。その結果をもとに、調整を加えながら、簡単なものから難しいものまでのステップをつくっ

ていく。

　ハンギングワークの場合、構成要素は6つある。

①両手でぶら下がる　②片手でぶら下がる
　ハンギングワークを難しくする、あるいは簡単にするもっとも基本的な要素がこの2つ。片手でぶら下がることは、両手でぶら下がることより2倍難しくなる。ジャングルジムで遊ぶ子どもでも理解できることだ。

③水平バーからハンギングする　④タオルを握ってハンギングする
　これも、ハンギングワークを簡単に、あるいは難しくする要素になる。すでに述べたように、タオルを使ってぶら下がることは、バーから直接ぶら下がるより難しい。手のひらや親指を含めた手全体に強さが求められるからだ。

⑤タオルそのものの厚さを使う　⑥二つ折りにしたタオルの厚さを使う
　つかむ対象が厚くなればなるほど、つかみ続けることが難しくなる。各々の手で水平バーにかけたタオルの両端を握ってぶら下がるよりも、水平バーにかけて二つ折りになったタオルを握ってぶら下がる方が、高度なワークになる（グリップトレーニングが好きなリフターは、握りが太いバーベルやダンベルを使うのを好む。そうする理由もここにある）。

　つまり、水平バーとタオルがあれば、エクササイズを難しくしたり、簡単にしたりする要素が6つできる。片方の手は直接水平バーを握り、もう片方の手はバーにかけたタオルを握ってぶら下がるといったバリエーションも可能だ。ここでのゴールは、さまざまな要素を使い、修正を加えながら少しずつハードになるシリーズを組み立てていくことにある。そのシリーズがあれば、簡単なエクササイズで指や前腕のコンディションをととのえるところから始め、筋力を貯金しながら上を目指すことができるようになる。シンプルな話に聞こえるが、知恵と経験、強さがなければ、シリーズはつくれない。

　囚人アスリートたちが長い年月をかけてハンギング・シリーズを編み出し

てくれていることは、わたしたちにとって幸運な話だ。水平バーを使ったハンギングから始め、片手でタオルをつかむトレーニングに至るまでの道筋がすでにできている。進み方はいくつかあるが、わたしが好きな順番を紹介しよう。

## TRAINING TIPS FOR HANGING OUT
## ぶら下がるコツ

ハンギングワークを生産的なものにするため、最初にポイントを示したい。

・ステップは8つ——マスターステップであるワンアーム・タオル・ハングまでに、少しずつ難しくなっていくステップが8つある。プルアップの熟練者であれば、すべてを必要としない。エクササイズを分割し、8つ以上のステップにしたいトレーニーもいるはずだ。

・ゆっくり進む——自分ができそうないちばん難しいステップから始めないこと。今までグリップトレーニングをやったことがなければ、ステップ1から始め、それぞれのエクササイズから〝ミルクを搾りながら〟上を目指す。関節や腱に負荷に適応するための時間を与えながらステップアップしていくのだ。このスタイルを守っていると、トレーニングに弾みがつき、長期的に見るとより高いグリップ力を手にすることができる。

・ウォーミングアップを忘れない——獰猛で強そうな男であっても、手と前腕の腱は弱いままであることが多い。つまり、炎症を起こしやすい。グリップワークの前に指先プッシュアップ（第5章）をやれば、温かい血液が手と手首に流れ、ケガや痛みを予防する。ステップダウンさせたハンギングワークをやってバーから下り、いい感じに温かくなるまで指を伸ばしてもいい。プルアップやレッグレイズの後にグリップワークをやるのも賢明なアプローチ法になる。

・時間を測る——筋力トレーニングは、レップス数で進捗状況を判断することが多い。グリップワークはアイソメトリックスであり、動きがない。そのため、レップス数

をカウントすることができない。代わりに、目の前に時計を置いて秒数を計って判断する。

・**カウント法を工夫する**──時計を置けない場合は、主観的なカウント（頭の中で「1、2、3……」と数えること）に頼ることになる。しかし、手や前腕が痛み出すと、時間に対する感覚があやふやなものになる。メトロノームの音を頼りに、カウントを正確にするアスリートもいる。片腕でハンギングする場合は、空いている手に腕時計を持てばいい。

・**標準的な進行基準**──それぞれのステップに、進行基準が示してある。そこに記した時間をクリアすることが、次のステップに進む目安になる。

・**進歩のスピードにこだわらない**──ワークアウトごとに1～2秒しか追加できないことがほとんどだが、10～20秒、あるいはそれ以上追加できることもある。簡単なステップにいる初心者は、より難しいステップにいる熟練アスリートよりも速く進歩する。レベルがどこにあろうと、進歩していくスピードに気を取られてはならない。大切なのは絶え間ない進歩だ。誰の手も信じられないくらい強くできる。しかしそれは、心で描くペースではなく、あなたの手が決めるペースで強くなっていく。

・**失敗を避ける**──ハードにトレーニングするが、手がギブアップした瞬間の落下は避ける。高いところから突然落ちるリスクがあることを心する。

・**肩を〝締める〟**──ぶら下がっている最中は、肩を伸ばしたくなっても強い気持ちで制御する（「肩を〝締める〟」の詳細は前作『プリズナートレーニング』148ページを参照のこと）。肩関節の損傷や炎症を避けるためだ。広背筋を収縮し、肩のソケット（肩関節窩）の中に腕骨の先端にあるボール（上腕骨頭）をしっかりと収める。

・**肘をソフトに保つ**──似た話になるが、ぶら下がっている最中は、肘を〝ソフトに保つ〟。腕をわずかに曲げ、まっすぐ伸ばさない。この屈曲は、見ている人からはわからないほどわずかなものだが、こうすることで肘関節と肘周囲の腱を痛みや過

伸展から守ってくれる。

・セット間に休憩を取る──ハンギングワークを複数セットやる場合は、セット間で手を振って、手と指から酸と老廃物を除くようにする。セット間で手と手首を伸ばせば、次のセットの備えになる。筋肉がけいれんしやすい人であれば、緊張を追い払うのに役立つだろう。前腕には筋肉が密集しているので、大腿四頭筋や広背筋よりも疲労から早く回復する。必要なだけ休むが、前腕が冷えないよう注意する。4分以上の休息は長過ぎるものになる。

・弱い方の手を先に──8ステップの中には、非対称なトレーニングや、片手しか使わないトレーニングがある。そのステップでは弱い方の手からトレーニングし、ぶら下がっていられる時間を、強い方のぶら下がり時間に適用する。こうすれば、左右の手の強さの不均衡を解消できる。

・一貫性を保つ──トレーニングには、いつも同じツールを使う。同じ水平バーを使い、タオルも同じサイズ、同じ厚さのものにする。異なる水平バーやタオルを使うと、進歩の度合いを測るのが難しくなる。

・タオルワークを続ける──タオルを使い始めるステップ3以降は、タオルで鍛えられる親指と手のひらの強さが停滞しないようにする。タオルを使わないワンアーム・バー・ハング（ステップ4）では、タオルを使ったワークを追加し、親指と手のひらのコンディションを保つ。

　ポイントはこんな感じだ。ぶら下がるためのバー、時計、2枚のタオルさえあれば、一生続けられるだけでなく、楽しみと満足感をもたらすハンギングワークを始められる。待っているのは、万力のようなグリップだ。

　それでは、8つのステップを見ていこう。

# STEP 1

## ホリゾンタル・ハング

### やり方

机やテーブルといった水平で頑丈な台の下に入る。手を伸ばして台の縁をオーバーハンド・グリップでつかむ。体をまっすぐにして床から持ち上げ、指とかかとだけで体重を支える。

### ヒント

手のトレーニングをスタートするに当たってのすばらしい方法になる。指にすべての体重がかからないからだ。高さがある台を使えば、エクササイズが楽になる。エクササイズを難しくしたい時は、低い台を使うか、足の下に何かを置いて足の位置を高くする。

---

### トレーニング・ゴール

初心者の標準　10秒を1セット
上級者の標準　30秒を4セット

---

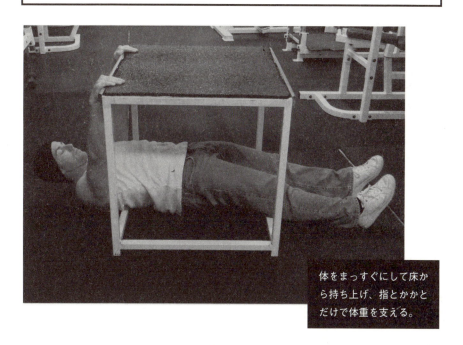

体をまっすぐにして床から持ち上げ、指とかかとだけで体重を支える。

# STEP 2

## バー・ハング

### やり方

ジャンプして頭上にあるバーを両手でつかむ。オーバーハンド・グリップを使う。両手を肩幅に広げ、足を床面から離す。肩をしっかり締め、腕、体幹、脚を左右対称な位置に保つ。

### ヒント

バー・ハングは手を鍛えるための古典的エクササイズで、全体重を指で支える。指だけでなく、肩を強く柔軟にする。より難しいハンギングワークにトライできるよう、体を調整する。

---

**トレーニング・ゴール**

初心者の標準　10秒を1セット

上級者の標準　1分を4セット

---

肩をしっかり締め、腕、体幹、脚を左右対称な位置に保つ。

# STEP 3

## アンイーブン・ハング

### やり方

　頭上にあるバーにタオルをかけて二つ折りにする。ジャンプしてオーバーハンド・グリップでバーをつかむ。片方の手でタオルをつかみ直し、体重が両手に均等に配分されるようにする。両手を肩幅に広げ、肩を締め、体の各部位を左右対称な位置に保つ。

### ヒント

　無理なくバー・ハングの「上級者の標準」ができるようになったら、そこに、親指と手のひらを鍛えるタオルワークを追加する。タオルを使い始めるが、あまり痛みをともなわないワークになる。

### トレーニング・ゴール

初心者の標準　10秒を1セット（片手につき）
上級者の標準　1分を3セット（片手につき）

体重が両手に均等に配分されるようにする。両手を肩幅に広げ、肩を締め、体の各部位を左右対称な位置に保つ。

# STEP 4

## ワンアーム・バー・ハング

### やり方

オーバーハンド・グリップでバー・ハング（ステップ２）し、肩を締める。腕、体幹、脚を、左右対称な位置に保つ。準備できたら、バーから片手を離し、片腕でぶら下がる。ぶら下がっている方の肩をしっかり締め、使っていない腕は、空中か背中のくぼみなど、邪魔にならない位置に置く。

### ヒント

片方の腕と肩帯でバーからぶら下がるステージに入る。他の指と比べて親指にかかる負荷が小さくなるので、タオルを使ったアンイーブン・ハング（ステップ３）を１〜２セット加える。

### ─── トレーニング・ゴール ───

初心者の標準　１０秒を３セット（片手につき）

上級者の標準　１分を３セット（片手につき）

ぶら下がっている方の肩をしっかり締め、使っていない腕は、空中か背中のくぼみなど、邪魔にならない位置に置く。

# STEP 5

## タオル・ハング

### やり方

頭上にあるバーにタオルをかける。タオルの一方の端を片手でつかみ、もう一方の端をもう片方の手でつかむ。ぶら下がりながら体が自由に動くようにする。手はかなり接近するが、触れないようにする。肩をしっかり締める。

### ヒント

ステップ3のアンイーブン・ハングでは、素手で水平バーを握っている方の手の負荷を大きくすれば、タオルを握る手にかかる重量を体重の半分以下にできる。このステップでは、各々の手に体重の半分ずつがかかる。両方の親指と手のひらの筋肉に大きな負荷が均等にかかることになる。

---

**トレーニング・ゴール**
初心者の標準　10秒を1セット
上級者の標準　1分を3セット

---

タオルの一方の端を片手でつかみ、もう一方の端をもう片方の手でつかむ。ぶら下がりながら体が自由に動くようにする。手はかなり接近するが、触れないようにする。肩をしっかり締める。

# STEP 6

## ツイン・タオル・ハング

### やり方

頭上にあるバーに、タオル2枚を離してかける。二つ折りになったタオルを各々の手でつかみ、ぶら下がりながら体が自由に動くようにする。両手は肩幅くらいに広げる。肩を締め、体全体を左右対称にする。

### ヒント

タオル・ハング（ステップ5）では、1枚のタオルの両端を各々の手で握った。ここではタオル1枚ずつを各々の手で握るので、厚さが2倍になり、エクササイズが難しくなる。以降のステップで必要になる手の強さをつくっていく。

### トレーニング・ゴール

初心者の標準　10秒を1セット
上級者の標準　1分を3セット

両手は肩幅くらいに広げる。肩を締め、体全体を左右対称にする。

# STEP 7

## アンイーブン・タオル・ハング

### やり方

頭上にあるバーに1枚のタオルをかけ、二つ折りになったタオルを両手で握る。一方の手がもう一方の手の上にくる。このエクササイズは、両手の間隔を空けるほど難しくなる。肩を締める。体が自由に動くようにぶら下がる。

### ヒント

前のステップまでで、体の左右を対称にしたままタオルからぶら下がれるようになっている。ここでは非対称な位置にグリップが置かれるので、必然的に、高い位置にある方の手でタオルを強く握ることになる。高い位置にある方の手に強い負荷がかかるので、ワンアーム・タオル・ハングができる強さが各々の手に備わっていく。

---

### トレーニング・ゴール

初心者の標準　10秒を1セット（片手につき）
上級者の標準　1分を2セット（片手につき）

---

二つ折りになったタオルを両手で握る。一方の手がもう一方の手の上にくる（両手の間隔を空けていくと難しくなる）。

# THE MASTER STEP STEP 8

## ワンアーム・タオル・ハング

**やり方**

タオル1枚を頭上にあるバーにかける。二つ折りになったタオルを片手でつかみ、体が自由にぶら下がれるようにする。使っている方の肩をしっかり締める。使っていない手は邪魔にならないところに位置させる。

**ヒント**

このワンアーム・タオル・ハングは、グリップワークの離れ業だ。指にかかわる腱を鉄製ケーブルに変えてしまうだろう。他のグリップワークでは改造できない親指も変わる。サイボーグのような指になると期待していい。

---

### トレーニング・ゴール

| | |
|---|---|
| 初心者の標準 | 10秒を1セット（片手につき） |
| スーパーグリップ | 5分間ホールド（片手につき） |

二つ折りになったタオルを片手でつかみ、体が自由にぶら下がれるようにする。使っている方の肩をしっかり締める。使っていない手は邪魔にならないところに位置させる。

# LIGHTS OUT!
## 消灯!

　指を強くしたい、前腕サイズを大きくしたいなら、グリッパーやリストカールをやっていては時間の無駄になる。進化が向かった方向——体を樹からぶら下げて自由に移動する——に従って前腕を鍛えれば、理にかなった動作になり、リスクを最小限に抑えられる。プルアップはすばらしいエクササイズだが、親指や手のひらに負荷があまりかからない。垂木にピンチ・グリップでぶら下がってプルアップするアスリートもいるが、少しずつ厚い垂木に移っていかない限り、継続的な進歩には結びつかない。親指を含めた手全体に負荷をかけるもっともシンプルな方法は、垂れている円筒形のものにぶら下がることだ。ロープでもいいが、タオルの方が使い勝手がいい。

　ワンアーム・タオル・ハングで得たグリップ力を超えるものを必要とするアスリートは少ない。その力があれば、プルアップやレッグレイズが容易になり、どんなスポーツにも対応できる手になっている。

　とはいえ、手はどこまでも進化していく。怪物的なグリップがほしい人もいるだろう。どうしたらいいか、次の章で説明しよう。

　ただし、初心者向けではない。その点だけは注意してほしい。

# CHAPTER 4

## 拷問グリップワーク
### ADVANCED GRIP TORTURE

**EXPLOSIVE POWER + TITANIUM FINGERS**
**瞬発力を備えたチタンのような指をつくる**

　ビッグ6のマスターステップと比べ、ワンアーム・タオル・ハングは少しおもむきが違う。何といっても、派手さがない。世界中どこのジムでも、片腕でプルアップすれば羨望のまなざしとリスペクトを浴びることになる。だがワンアーム・タオル・ハングは？　簡単そうに見えるし、何をやっているかわからない人がほとんどだろう。二つ折りにしたタオルに片腕でぶら下がる？　腕に自信がある男なら鼻で笑うだろう——実際にトライするまでは。

　マスターステップに達するまでの期間も違う。他の動作では、ゴールに到達するまで長い時間がかかる。1分間のワンアーム・タオル・ハングが最初からできるアスリートはほとんどいないが、身を入れてプルアップをやってきた体重があまりないアスリートなら進歩が速い。グリップにかかわる筋肉には、とてつもない潜在能力が隠れているからだ。わたしたちの手はすぐに進化する。他のシリーズと比べ、短期間でマスターステップに到達できるはずだ。

　1分間のワンアーム・タオル・ハングが容易にできるようになったら、次はどこへ？　もちろん、そこで満足してもいい。しかし、敵の骨を打ち砕く

ほどのグリップが欲しいなら、いくつかやり方がある。

　ほとんどのアスリートが最初に試みたくなるのは、ワンアーム・タオル・ハングにウエイトを加えることだ。使っていない方の手でプレートやダンベルをつかんでぶら下がれば、エクササイズをハードにできる。もちろん、わたしが勧めることはない。ダンベルを少しずつ重くしていかなければならないし、ダンベルを落とすリスクがある。バーから降りる時も危険がともなう。エクササイズをハードにしたい時はウエイトを加えればいい、というのは怠け者の思考法だ。創造力を使えば、もっとすばらしい方法を見つけることができる。

　ここからは、監獄の中でよく見かけたし、わたしもやっていたバリエーションを紹介しよう。この３つがベストだ。

## ADVANCED GRIP WORK 1: GOING BEYOND
## 高度なグリップワーク❶その先へ

　ハンギングワークは、握る対象が太くなればなるほど難度が増す。タオルなら、枚数を増やすほど難しくなっていく。レイヤー（層）を重ねるようにタオルを厚くしていくのが最初のやり方になる。水平バーにかけて二つ折りにしたタオルの上にハンドタオル、あるいはディッシュタオル（ふきん）を重ねる。タオルの上にハンドタオルを重ね、その上にディッシュタオルを重ねてもいい。グリップワークのモンスターになると、水平バーにタオル２枚を二つ折りにしてかけ、そこに片手でぶら下がる！ 落下する恐怖を感じてみたいなら、試すといい。

　グリップワークには、それをどこまでも難しくしていきたくなる中毒性がある。高度なグリップワークがもっとほしいなら、フィンガーホールドと瞬発グリッピングがある。

# ADVANCED GRIP WORK 2: FINGER HOLDS
## 高度なグリップワーク❷フィンガーホールド

　手の強さを次のレベルに引き上げたい時は、もっとも強い指を持つアスリートから学べばいい。ロッククライマーだ。

　ロッククライマーがウエイトリフターより強い指を持っているのはなぜか？　それは生体力学的に説明できる。手のひらでウエイトをつかむ時は、ウエイトの重量そのものを扱うことができる。わかりやすくシンプルだ。ところが、指先でウエイトを支える場合、指を曲げるために筋肉が生成しなければならない力は、扱うウエイト（この場合は体重）の少なくとも4倍以上になる。岩をつかむ時のロッククライマーは、あまり手のひらを使わない。岩からぶら下がる体を指先だけで支えることも多い。それも2本の指、あるいは3本の指で。その結果、彼らの指は畏敬の念を覚えるほどに進化する。熟練ロッククライマー相手に握力を比べる機会があれば、試してみるといい。空恐ろしいほどの力を実感できるだろう。彼らにとって、それが、岩から墜ちて死なないために欠かせないものになるからだ。

　岩棚に似た出っ張りがあるボードや、壁に取り付けるタイプの造形物を使ってトレーニングするロッククライマーもいる。もちろん、監獄にそんな洒落たものはない。ワンアーム・タオル・ハングから先を目指す囚人アスリートがやるのはフィンガーホールドだ。右ページに難度を高くしていくフィンガーホールドのやり方を示してある。

　すべての組み合わせの中で、指の強さがもっとも試されるのが、薬指と小指の組み合わせだ（右ページのいちばん下の写真を参照）。ごく細い水平バーであればできるかもしれない。フィンガーホールドを楽にするため、頭上のバーに細くて小さなリングをつけてトレーニングする男を見たことがある。全体重を指だけで支えるのは、とても過酷な状況をつくる。折り畳んだタオルやラグをバーの上に被せ、クッションにしたくなるだろう。

　このレベルに達すると、フィンガーホールドを使ったプルアップを毎週1

最初は、水平バーに両手でぶら下がるところから始める。次に、人差し指、中指、薬指を残し、親指と小指をバーから離す。

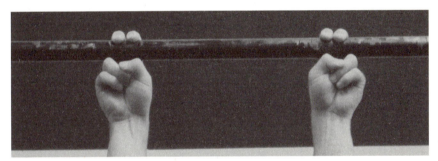

3本で40秒間ぶら下がっていられたら、人差し指と中指の2本で試す。目標は20秒。

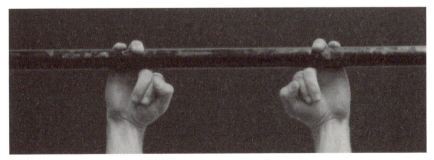

さらに難しいのは、薬指と小指の2本でぶら下がることだ。

回、数レップスやっていれば、指の強さをいつまでも維持できる。年老いた囚人たちもそれを習慣にしていて、わたしの師匠であるジョー・ハーティゲンは70歳代になってもフィンガーホールドを使ったプルアップができた。手の力は最後まで残る。ジョーもそう言っていたうちのひとりだ。残念なことに、わたしはティーンエージャーがこのタイプのプルアップをやっているのを見たことがない。その年齢から始めれば、彼らの手に何が起こるか想像するだけで楽しい。

究極のフィンガーホールドは、指1本でバーにぶら下がることだ。人差し指、中指、薬指、小指と使う指も変えていく。何本の指を使うにしても、フィンガーホールドをやった後は、1セット以上のワンアーム・タオル・ハングを加えるようにする（左右行う）。親指と手のひらに負荷を加え、手全体のバランスを保つためだ。

## ADVANCED GRIP WORK 3: EXPLOSIVE GRIP TRAINING
## 高度なグリップワーク❸瞬発グリップトレーニング

3つめは瞬発グリップトレーニングだ。水平バーなどにぶら下がって手を離し、落下する前に、もう一度、水平バーを握るワークだ。タオルを使ってもいいが、熟達した者しかやるべきではない。わたしも、安全性を確保できる水平バーそのものを対象にする方を好む。

瞬間的につかむエクササイズは、手にある腱、手を動かす筋肉や筋膜に瞬発力を求める。肘にとってもハードなエクササイズになる。グリップワーク・シリーズのステップ7（アンイーブン・タオル・ハング）以上に進んだ後でなければやってはならない。また、このエクササイズはすべてのアスリートに必要なものではない。パワフルかつ瞬間的に何かをキャッチしなければならないアスリートがやるといい。たとえば……

・速く動くパワフルな手が必要な、合気道、擒拿、ハプキドーなどの武道家
・すばやく柔道着をつかむ手が必要な柔道家
・瞬間的にボールをキャッチしたりホールドしたりする手が必要なアメリカンフット

ボールのプレーヤー
・障害物コースでトレーニングするアスリートや職業人──たとえば軍事訓練では、ジャンプしてロープをつかんだり、出っ張りに手をかけたりする。手に瞬発力がないとうまくできない

　この水平バーを瞬発的に握るワークでは、キッピング技術を用いる。キッピングとは、ぶら下がりながら爆発的に膝を振り上げて弾みをつけることだ。本来は、膝で弾みをつけてプルアップのレップス数を稼ぐズルを示す用語だ。プルアップ中はやってはいけない代物だが、ここではキッピングを使って体を高い位置に持っていく。

　まずバーからぶら下がり、キッピングして体を跳ね上げる。腕で体重を引き上げるのではなく、膝と体の爆発的な動きを使う。弾みの最上部（体重をほとんど感じないところ）で手を放し、もう一度バーをつかみ直す。この瞬間的なバーの「キャッチ」が、手の反射能力とパワフルなグリップをつくる（難度のレベルについては写真を参照）。バーをつかみ直す前に空中で拍手するアスリートもいる。

　いつもと同じだが、安全を確保して体を守ること。ウォーミングアップを入念に行い、必ず前腕を温かくしてからやるようにする。バーをキャッチすることに集中する一方で、失敗した時に安全に着地できるよう、それにも備える。

瞬発グリップワークの3つの例。上の段は、もっとも基本的なもの。ダブルグリップ▶キッピング▶キャッチだ。真ん中は、オーバーハンド・グリップからアンダーハンド・グリップへと移る少し難しいバージョン。いちばん下の段は、片手しか使わないもっとも高度なバージョンだ。これ以外にもたくさんのバリエーションがある。キッピングしながら、グリップをアンダーハンド〜オーバーハンド〜交互ハンド（一方がオーバーハンド、もう一方がアンダーハンド）〜ワイドハンドと変えていったり、キッピング中に拍手したりする。セット数とレップス数を抑え、シャープできれいな動きを目指す。

# LIGHTS OUT!
## 消灯!

　グリップワークの世界には、他のトレーニング分野よりもたくさんの玩具がある。グリッパー、リストローラー、グリップマシン、片腕デッドリフトユニットなどがそれだ。

　さまざまな器具があるからといって、それらが必要だと勘違いしないように。強いグリップをつくるためにウエイトやグリッパー、その他もろもろが必要だと誘う罠にはまってはならない。確かに男はツールを愛する生き物であり、所有することが好きだ。それを使い、遊ぶことを好む。人生の他の分野同様、トレーニングの世界でもそうしたくなる。しかし、最良の結果を得たいなら、体の自然な動きに従うことこそが近道になる。世界のどこにいようと、水平バー、2枚のタオル、素手があれば、強力なグリップをつくるために必要なものは揃っている。

　もしかしたらあなたにも、敵に囲まれ、すばやく壁に登って逃げなければならない日がくるかもしれない。そのピンチを救うのも自重力で鍛えた手だ。

# CHAPTER 5

## 指先プッシュアップ
### FINGERTIP PUSHUPS

**KEEPING HAND STRENGTH BALANCED**
### 指を曲げる・伸ばす筋力のバランス

　最大限まで手と前腕を強くしたいなら、2つのエクササイズをやればいい。第2章のこの話を覚えているだろうか？　まずはハンギングワークだ。すでに、基本的なグリップワークからフィンガーホールドや瞬発グリップワークといった高度なグリップワークまでを伝えた。ここからは、次のエクササイズを紹介したい。自重力トレーニングの古典、指先プッシュアップだ。

**WORKING THE OPPOSITES**
### 拮抗筋を鍛えることの重要性

　前腕と手のひらの筋肉の大部分を屈筋が占めている。つかむための屈筋が発達したのには進化上の理由がある。樹の枝にぶら下がって「腕渡り」する時、体重を支える強い握力が必要になるからだ。霊長類以外で強いグリップを持つ種は少ない。そのため、ほとんどの動物は手を使ってつかむことができない。このことから考えると、手と前腕を鍛えるにはつかむことが大切で、グリップワークが基本になる。ここまで紹介してきたグリップワークをやれば、強いグリップが手に入る。可能性の限界まで前腕を開発できる内容にもなっている。しかし、拮抗筋である伸筋（指を伸ばす筋肉）を一緒に鍛えない限り、つかむ力を超人的なものにはできない。それだけでなく、伸筋を鍛

えないと、わざわざトラブルを求めるような鍛え方にもなる。

　伸筋を鍛えて屈筋とのバランスを取る理由はいくつかある。最初の理由は完全な手にするためだ。指は曲げるだけでなく、伸ばすためにもある。屈筋と伸筋を同時に開発してこそ、完全な手にできる。また、指を伸ばすワークは、伸筋だけでなく、手の裏側や指関節にある小さな組織や腱をも強くする。第二の理由は、手が持つ可能性を解き放つためだ。筋肉システムはバランスを求める。体のどちらか一方ばかりを鍛え、残る一方を鍛えないやり方では、鍛えている方の可能性を引き出すことはできない。どんなマシンも、どこかに弱いつながりがあると、マシンとしての性能が低くなる。皮肉なことに、屈筋ばかり鍛えて伸筋を無視する男のグリップが、屈筋と伸筋の両方を鍛える男のグリップを超えることはない。

　屈筋ワークと一緒に伸筋ワークをやってバランスを取る最大の理由は、ケガの予防——今どきの若者は「プリハブ（先制的治療）」と呼ぶ——にある。筋力が非対称になるとケガのリスクが増す。開発された強い屈筋があるのに、伸筋が未開発で弱いままでは、右半分は鋼鉄、左半分は木材でできている車を運転するようなものになる。エンジンをかけて動き出した途端、まっぷたつに裂けることになる。弱い半分は、強い半分と同じ力を出すことはできない。同じことが、バランスが崩れた筋肉系でも起こる。つまり、絶え間ないケガにつながっていく。

　伸筋ワークのために開発された器具（ゴムバンド、ケーブル、マシン）はたくさんある。そのほとんどがゴミだ。古代から続く指先プッシュアップ以上の鍛え方を人間はつくり出せていない。指先プッシュアップは、かかる圧力が変化していく最中も、指をまっすぐ伸ばし広げたまま保つよう強いるエクササイズだ。こうすると、結合組織を保護しながら強くし、パワフルな手にしていける。漸進的なトレーニングも可能で、もちろん器具を必要としない。

## 正しいポジション

- 「指先」プッシュアップは誤った名称だ。「先」ではなく、指の「腹」でプッシュする。
- 指、親指、手首に力が流れ続けるようにする。前腕全体をロックし、ひとつのユニットとして動かす。
- 指にかかる体重を均等に分散させるため、親指以外の指は広げる。
- 親指は人差し指より後ろのどこかに置く。まっすぐ伸ばすか、背側を少しだけアーチ状にする。
- 床面を強く押すことで、指を緊張状態にセットする。セット中は、指を移動させたり曲げたりしない。

## THE ART OF THE EMPTY HAND
## 素手を鍛える技術

　指先プッシュアップは、手を閉じるグリップワークでは鍛えられない、手を開く筋肉と腱に働きかけて両者をバランスさせる。関節を痛めるので、指を曲げないよう気を配りたい。

　とはいえ、指先プッシュアップ中に、指が少しだけ曲がるのは自然な現象であり、曲がり方は人によって多少の差がある。できるだけ指先をまっすぐ保つことを心がけながら、指の腹を強く押してプッシュするのだ。伸筋を強化するこのトレーニングの目標は、指をまっすぐ保つところにある。どれだけ難しいプッシュアップをやるか、あるいは何レップスできるかは問題ではない。大切なのは、指を弓なりにしないことだ。

指を弓なりにするとエクササイズが楽になるのは、硬い指関節が体重を支えるからだ。しかし、それでは伸筋に負荷（体重）がかからず、伸筋とそれにかかわる腱を強くすることができない。もちろん指の関節にも悪い。指先プッシュアップは、指をまっすぐホールドすることが何よりも大切なポイントになる。

## FINGERTIP PUSHUPS: PHILOSOPHY IN A NUTSHELL
## 指先プッシュアップの哲学

指先プッシュアップをルーチンに組み込む時は、ハンギングワークの前にやるようにする。指は、体の他の部位と比べて特に繊細な構造をしていて、さらに、グリップワークは指を激しく消耗する。無理をしない指先プッシュアップを最初にやれば、手や指に血液が通っていい状態になり、グリップワークをやる上での安全性が増す。指先プッシュアップをやった後は、グリップワークがよりうまくできるようになる感じもする。前腕をワークすることが、神経学的な意味でのウォーミングアップになるのだろう。

セット数とレップス数は抑える。負荷が軽いウォーミングアップとして10～15レップスやるのはいいが、最大5レップスまでに留める。また、本気でやった2セットの後にセットを足していっても、時間とエネルギーの無駄になる。筋量や筋持久力を加えるのではなく、筋力をバランスさせるためのエクササイズだからだ。レップス数の勝負ではなく、指を伸ばし続けるポジションから利益を得る。過剰なレップス数は、胸や肩、腕を疲れさせ、ビッグ6のプッシュアップトレーニングにも害をもたらすことになる。

どのくらいの頻度で指先プッシュアップをやるべきか？プルアップ、ハンギング・レッグレイズ、プッシュアップ、ブリッジといったエクササイズも手に強い負荷をかける。そこにハードな指先プッシュアップを加えると、指骨が扱える作業量を簡単に超えていく。毎日やるのは論外だ。挫折しやすいし腱を傷めやすくする。結局レップス数を抑えた指先プッシュアップを週2回やるのが、いちばんいい結果をもたらすだろう。自重力トレーニングの初心者や、時間に追われていたり頻繁に手を使っていたりする場合は、週1回でも十分だ。

元気がいい時の手でワークアウトし、レップス数は抑える。完璧なフォームを心がける。指を緊張させ続け、集中力を研ぎすます。しかし、疲れを感じたら回復するまで休む。わたしを信じてこのルールに従えば、実生活で〝使える〟強さが手についてくる。手は強くなりたがっている。手は危険極まりない武器であり、キーボードを叩いたり、スマートフォンに戯れ言を打ち込んだりするためのものではない。

## PROGRESSIVE STRENGTH
## 少しずつ強くしていく

　グリップワークによってグリップが強くなってきたら、そこに指先プッシュアップを加える。しかし、グリップワークよりもゆっくりと強度を上げていくようにする。屈筋と比べると、伸筋はとても小さな筋肉だ。そこに強さを求めるなら、さらに慎重に少しずつハードなバージョンへとステップアップしていく必要がある。

　プッシュアップを難しくしていく技術は、前作の第5章を読めば知ることができる。そこで紹介しているプッシュアップ・シリーズが、指先プッシュアップ・シリーズの雛型になる。つまり、壁に向かっての指先プッシュアップがステップ1だ。そこからビッグ6のプッシュアップ・シリーズと同じように、ステップ・バイ・ステップで難度を上げていく。ゆるやかに進んでいけば、継続的に伸筋の筋力が増えていく。関節や軟組織も伸筋と同スピードで強くなっていく。指はケガをしやすいので、他の部位を鍛える時よりも、さらに筋肉を〝貯金〟しながら進むようにする。体が重い人も最初の方のステップであればトライできるだろう。満足に体を支えられなかった指が、チタン製の指に変わっていく様を楽しんでほしい。

| **トレーニング準備** | 手が冷たいまま指先プッシュアップを始めないこと。事前に、指、手首、前腕に温かい血液を流し込んで循環させる。助けになるウォーミングアップ法を紹介しよう。 |
|---|---|

1. 別の上半身エクササイズ（プルアップがベスト）の後を指先プッシュアップのトレーニング時間に充てる。前腕が温まっている状態でスタートできる。

2. 最初の1分程度、肩、肘、手首を自由に回転させる。そうすることで、軟骨の中にある体液を関節に移動させる。

3. イーグルクロウをやって、さらに指を温める。まず、硬く拳をつくり、等尺性張力をかけながら、ゆっくりそして慎重に関節から関節へと5本の指を開いていく。（ぶるぶる震える）手が最大限まで伸ばされたら、プロセスを反転させて硬い拳に戻していく。これで1レップになる。10レップスを2セット行う。セットごとに手を振って緊張を解く。

4. 簡単な指先プッシュアップをやって仕上げとする（ウォーミングアップセットになる）。今やっているステップよりも低いステップの中から選ぶ。5〜10レップスを1セットが適当だ。神経組織が活性化され、手にある筋肉や腱のウォーミングアップになる。これで準備が整う。

最初の本の繰り返しになるので、この本ではプッシュアップ・シリーズの各ステップは詳述しない。代わりに、簡単な表にステップを要約した。フォームについても前作を参照してほしい。

## 指先プッシュアップ・シリーズ

1. **ウォール・フィンガーチップ・プッシュアップ** 　立ったまま指を壁につけてプッシュアップを行う。

2. **インライン・フィンガーチップ・プッシュアップ** 　指を机やテーブルの上に置き、体を斜めに傾けながらプッシュアップを行う。

3. **ニーリング・フィンガーチップ・プッシュアップ** 　指を床面につけ、膝をついてプッシュアップを行う。

4. **ハーフ・フィンガーチップ・プッシュアップ** 　膝を伸ばした通常の指先プッシュアップだが、スタートポジションから床面までの距離の半分まで下ろすプッシュアップを行う。

5. **フル・フィンガーチップ・プッシュアップ** 　通常のプッシュアップを指先で行う。床面についているのが手のひらではなく、5本の指になる。

| 6 | クローズ・フィンガーチップ・プッシュアップ | 手を近づけてフル・フィンガーチップ・プッシュアップを行う。 |
|---|---|---|
| 7 | アンイーブン・フィンガーチップ・プッシュアップ | 体の下に置いたバスケットボールの上に一方の手のひらをつけ、もう一方の手の指を床面につけてプッシュアップを行う。 |
| 8 | ハーフ・ワンアーム・フィンガーチップ・プッシュアップ | 片腕でフル・フィンガーチップ・プッシュアップを行うが、スタートポジションから床面までの距離の半分まで下ろすプッシュアップを行う。 |
| 9 | レバー・フィンガーチップ・プッシュアップ | 一方の手のひらを、体の側面から距離を取って置いたバスケットボールの上に置き、もう一方の手の指を床面につけてプッシュアップを行う。 |
| 10 | ワンアーム・フィンガーチップ・プッシュアップ | 背中に一方の手を置き、もう一方の手の指でプッシュアップを行う(足を広げ、腕を体の横に位置させてもよい。足を揃えると、指より肩がきつくなる)。 |

## トレーニング手順

ビッグ6では、あらかじめ決められた目標レップス数(10レップス、20レップスなど)に到達したら、ステップアップするスタイルを取っている。このように、ハードに目標をクリアしていくやり方は、指にある小さな関節に好ましいものではない。代わりに、以下の手順で進めていく。

- 各ステップとも5レップス程度を目安にする。
- ほどよい困難さを感じるステップでトレーニングする。
- エクササイズがものすごく簡単になった時、はじめて次のステップを試みる。
- 練習中は常に動作を制御して〝失敗〟を避ける。
- 体の上げ下げの調子を一定に保つ。爆発的な動作を試みてはならない。バリエーション(拍手するなど)は絶対に避ける。
- ワンアーム・フィンガーチップ・プッシュアップが容易にできるようになったら、床面につける指を少なくしたバージョンや、逆立ちでやる指先プッシュアップにトライしてもよい。

## LIGHTS OUT!
## 消灯!

　真剣にグリップを鍛えるなら、指先プッシュアップもやるべきだ。正しく行えば、前腕上部にある伸筋を、安全かつ効果的に強くしていくことができる。屈筋ばかりが開発されて手がアンバランスになるのを防ぎ、手と指の強さを完全なものにする。ケガもしにくくなるだろう。

　このエクササイズも、他の自重力トレーニングと同じスタイルで行う。体を十分に温め、ゆっくりスタートし、完全なフォームを心がける。強くなるにつれ難しいバリエーションに移っていく漸進的スタイルも変わらない。

# CHAPTER 6

## 火を噴く前腕
### FOREARMS INTO FIREARMS

### HAND STRENGTH: A SUMMARY AND A CHALLENGE
### 手と前腕をどう鍛えるか？：サマリー＆チャレンジ

　第2〜5章で、かなりのボリュームになるエクササイズや技術を紹介してきた。何をどうやったらいいか混乱しているかもしれないので、ここで要約したい。ルーチンに加える上での参考にしてほしい。

・手と前腕を強くするのに必要なエクササイズは2つ。ハンギングワークと指先プッシュアップだ。

・水平バーを握ってぶら下がるハンギングワークでも手は鍛えられるが、親指や手のひらに負荷がかからない。手全体を対象にワークするには、垂直に垂らしたものからぶら下がる必要がある。ロープか、使い勝手がいいタオルを用いる。

・上半身を対象にしたワーク（プルアップなど）をやった後の、前腕が温かくなった状態で、手のトレーニングに移るとよい。

・手を鍛えるワークは指先プッシュアップから始める。最初に手を温める（70ページ参照）。

・指先プッシュアップは2セットにとどめる（そこを超えるとやり過ぎになる）。レップス数も少なくする。5レップスを2セットがちょうどいい。

・指先プッシュアップも難度を少しずつ上げていく（71ページを参照）が、失敗するほど高度なエクササイズには手を出さない。やっている内容が簡単すぎると感じるようになったら、次のステップにトライする。

・グリップワークは、指先プッシュアップの後に行うとよい。また、プルアップやレッグレイズなどのハンギングワークの前にはやらないようにする。

・指先プッシュアップ同様、グリップワークもセット数を増やしすぎないようにする。手を疲れさせるだけで、強くする効果はない。片手につき4セット以上のハンギングワークはやり過ぎだ。

・セット間では必要なだけ休む。急いで次のセットに向かうべきではないが、前腕が冷たくなるまでは休まない。

・ステップアップする、あるいは「初心者の標準」から「上級者の標準」に移る判断は自分なりに調整してもいい。本書で示した秒数はあくまで目安だ。しかし、1セット60秒以上になると、筋力よりも筋持久力をつくるワークに変わる。

・ハンドトレーニング以外でも上半身を使うほとんどのエクササイズで手を使う。そのためハンドトレーニングが過剰になると、許容量を超える。週に2回のトレーニングがベターだが、週1回でも上出来だ。回復力に優れている人に限って3回やってもいい。

## PROGRAM TEMPLATE
## プログラムのテンプレート

　上記のヒントを用いれば、独自の前腕トレーニングをプログラムできるはずだ。手や前腕を鍛える時も、コーチやジムに頼らないスタイルでやってほしい。

グリップトレーニングをすぐに始めたい人は、以下に示すサンプルプログラムを使うといい。

---

### サンプルワークアウト

上半身を対象にしたワーク（プルアップなど）に続いて、以下の順に行う。

ジョイント・サークリング：1分

**1** イーグルクロウ　　　セット1：10レップス
　　　　　　　　　　　　（手を振る）
　　　　　　　　　　　　セット2：10レップス
　　　　　　　　　　　　（手を振る）

**2** 指先プッシュアップ　セット1：5〜10レップス（ウォーミングアップセット）
　　　　　　　　　　　　セット2：5レップス（ワークセット）
　　　　　　　　　　　　セット3：5レップス（ワークセット）

**3** ハンギンググリップワーク　セット1：25秒（ウォーミングアップセット）
　　　　　　　　　　　　セット2：最大1分（ワークセット）
　　　　　　　　　　　　セット3：最大1分（ワークセット）
　　　　　　　　　　　　セット4：最大1分（ワークセット）

- ウォーミングアップセットで使うエクササイズは、ワークセットで使うエクササイズより簡単なものを。
- このサンプルプログラムは、個々人の前腕や手の筋力レベルに合わせてあつらえることができる。手が強ければ、それに見合った難しいエクササイズを行う。

---

## THE CC "IRON GAUNTLET"
## 鋼鉄のガントレット

　ウエイトで手を鍛えているグリップワークの達人たちは、キャリステニクスのグリップワークを軽視する。負荷が小さくて簡単そうだから、まともなトレーニングにならないだろうと言う。「体重しか使わないハンドエクササイズ？ それで鍛えられるのか？」と言う男さえいる。

　彼らが鉄の感触を愛する気持ちは理解できる。しかし、だからといって自

重力を使ったハンドワークが簡単過ぎると言うのは無知に過ぎる。大口を叩くその口を塞ぐために賭けをする時がある。

その時使うのが「鋼鉄のガントレット（中世の騎士が使った鎧の小手のこと）」だ。ここまでの章を読んできて、体重を使ったハンドワークが〝簡単〟すぎると感じていたら、一度トライしてほしい。体重を使った究極のハンドワークがどれほどのものか理解できるだろう。「鋼鉄のガントレット」は4つのエクササイズから成る。順番通りに行い、エクササイズ間の休憩は5分以上取らないようにする。

①トリプルタオルハング：片手につき／60秒
　頭上にある水平バーに厚いタオルを3枚かける。一枚一枚を重ね、層になるようにする。かかっているタオルの端すべてを片手でつかむ（バーにかけた3枚のタオルは二つ折りになるので、6枚分に相当する厚さをつかむことになる。親指が他の指と接触しない厚さになっている）。そのままぶら下がり、60秒間ホールドする。もう一方の手に替えて、同じように60秒間ぶら下がる。

②人差し指プルアップ：10レップス
　各々の手の人差し指だけで水平バーにぶら下がり、フル・プルアップを10レップス行う（水平バーが太すぎる場合は、吊り輪、水平バー用のストラップ、フープを使ってもいい）。

③ワンアーム・フィンガーチップ・プッシュアップ：同上／5レップス
　片手の指だけで床面すれすれまで降下するワンアーム・プッシュアップを行う。もちろん、床面に手のひらが触れないようにする。足は広げてもいい。もう一方の手で同じ動作を繰り返す。

④グリップ・アンド・スイッチ：同上／10回
　オーバーハンド・グリップを使い、頭上にあるバーから片手でぶら下がる。キッピングしてバーから手を離す。離したその手を空中で反転させ、アン

ダーグリップにする。その手で、もう一度バーをつかみ、ボトムポジションで一時静止する。再度キッピングして手を離し、今度はオーバーハンド・グリップでバーをつかむ。この反転を計10回行う。もう一方の手で同じことを繰り返す。

　有名なストロングマンであるサンドウは、指1本しか使わないワンアーム・プルアップができた。小指を含めたどの指でも、それが可能だった。サンドウは瞬発的なグリップワークも好きで、片手しか使わずに、斜めにかけたはしごをキッピングしながら上ることができた。両手の親指と人差し指だけでプッシュアップする武道家ならざらにいるだろう。「鋼鉄のガントレット」ですら、達人レベルのワークアウトではないということだ。

　「鋼鉄のガントレット」はウエイトを使って手を鍛えてきた男たちを粉砕する。バーベルとスプリング式の器具でつくった〝最強の手〟が、「鋼鉄のガントレット」の一撃で叩きのめされるのだ。

　もう一度、要約しよう。

## 鋼鉄のガントレット

**1** トリプルタオルハング　　：片手につき60秒

**2** 人差し指プルアップ　　　：10レップス

**3** ワンアーム・フィンガー　：片手につき5レップス
　　チップ・プッシュアップ

**4** グリップ・アンド・スイッチ：片手につき10回

　もし逆に「鋼鉄のガントレット」を粉砕するアスリートがいたら、素直に謝るしかない。手や指の強さという意味でのジェダイ・マスターだ。思う存

分、ウエイトを挙げてほしい。アダム・T・グラス、ジョン・ブルックフィールド、サミュエルソンといった真のグリップレジェンドと一緒にトレーニングするくらいしか、あとは残っていない。

反対に、「鋼鉄のガントレット」に叩きのめされたアスリートから、自重力トレーニングが簡単だという話は聞きたくない。求める先が本物の強さなら、キャリステニクスから学ぶことがたくさんあるはずだ。

# LIGHTS OUT!
# 消灯!

パワフルな両手は強さを象徴する。プルタブを開けずにコーラの缶を破裂させたり、地面から木の根を引き抜いたりする光景を見たことがあるだろうか？ それに比べたら、大きな上腕二頭筋や広い肩幅が醸し出す視覚的インパクトなど、子どもだましに過ぎない。

前腕上部（腕橈骨筋と上腕筋）を強くする最高のエクササイズは、ハンマーカールやリバースカールではない。これらの動作は、プルアップと比べるとちっぽけなものだ。プルアップなら、負荷がもっともかかる角度から前腕と肘を鍛えることができる。

腹部や大腿四頭筋を鍛える時と同じように前腕をターゲットにしたエクササイズを選ぶ時も、ウエイトや他の器具は忘れてほしい。自然の摂理に従い、何千年にもわたって先進的なアスリートや戦士がトレーニングしてきた事実に従ってぶら下がって前腕を鍛えるのだ。

プルアップと同じように、監獄内には、グリップワークを宗教にする男たちがいる。監房の扉に1本か2本の指をかけてぶら下がり、全身をけいれんさせている。そこから降りると、指が銃身と同じ硬さになるまで、指先プッシュアップをやる。手から血を流しながら、毎晩遅くまでハンドトレーニングをやっている。この珍獣は見分けやすい。タトゥーが入った巨大な前腕が

サイボーグのような輝きを放つからだ。筋肉組織が波打ち、その周囲を太い静脈が飾っている。

　確かに極端な奴らだ。わたしと同じように、監獄に入ってすぐの体験から導き出した答えなのだろう。もちろん、彼らと同じようにトレーニングすることをあなたに勧めることはない。くどいほど説明してきた通り、それではやり過ぎだ。しかし、詳述してきたワークを少しだけルーチンに加えるとおもしろいことが起こる。半年続けるだけでいい。ポパイのような前腕がシャツの袖から突き出るようになるだろう。

# CHAPTER 7
## ラテラルチェーン・トレーニング
### LATERAL CHAIN TRAINING

## CAPTURING THE FLAG
## キャプチャリング・ザ・フラッグ

　シックスパック（腹直筋）はフィットネス業界にゴールドラッシュをもたらしたが、それに次ぐミッドセクションの新たな金脈が注目を集め始めている。シックスパックの両側を走るコードのようなかたちをした「腹斜筋」だ。新し物好きは、誰もがこの小さな筋肉をトレーニングしたがるようになっている。糖衣で覆わなければ完成しないケーキのように、腹斜筋を鍛えない限りミッドセクションは完成しない。そんな強迫観念をメディアが煽っている。

　審美性を求めて、こんなにも小さな筋肉を分離して鍛えようとする情熱には、わたしでなくても病的なものを感じるだろう。ヒトという種がナルシシズムに溺れやすいこと、膨大な時間とエネルギーを的外れで意味がない行為に費やす種であることを思い出させる。美を求めるモチベーションを肯定的にとらえたとしても、実際にやっているトレーニングを見ると、確実に悪態をつきたくなる。パーソナルトレーナーやコーチが推奨するエクササイズといえば、きまって、サイド・クランチ、ツイスティング・クランチ、サイドケーブル・クランチだ。そこに、ちゃちな〝玩具〟が加わるだけ。

これらのトレーニングが的外れなのは、小さな腹斜筋をわざわざ分離してトレーニングするからだ。腹斜筋は、鎖のようにつながっている筋肉群の中のひとつであり、そのまとまりの中で機能するようにつくられている。そこを分離して鍛えても意味がない。クランチをやっても効果がないのは、それが筋力エクササイズではなく、抵抗が小さい収縮エクササイズだからだ。運動している気分にさせてはくれるが、効果はゼロに近い（大腿四頭筋を〝緊張〟させ、その緊張を解くエクササイズを20レップス3セット、それを週3回やって、何か起こるだろうか？　何も。膝を曲げて、しゃがみ込まない限り、大腿四頭筋は変化しない）。

　腹斜筋を強く硬くしたいなら、4つの原則に従って動作させる必要がある。

・抵抗として体重を使う。
・筋肉群をユニットとして鍛えるエクササイズを用いる。
・ハードにワークする。
・よりタフなエクササイズに少しずつステップアップしていく。

　トレーニングの基礎にこの4原則を置けば、どの筋肉群であっても、極限まで開発することができる。強くなることを怖れてはいけない。

## THE MODERN OBLIQUES MYTH
## 現代の腹斜筋神話

　強くなることを怖れるな。これは、ちょっと軽薄に聞こえる警句かもしれない。しかし、言葉の響きからくる印象ほど軽薄なものではない。信じられないかもしれないが、世の中には、腹斜筋をトレーニングすることを死ぬほど怖れる人種がいるからだ。ウエストが厚くなり、「逆三角形」の体型が壊れ、均整が崩れるのでは……というのがその理由だ。それこそ軽薄な考えだ。

　ウエストラインを膨らませ、ずんぐりとしたラブ・ハンドル（腹の贅肉）をつくるものは2つ。ひとつは、もちろん過剰な体脂肪だ。そして、もうひ

とつがステロイドと成長ホルモンの乱用だ。筋肉を水っぽく、内臓サイズを大きくし、ミッドセクション全体を膨張させる結果が待っている。だが機能性を求める筋力トレーニングであれば、そんなことにはならない。体脂肪を失ってスリムにさせることこそあれ、ウエストサイズに影響することはない。

腹斜筋は筋密度が高い。そのため、正しいやり方で負荷をかけると、パワフルになるだけでなく、ノミで彫り込んだような深さが出る。しかし、腹周りを測るメジャーを伸ばすことはない。強力な腹斜筋が必要になる武術家や体操選手のウエストを見れば、そこがスリムなだけでなく、締まり、鉄のように硬いことがわかる。

要領を得ないエクササイズをやるよう今まで洗脳されてきたとしても、落ち込むことはない。この章では、ブルース・リーのように強いウエストを手に入れる方法を紹介したい。サイド・クランチ、ケーブル、ラバーバンドや腹筋を鍛える玩具はゴミ箱行きだ。

## DO YOU NEED TO WORK YOUR OBLIQUES?
## 腹斜筋を鍛える必要があるか？

質問がひとつある。あなたに腹斜筋を鍛える必要があるかどうかだ。

筋肉雑誌の愛読者なら、答えはイエスに決まっている。しかし、ちょっと待て。手綱を握り直し、ミッドセクションのすべての筋肉が一緒に動作すること、そこにある一連の筋肉が大きなガードルのようなものであることを思い出してほしい。アイソメトリックス（長さを変えないまま筋肉を収縮させるトレーニング法）であっても、ガードル内にある筋肉ひとつが激しく発火すると、すべての筋肉が発火する。この解剖学的事実は、ミッドセクションの一部である腹斜筋にも当てはまる。ブリッジをかける時にもスクワットする時にも腹斜筋は発火する。ブリッジやスクワットをハードにやるほど、そのハードな動作についていこうと腹斜筋も激しく発火し、ハードに動作することになる。

その発火は、腹部をターゲットにしたワーク、特にレッグレイズをやれば、爆発的なものになる。タイトでパワフルなミッドセクションが欲しいなら、ハンギング・レッグレイズをやっていればいい。股関節を所定の位置に保つことが、腹斜筋を鍛えるすばらしいエクササイズになるからだ。レッグレイズの腹斜筋への影響を増幅させたいアスリートのために、前作ではツイスティング・レッグレイズを補足バージョンとして紹介している。

実際、レッグレイズを含めたビッグ6をトレーニングしていれば、ほどなくして腹斜筋が際立ってくる。そのため、それ以上の動作を加える必要を感じなくなる。確かに、すでに十分なことをやっている。

だがスポーツによっては、さらに強力な腹斜筋が必要になる。たとえばキックしたり、側面に脚を持ち上げたりするスポーツだ。空手家やキックボクサー、スケーター、ダンサーが、通常以上の腹斜筋の強さが要求されるスポーツの例だ。腹斜筋を含む体の側面にある筋肉が、胸郭の側面と股関節を近づける役割を担うためだ。そういったアスリート以外にも、レッグレイズだけではもの足りない剛の者もいるだろう。

わたしがこれから伝える動作は、氷のようにクールだ。自尊心を満たすだけでなく、いまいましいほどの離れ業になる。自重力アスリートであれば、一目見ただけでマスターしたいと願うはず。実際、著名な自重力アスリートのほとんどがこれをやる。

覚悟はいいかな？

## THE ULTIMATE LATERAL CHAIN MOVEMENT: THE FLAG
## 究極のラテラルチェーン運動：ザ・フラッグ

ブリッジは、体の後ろにある筋肉（ハムストリングス、臀筋、脊椎筋、僧帽筋など）がつながってできているバックチェーンを強くする。一方、レッグレイズが強くするのは、体の前にある筋肉（腹筋、股関節にある筋肉、大

腿部の深層筋など）がつながってできるフロントチェーンだ。同じように、体の側面にある筋肉がつながってできているラテラルチェーンを動作させるエクササイズで、ブリッジやレッグレイズに匹敵するものといえば、ヒューマンフラッグをおいて他にはない。

　ヒューマンフラッグには多くのバリエーションがある。その中でもっとも難しいのが、直立したベース（木、柱、ポールなど）を握り、空中に向けてまっすぐ体を張り出してホールドするプレスフラッグだ。その動作は、アスリートを風になびく旗（フラッグ）のように見せる。このエクササイズの一般的な呼び名は、そこからきている（サイドレバーあるいはホリゾンタルレバーと呼ぶ人もいる。この動作をわたしに教えてくれた男は、サイドプランクと呼んでいた）。

　フラッグはすばらしい全身運動になる。体の側部にある筋肉がつながってできるラテラルチェーン全体、つまり、腹斜筋だけでなく、脇下にある広背筋、胸郭にある鋸筋、肋間筋、股関節にある外転筋、大腿外側にある張筋などをワークに巻き込むからだ。空中に浮かんだ筋肉を固定するのは、脊椎筋と体幹まわりの筋肉だ。ここも鉄のように硬くなる。膝から下も重力に耐える必要があり、それを支える大腿内転筋にも負荷がかかる。垂直ベースを手で握り続けるため、上半身にかかる負荷も半端なものではない。全身の筋肉が強くなければ、フラッグをきれいにホールドすることはできない。

　フラッグは体操選手が行う離れ業のように見えるが、体操技術からの引用ではない。体操には、直立したベースではなく水平面をベースにした競技しかない（床運動、あん馬、平行棒、吊り輪を考えてほしい）。フラッグは古代に誕生したエクササイズであり、インドのポールトレーニング（マラカム）、中国のポールエクササイズ、サーカスのロープアクロバットなどに受け継がれている。わたしがヒューマンフラッグを学んだのは、他の動作と同じように監獄の中だ。そこには数限りない柵やバー、フェンスの柱がある。フラッグをやる場所には事欠かないところだったのだ。

どこにいても、また、いつでも練習できるフラッグだが、筋力の離れ業であることに変わりはない。敬意を払って少しずつ接近しない限り、マスターすることはかなわない。

## 【フラッグによって動作する筋肉】

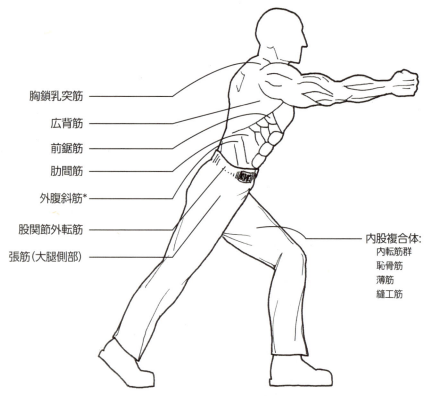

- 胸鎖乳突筋
- 広背筋
- 前鋸筋
- 肋間筋
- 外腹斜筋*
- 股関節外転筋
- 張筋（大腿側部）
- 内股複合体:
  - 内転筋群
  - 恥骨筋
  - 薄筋
  - 縫工筋

＊外腹斜筋と内腹斜筋の違いについて簡単に説明したい。外腹斜筋（腹斜筋の外層）は、サイドベンドやヒューマンフラッグなど、胴体を側方に引っ張ったりホールドしたりする時に動作する。内腹斜筋（腹斜筋の内層）は、ツイストなどをやって体をねじる時に動作する。フラッグは外腹斜筋を強くする最良のエクササイズであり、第17章で説明するツイストエクササイズと組み合わせると、腹斜筋の内も外も鍛える完璧なワークアウトになる。

# TWO TYPES OF FLAG
## 2種類のフラッグ

　ヒューマンフラッグは、クラッチフラッグとプレスフラッグの2つに大きく分かれる。クラッチフラッグは、ポール、旗竿、太さのない木の幹などの垂直ベースに胸をつけ、抱きつくようにして体を浮かせるフラッグだ。一方、プレスフラッグは、まっすぐ伸ばした両手で垂直ベースをつかみ、体を水平に押し出して空中に浮くフラッグになる。

アル・カバドロが演じる古典的なクラッチフラッグ。体を完全に整列させるレベルにはなかなか達しない。しかし、楽々とやっている。

ヴァシリーの完璧なプレスフラッグ。プレスフラッグが全身運動であることが、この写真から見て取れる。すべての筋肉が活性化している。開発されきった驚異的な背筋に注目！

この2つのフラッグをマスターするまでのステップをシリーズで紹介していきたい。プレスフラッグと比べてレバレッジが小さいクラッチフラッグは、負荷が軽いバージョンのフラッグになる。学ぶのが容易で素早くマスターできる。しかし、体の側面をつなぐ筋肉のチェーンと全身の筋力にもたらす効果という点では、プレスフラッグの方がはるかに優れている。

　生徒たちには、いつもクラッチフラッグを先にマスターさせる。それは、プランクやエルボーレバーなど、全身を使ったホールドに馴染みがないトレーニーには特に言えることだ。クラッチフラッグに熟達すれば、プレスフラッグにチャレンジした時、ケガをする可能性が劇的に少なくなる。プレスフラッグをマスターするまでの時間も大幅に短縮させる。

## LIGHTS OUT!
## 消灯!

　真の強さは、体をユニットとして使える能力から生まれる。全身を対象にしたエクササイズを用いれば、筋肉の成長速度もアップする。現代的なトレーニングがウエスト側部の筋肉に変化をもたらさないのは、腹斜筋をできるだけ分離してトレーニングしようとするからだ。

　間違っている。

　紀元前の彫像に彫り込まれた腹斜筋は、サイド・クランチがもてはやされる数千年も前につくられたものだ。フィットネス業界のまやかしにたぶらかされてはならない（わたしが繰り返すこの嘆きも聞き飽きた頃だろう）。垂直ベースを見つけ、サイド・クランチの代わりにフラッグを練習するのだ。サイド・クランチをやるとウエストのどこかでわずかな火照りを感じることができる。これがフラッグになると、僧帽筋、肋間筋、腹斜筋、股関節や大腿にある筋肉など、体の横にある筋肉のすべてを、文字通り痛いほど感じることができる。筋肉と腱が刺激され、緊張し、これ以上ないほどに収縮していることがわかる。体と心が、今まで無視していたラテラルチェーンにロッ

クされる初めての体験になるだろう。

　ラテラルチェーンを極限まで開発するのがプレスフラッグだ。しかし、どんな筋力トレーニングであろうと、走り出す前に歩き方を学ばなければならない。まずはクラッチフラッグのマスターだ。

# CHAPTER 8
## ザ・クラッチフラッグ
### THE CLUTCH FLAG

**IN EIGHT EASY STEPS**
**8つの簡単なステップ**

　体の側面、特にウエストを対象にしたトレーニングは新しいものではない。古代ギリシャの英雄像にも、印象的で彫り込まれた腹斜筋とウエストがあるからだ。これらの彫像は、アスリート以外では戦士がモデルになっていることが多い。当時の戦士に不可欠だったのが、パワフルなラテラルチェーンだ。速度をつけ、円盤や槍を遠くまで投げるためだ。元来、円盤や槍は武器であり、それらを扱う能力が戦場での生死を分けた。古代人にとっての運動能力は、戦闘能力に近い意味を持っている。トレーニングの跡が見えない貧弱なウエストは軽蔑の対象であり、力強い腹斜筋を持っていない限り、戦士として認められなかったことは間違いがない。

　引き締まり、それでいてスリムなウエストはギリシャの専売特許ではない。古代エジプト美術に観るファラオや神々の像にも同じウエストがあるからだ。興味深いのは、エジプトにおけるファラオや神々が、戦士ではなく統治者だったことだ。戦いには行かないので、強いウエストは必要としない。しかし、彼らは永遠の生を願った。戦闘の場で死に直結するウエストを彫刻家に彫らせ、ファラオと神々の権威を穢すようなまねはしなかったのだ。

強いウエストは、現代生活でも役立つ。たとえば引っ越しだ。ジムに行けば、巨大なウエイトを持ち上げる、とてつもなく強そうな男たちがいる。彼らに引っ越しの手伝いを頼んだとしよう。ところが、いつも挙げているウエイトより軽い机や冷蔵庫をうまく扱えないことがわかる。なぜか？ バーベルであってもマシンであっても、ジムにあるウエイトが左右対称な形をしているからだ。つまりバランスが取れている。実生活で持ち上げるものは、常にどちらかに片寄って重く、重さがランダムに変化する。ジムにいる巨大な男たちの筋肉は、確かに体の前と後ろが強い。しかし、体の横にある筋肉が弱いため、前と後ろの強さがそこで切れ、つながっていない。そのため、非対称の物体をうまく扱うことができない。

　昔のストロングマンはこの事実をよく理解していた。その中には、リスクを顧みず、ウエイトを使ってウエストを鍛える者もいた。定番は、ベントプレスとワンアーム・デッドリフトだ。100年以上前の話になるが、アーサー・サクソンは公式の場で370ポンド（約168kg）、非公式の場では385ポンド（約175kg）をベントプレスした。今の世界で、その半分のウエイトを挙げるリフターを見つけられたら幸運なことだ。サクソンの股関節と脇腹がどれほど強かったか想像できるだろうか？ 誰かに引っ越しの手伝いを頼まなくてもよかったことだけは確かだろう。

　体の側部筋肉の強さは、離れ業を演じる時にも欠かせない。曲芸や体操選手のあん馬を観察してみよう。脚を振り出したり、脚が体の側部で支えられたりする時はいつも、股関節とウエストにあるすべての筋肉が動作している。脚の長さと重さから考えると、ウエスト側部の筋肉がパワフルでない限りできない技術だ。

　高レベルの筋力と制御力を備えたラテラルチェーンは、自重力を使って手にすることができる。それは、クラッチフラッグのトレーニングから始まる。

## WHERE TO TRAIN?
## どこでトレーニングするか？

　クラッチフラッグをやるには、垂直ベースが必要になる。ほどよい太さがあり、頑丈でなめらかな円柱がいい。自分の手のひらの直径くらいあればOKだが、もう少し太ければホールドしやすい。いくつか例を挙げよう。

・街灯
・標識
・家にある桁
・細い柱
・小さな木
・公園にある設備（鉄棒など）

　これらの垂直ベースは生活環境の中にあるものだ。しかし、改めて探したことはないだろう。だから、すぐには思いつかないかもしれない。フラッグをマスターするには、パルクール（移動しながら身体能力を高める運動スタイル）アスリートの視点が参考になる。生活環境にある建物や物体を、トレーニングツールとして利用する観点から眺めるのだ。楽しく、創造的な作業になるはずだ。

　選んだ垂直ベースが何であれ、安定していて、自分の体重を支えるに足る強度があるかどうかを確認する。尖ったところやギザギザした縁がないかもチェックする。ディテールを観察することが、無用なケガを避けることにつながる。

## CLUTCH FLAG TRAINING CONCEPTS
## クラッチフラッグのトレーニング指標

　クラッチフラッグを始める前に、いくつか指標を示したい。指標があれば効率的な進歩が可能になるからだ。

・ホールドする前にムーブする——ホールドは動的なアイソトニックスではなく、静

的なアイソメトリックスだ。監獄ではホールドの反対概念を「ムーブ」と呼ぶが、ムーブするキャリステニクスに慣れていると、ホールドするキャリステニクスには、ちょっと戸惑うかもしれない。ベストと思えるポジションに入るためムーブし、そのポジションをホールドすることになる。ホールドするまでのムーブに技術を要し、それがうまくできれば失敗が少なくなる。

・体全体を強くすることが目的──どんなトレーニングをやっていても、ルーチンにフラッグを組み込めば、ラテラルチェーンが強化される。そして、体の前、横、後ろにある筋肉を統合されたユニットとして扱う能力が高まっていく。フラッグを学ぶ目的はここにある。ビッグ6をやっているトレーニーには、結果が早く訪れる。キャリステニクスの動作が筋肉を協働させる能力を養っているからだ。

・ステップは省略可能──わたしは、負荷を小刻みに調整できる階層的なステップをつくるのが好きだ。ある技術をマスターするまでの道を可視化できるし、自信とモチベーションを育てられるからだ。ビッグ6の10ステップとは違い、このシリーズにはステップが8つある。誰もが、この8ステップすべてを必要とするわけではない。やっているステップが簡単で、次のステップが自分の能力の範囲内にあると感じる場合、次に進んでいい（この進行スタイルはフラッグのようなアイソメトリックス系のホールドだけに適用される）。もちろん、ひとつひとつのステップを確かめながら、すべてのステップを順に進んでいくことにも意味がある。

今やっているルーチンにどうクラッチフラッグをどう組み込むかは、以下が参考になるだろう。

## トレーニング手順

● どれくらい長くホールドするか？──クラッチフラッグでは、次のステップに移る目安を柔軟に考えていい。あえて秒数を示すとしたら、10秒間のホールドだ。その長さで完璧にホールドできたら、次のステップへ進むための筋力ができている。

- 1ワークアウトで、どれくらいの回数やるか?——ベストポジションを保っていられる間を1回とする。体が落ち始める、あるいは萎え始めてベストポジションが崩れたら、2～3分の短い休みを取って再トライする。これを5～6回行う。

- ワークアウトの頻度は?——フラッグは全身を対象にしたハードなエクササイズだ。数日間の痛みを残すこともある。連日にならない週3日までが適当だ。キャリステニクスで体を鍛え込んであり、フラッグをマスターする意欲に燃えているなら、隔日でもいい。前回の痛みが残っている間はトレーニングしても意味がないことを覚えておいてほしい。

これで、クラッチフラッグのトレーニング法の基本要素を理解してもらえたと思う。だがまずは、垂直ベースをホールドする技術、つまりクラッチホールドをお教えする。各ステップの導入部で使うことになる動作だ。

垂直ベースの目星はついているだろうか? 鍛え込んだ腹斜筋はメカニカルな輝きを放つ。フェラーリが設計し、スミス＆ウェッソンが製造する、そんなウエストを手にする用意はできただろうか?

## THE BASIC CLUTCH HOLD
## 基本のクラッチホールド

クラッチフラッグの基本動作がクラッチホールドだ。4つの手順がある。

**1.** 垂直ベース（柱、ポール、くい、建物の梁など）に近づく。右腕を伸ばし、脇下と広背筋の上部をしっかりベースにつける。こうすると、最初の位置決めの助けになる。

**2.** 垂直ベースの周囲を巡らせながら右腕を後ろに廻し、肘を曲げ、手をしっかりとベースに当てる。人差し指を下を向け、他の指でベースを抱えることが多い。しかし、やりやすい方法を取ればいい。掌底（手のひらの手首に近い部分）をベースにしっかりとつける。

**3.** 左手を垂直ベースに置く。肘を曲げ、股関節の高さに左手がくるようにする。その左手を、ベースに向かってできる限りの強さで押す。体が落ちるのを止める手になるので、最大限の緊張をつくり出す。

**4.** 足を少し後方にずらす。あるいはウエストを曲げる。または、その両方の動作を用いて体を少し後ろにずらす。左股関節の少し上（ウエスト部分）に左肘をつける空間をつくるためだ。この時点で、左前腕が水平ラインに近づいている。これで離陸準備完了だ。

以上の手順が、クラッチフラッグの練習を始めるに当たっての基本動作になる。手を入れ替えてクラッチホールドする場合、**1〜4**の説明にある「右」と「左」を入れ替える。練習を続けると、別々に見える4つの動作がひとつに融けていく。進歩するにつれ、ここで説明したものと少し違ったクラッチホールドになっていくかもしれないが、それも問題はない。人それぞれのホールドでいい。

## クラッチハング

### やり方

垂直ベースに近づき、基本のクラッチホールドに入る（94〜96ページ）。両手をできるだけ強く押して垂直ベースを抱きしめ、ウエストあたりにある肘をレバーのように使う。体を十分に緊張させた後、ゆっくり慎重に、しかし一気に足を地面から離す。ここでは、まだ足を横に持ち上げようとはしない。下半身をリラックスさせ、膝を曲げて脚を成り行きでぶら下げる。このステップの目的は、全体重を支える強さが自分にあることを体験することにある。

### ヒント

股関節を使って膝を持ち上げるのではない。膝を曲げて足を少し体の後ろに引っ張ることで、地面から離す。腹部の運動ではなく、上半身の運動であることを理解する。

このステップの目的は、全体重を支える強さが自分にあることを体験することにある。

# STEP 2

## ダイアゴナル・スプリット・クラッチ

### やり方

垂直ベースに近づき、基本のクラッチホールドに入る（94〜96ページ）。股関節の上のウエスト部分に左肘をしっかり固定する。この位置に固定した肘が、股関節を中心からずらし、少し横に押し出すことになる。右脚の膝を曲げ、上方にできるだけ引き上げながら、体をすばやく横に出す。それと同時に、左脚をまっすぐ伸ばす。体が整列するようコントロールし、体幹と下肢が地面に対して45度になるようにする。その姿勢を保つ。呼吸は普段通りに。

### ヒント

右脚を曲げると、斜めに体を整列させるのが容易になる。体の一部が垂れ下がるのは、ラテラルチェーンが弱いからだ。熟練アスリートを含め、ほとんどの人は、自分のラテラルチェーンの強さを知らないままでいる。トレーニングを重ねるしかない。

体が整列するようコントロールし、体幹と下肢が地面に対して45度になるようにする。その姿勢を保つ。
呼吸は普段通りに。

# STEP 3

## ダイアゴナル・タック・クラッチ

**やり方**

　垂直ベースに近づき、基本のクラッチホールドに入る（94～96ページ）。ここからダイアゴナル・スプリット・クラッチ（ステップ2）に入る。右脚を曲げて体幹近くまで引き上げ、次に、左脚を右脚近くに引き上げる。両脚を引き上げた姿勢になり、体幹とすねが地面に対して45度くらいの角度になる。この姿勢を保つ。呼吸は普段通りに。

**ヒント**

　ダイアゴナル・スプリット・クラッチをマスターしていれば、ウエストに大きなストレスがかからないはずだ。このステップはホリゾンタル・タック・クラッチ（ステップ5）をマスターするための踏み石になるもので、膝を引き上げるのが難しい場合は、ニータック（前作を参照）を練習すると助けになる。

両脚を曲げ上げた姿勢になり、体幹とすねが地面に対して45度くらいの角度になる。この姿勢を保つ。呼吸は普段通りに。

CHAPTER 8　ザ・クラッチフラッグ

# STEP 4

# ダイアゴナル・クラッチ

### やり方

垂直ベースに近づき、基本のクラッチホールドに入る（94〜96ページ）。ここからダイアゴナル・タック・クラッチに移る（ステップ3）。体勢が整ったら、体幹を地面に対して45度の角度にしたまま、両脚をまっすぐになるまで伸ばす。この時点で、体幹とまっすぐにした脚が地面に対して45度の角度をつくる。姿勢を維持し、普段通りの呼吸をする。クラッチフラッグのイメージをつかむのに役立つステップだ。水平に体をホールドしたクラッチフラッグをやる強さがなくても、45度のポジションならホールドしやすい。

### ヒント

重要なステップなのでしっかり練習すること。ダイアゴナル・クラッチでホールドするのが難しい場合は、少しずつポジションを完成させていく。両脚を曲げて10秒間ホールドし、筋力がつくにつれ、少しずつ脚をまっすぐ伸ばしていく。

体幹とまっすぐにした脚が地面に対して45度の角度をつくる。姿勢を維持し、普段通りの呼吸をする。

# STEP 5

## ホリゾンタル・タック・クラッチ

### やり方

垂直ベースに近づき、基本のクラッチホールドに入る（94〜96ページ）。体を支えながら、左の前腕の上に跳ね上がると同時に、股関節の反対側に膝を持ち上げる。この時点で、体幹とすねが水平になる。姿勢を保つ。呼吸は普段通りで。このステップをクリアすることは大きな達成を意味する。体を水平にホールドしているからだ。ここまで来たという実感が湧くだろう。

### ヒント

水平にホールドする時、垂直ベースに対して、胸や腕をどう位置させるかを学ぶステップになる。ステップ4までは、左手の前腕が水平のてこのように働いていた。このステップでは、それがウエスト方向に押されて、角度がある突っ張り棒のようになる。右手の前腕はベースにぴったりつけ、体重を支えるために強く押す。

この時点で、体幹とすねが水平になる。姿勢を保つ。呼吸は普段通りで。

# STEP 6

## ホリゾンタル・スプリット・クラッチ

**やり方**

垂直ベースに近づき、基本のクラッチホールドに入る（94～96ページ）。ホリゾンタル・タック・クラッチに移ってホールドを開始する（ステップ5）。上にある膝（右膝）は曲げて、股関節の反対側に位置させたまま、保つ。下にある脚（左脚）をまっすぐ伸ばしていく。体を一直線に保つことで、体幹と左脚が水平になる。普段通りの呼吸をしながらその姿勢を保つ。

**ヒント**

ステップ5までで、両膝を曲げて体を水平にホールドできるようになっている。あとは、両脚を伸ばすだけだ。ステップ6と7は、完全なクラッチフラッグにゆっくり近づいていくステップだ。このステップをクリアすれば、マスターステップに達するのは速い。核となる動作の大半をマスターすることになるからだ。

同時に、下にある脚（左脚）をまっすぐ伸ばす。体を一直線に保つことで、体幹と左脚が水平になる。

## STEP 7

# ベント・レッグ・クラッチフラッグ

### やり方

　垂直ベースに近づき、基本のクラッチホールドに入る（94～96ページ）。ここから、ホリゾンタル・スプリット・クラッチに移る（ステップ6）。ポジションが固まったら、左膝と股関節をゆっくり曲げて左脚を引く。同時に、曲げている右脚を少しずつ伸ばして両脚を揃える。この時点で、両脚が完全に伸びた状態から、およそ4分の1ほど曲がって揃った状態になっている。ボディライン（体幹と脚）は完全に水平に保たれている。姿勢を保つ。呼吸は普段通りで。

### ヒント

　フラッグの難度は脚を伸ばすほど増していく。このホールドは完全なクラッチフラッグより楽だ。強度の調整もやりやすい。脚を曲げるほどホールドが楽になり、伸ばすほどタフになる。

ポジションが固まったら、左膝と股関節をゆっくり曲げて左脚を引く。同時に、曲げている右脚を少しずつ伸ばして両脚を揃える。この時点で、両脚が完全に伸びた状態から4分の1ほど曲がって揃った状態になる。

CHAPTER 8　ザ・クラッチフラッグ

# THE MASTER STEP STEP 8

# クラッチフラッグ

### やり方

　垂直ベースに近づき、基本のクラッチホールドに入る（94〜96ページ）。次に、ホリゾンタル・タック・クラッチに移る（ステップ5）。ポジションが固まったら、脚をゆっくり伸ばしてロックアウトする。この時点で、体がまったくたるんでいない、まっすぐな水平ラインを描く。姿勢を保つ。呼吸は普段通りで。

### ヒント

　クラッチフラッグ中は、腹部が横を向くようにする。腹部が空を向くのは、ラテラルチェーンが弱く、腹部（フロントチェーン）がその弱さを埋め合わせようとするからだ。がんばって横向きを保つ。快適にホールドできるようになると、最初にホリゾンタル・タック・クラッチに入る必要がなくなる。まっすぐにした脚でフラッグを始め、ラテラルチェーンを使ってゆっくりと体を持ち上げられるようになる。

ポジションが固まったら、脚をゆっくり伸ばしてロックアウトする。この時点で、体がまったくたるんでいない、まっすぐな水平ラインを描く。

# LIGHTS OUT!
# 消灯!

　サイド・クランチを何千レップスもやってきた人がクラッチフラッグを試すとショックを受けることが多い。ラテラルチェーン全体の筋力と運動能力が求められるからだ。

　とはいえ、太りすぎていない限り、それほど時間をかけなくても、クラッチフラッグはマスターできる。まずは、クラッチホールドが正しくできるようにする。そこからステップを上がっていくが、ほとんどの人が8ステップすべてを必要としないはずだ。

　クラッチフラッグをマスターする頃になると、ラテラルチェーンに弱いリンクがなくなっていることに気づく。ルーチンの一環として、週に2～3回このホールドをやるといい。毎日クランチするより、100倍の速さでウエストが強化されていくだろう。

　ここまででも十分だ。ほとんどのボディビルダーにできないことができるようになっている。だが、ここまできたら、もっと高いところではためくプレスフラッグを奪い取らない手はない。どうやるかは次章で伝えよう。

# CHAPTER 9
## ザ・プレスフラッグ
### THE PRESS FLAG

**IN EIGHT NOT-SO-EASY STEPS**
**それほど簡単ではない8ステップ**

　ラテラルチェーンをユニットとして鍛えるこの上ない方法が、プレスフラッグだ。サイド・クランチや、ほうきの柄を腰に当てて廻すツイストとは別次元のエクササイズになる。ラテラルチェーンを意識しているウエイトリフターなら、サイドベンド（ダンベルなどのウエイトを片腕で持ち、ダンベルを持っていない側の腹斜筋を刺激するエクササイズ）やスーツケース・デッドリフト（スーツケースを持ち上げる時のようにバーベルを片腕で持ち上げるデッドリフト）をやっている。しかしそれらも、プレスフラッグがラテラルチェーンにもたらすものには遠く及ばない。

　ラテラルチェーンを強くするだけでなく、プレスフラッグは、全身の筋肉をバランスよく協働させる能力を発達させる。そこが、外部重量を引っ張り上げるだけのウエイトとは違うところだ。さらに、ウエイトトレーニングの場合、重いウエイトを持ったまま体を横に曲げると、脊椎に大きな圧力がかかりながら椎間板が開き、脊柱や股関節を傷つけるリスクが生じる。一方、脊椎を整列させ、体をまっすぐホールドするのがプレスフラッグだ。椎間板が開かないので、ケガをするリスクが低くなる。プレスフラッグは、より安全な動作になるということだ。ウエイトもプレスフラッグも地獄のようなト

レーニングであることに違いはない。しかし、同じ地獄でもプレスフラッグの方がより〝安全〟な地獄になる。

　結論はひとつ。何物をも撥ね返すラテラルチェーンがほしいなら、プレスフラッグをやるしかない。細部まで際立つ強くて硬い腹斜筋をつくるにも、これ以上のエクササイズはないだろう。

## UPPER BODY VARIATIONS
## 上半身のバリエーション

　プレスフラッグをやる時の手の置き方には3つのパターンがある。

①垂直グリップ──上にくる手は、オーバーハンド・グリップでベースをつかむ。下にくる手は、アンダーハンド・グリップか、人差し指を下向きにして横から垂直ベースをつかむ。頑丈なポールを対象にしたプレスフラッグに適しているが、超人（サーカスの曲芸師など）になると、ロープをこのグリップでつかむ。

②水平グリップ──2本の水平バー（1本は高い位置にあり、もう1本は低い位置にある）をつかむグリップ。上のグリップはオーバーハンドでもアンダーハンドでもいい。しかし、下のグリップはアンダーハンドにすべきだ。

③グリップ・トゥ・グリップ──曲芸で使われるバリエーション。固い対象物ではなく、パートナーの手をつかむ。

　ここでは基本となる3種類のグリップを紹介しているが、対象物によっては、上の手で垂直ベースを握り、下の手は水平ベースを握る場合もあるだろう。結局、対象物をどう握るかは、個人の好みや資質だけでなく、その対象物が何かにも左右される。垂直グリップに適している対象物は、道路標識、太い手すり、指が強ければ街灯（直径が大きくなるほど、つかむのが難しくなる）など。水平グリップに適しているのは、ジャングルジムや公園にあるモンキーバー（うんてい）だ。周囲を見渡すと、使えそうなものがたくさんあって驚くだろう。

プレスフラッグ・シリーズで紹介する写真では、垂直グリップが使われているが、後ほど教えるプレスホールドや、各ステップでは、好きなグリップを使ってかまわない。ただ、プレスフラッグの習得中は、常に同じグリップを使うようにする。

## UNDERSTANDING THE PRESS HOLD
## プレスホールドを理解する

　プレスフラッグと比べると、前章で紹介したクラッチフラッグは簡単なフラッグになる。上半身への要求が大きくないからだ。クラッチフラッグに求められるのは股関節と脚の重さを空中で支える胸筋や上腕二頭筋の筋力で、胸筋や上腕二頭筋は少しトレーニングすれば強くなる。一方、プレスフラッグでは、両肩や腕全体にも強い筋力が必要になる。股関節と脚だけでなく、体全体が空中に突き出るためレバレッジが大きくなり、とてつもない負荷が肩と腕にかかるからだ。また、プレスフラッグにトライした誰もが体験するのが、非対称になる体をホールドする技術の難しさだ。クラッチフラッグでは両方の腕で負荷を分け合うが、プレスフラッグは、下にくる腕で体重のほとんどを支えることになる。下にくる腕にかかる負荷が極端に大きくなって、体にかかる負荷が左右でアンバランスになる。

　この負荷のかかり方は、上半身にとってとても奇妙なものになる。下にくる腕で体重を支えられないと失敗する。同様に、上にくる腕で体を垂直ベースにつなげていられないと、やはり失敗する。幸いなことに、プレスフラッグで必要になるこういった筋力は、別のエクササイズでつくることができる。下の腕に求められる筋力をつくるのが、前作で紹介したハンドスタンド・プッシュアップ・シリーズだ。肩が生成する「押す力」を強くできる。両手に求められるグリップ力は、この本の第2～6章で紹介しているハンギングワークで強くできる。肩の力とグリップ力で後れを取っていたら、今がジャッキを突っ込んで持ち上げる時だ！

## NEURAL BLASTING: THE UP-DOWN TRICK
## 神経系を奮い立たせる雷管：上下させる技術

　わたしはサン・クエンティンでフラッグを学んだ。2つのフラッグのうち、クラッチフラッグはマスターするのが楽だった（自慢したいわけではない。死ぬほどワンアーム・プランクからワンアーム・ハンドスタンドへ移るワークをやっていたので、ラテラルチェーンがそれなりに発達していたからだ）。ところが、プレスフラッグは異次元の世界だった。地面と平行になるまで体を持ち上げようとしてもコツがつかめない。水平どころか、いつも傾いている体が無様に垂れ下がるだけだった。

　中庭でプレスフラッグと格闘していたある日、それを見かねたひとりの囚人が近づいてきた。そして、問題を解決する秘訣を教えてくれた。その秘訣が、質が悪かったわたしのプレスフラッグを上物に仕立て上げてくれた。秘訣は、プレスフラッグの前にバーチカルフラッグをやることだ。伸ばした体を地面から持ち上げるようにしてプレスフラッグに入るのではなく、最初に爆発的に脚を蹴り上げ、その脚を曲げてチェンバーポジションに入り（117～118ページ）、体を伸ばして足で空を指す（119ページ）。これがバーチカル（垂直）フラッグだ。プレスフラッグより維持するのがずっと楽で、この姿勢から体をスムーズに降ろせば……ビンゴ！　いにしえの強者に通じるプレスフラッグ（122ページ）が完成する。数週間、このやり方でトレーニングしたところ、初めて納得がいくプレスフラッグをやれるようになった。

　この技術を使うとプレスフラッグがうまくできるようになるのはなぜか？まず、当たり前の話だが体を下ろす時の方が、持ち上げる時より重力の影響を受けない（下から上にカールするより、上から下へカールする方が簡単なのは当たり前だ）。また、垂直フラッグをやるために爆発的に脚を蹴り上げることが、ラテラルチェーンに張り巡らされた神経系を起動させ、その後の「下ろす動作」に備えさせるからだと思う。

　理由が何であれ、プレスフラッグをやるに当たっての、いささかずるいこの技術は、魔法のように機能する。すでにプレスフラッグをやる筋力ができ

ていればなおさらだ。この章の後半にあるプレスフラッグ・シリーズの一部として、それを紹介している。

## PRESS FLAG TRAINING TACTICS
## プレスフラッグ・トレーニングの戦略

　プレスフラッグが何か、おおよそわかってもらえたと思う。トレーニングを始める前に、手助けになるヒントを伝えたい。

・クラッチフラッグ（104ページ）がうまくできない段階で、プレスフラッグをやろうとしないこと。それは、150がベンチプレスできないのに300にトライするようなもので、無駄な努力に終わる。

・ステップ5までは、ラテラルチェーンをパワーアップさせるというより、うまくホールドできるようになることが目的だ。そのため、トレーニング後にクラッチフラッグを1～2回行い、ラテラルチェーンのパワーを落とさないようにする。

・自分の体重が重くのしかかってくるのがプレスフラッグだ。わたしは、太った男がこの離れ業をやるのを見たことがない。反対に、あるステップで足踏みしていても、2～5キロ脂肪を減らせば再び進歩し始める。

・プレスフラッグは、体の左右に異なる動作を強いる。不均衡な姿勢のまま、下にくる半身に大きな負荷がかかるため、ラテラルチェーンの左右どちらかが弱いと、その弱い方を上にしたくなる。それが、ほとんどの人がプレスフラッグを片側でしか行えない理由になっている。しかし、片側ばかりでプレスフラッグしていると落とし穴にはまる。左右のラテラルチェーンのパワーバランスが崩れるからだ。こうなるのを避けるには、最初に弱いラテラルチェーンを下にしてプレスフラッグする習慣をつける。その後に、強い方を下にすればいい。

・腹筋が弱かったり、十分に収縮していなかったりする場合、体が後方にスイングしやすくなる。そうならないよう改善を重ねてほしい。ポールが曲がっていても同じことが起こるので、このことにも注意してほしい。

- リスクを呼び込まないトレーニングを心がける。初めてプレスホールドにトライする時から、体を安全に下ろす技術を学んでほしい。体を制御する意志を強く持つことが大切だ。そして、落下は絶対に避ける。

- プレスフラッグはタフなトレーニングだ。〝きれいな旗〟をつくることができるまで時間がかかる。ホールド時間を延ばすにしても、1週間、あるいは2週間かけて、やっと1秒長くなるかどうか。だが、それはすばらしい成果であり、1秒長くなっただけで、ラテラルチェーンが相当強くなっている。

## トレーニング手順

- どのくらい長くホールドするか？──クラッチフラッグと同じで、次のステップに上がるかどうかの判断は柔軟に。助言としては、ステップ1と2は、およそ10秒間のホールドを目指す。ステップ4～7は、完璧だと思えるホールドが5秒間できたら十分だ。できたら、次のステップを試す。

- どれくらいの回数やるか？──ベストと思える姿勢をできるだけ保ち、体が落ち始める、あるいは萎え始めたら体を下ろす。短い休憩を取り(2～3分)、再度トライする。各セッションで5～6回繰り返す。

- どれくらいの頻度で？──クラッチフラッグよりもタフなエクササイズなので、トレーニング頻度にもそれを反映する。ステップ1～5は、連日にならないように1週間のうち3日間行う。ステップ6～8は、週2回にとどめる。

## THE BASIC PRESS HOLD
## 基本のプレスホールド

　クラッチホールド・シリーズを始める前に基本のクラッチホールド（94～96ページ）を習得したように、プレスフラッグ・シリーズでも、まず、基本のプレスホールドを習得する。

**1.** 垂直ベースまでの対象物までの距離をうまく取ることが大切になる。腕の長さのおよそ4分の3くらいが適当だ。プレスフラッグでは、少なくとも一方の腕は伸ばしてロックすることになる。垂直ベースに近づきすぎると、わざわざ自分の体重を押し出してプレスフラッグすることになる。それではタフなエクササイズになりすぎる。

**2.** 左腕を下方に伸ばし、股関節あるいは太もも上部と同じ高さでベースをつかむ。掌底が上方を、人差し指が下方を向く。腕をまっすぐロックする。

**3.** 体を伸ばし、頭より上の位置にある垂直ベースのどこかを右手でつかむ。親指が手のひらの下にくるグリップでもいいし、親指を使わないグリップでもいい。あるいは、垂直ベースに巡らせた指で親指を包むパターンでも。もっとも自然なつかみ方を探す（垂直ベースの性質にもよる）。

**4.** 手を置くポジションを固定したら、垂直ベースと並ぶように体全体を側面に位置させる。必要に応じ、足をずらしてもいい。上にある腕を完全にまっすぐにする必要はない。上にある腕で垂直ベースを強く引っ張り始め、下にある腕で強く押して張力をつくり始める。

体型によってやり方は変わる。そのため、以上はおおざっぱな指示になっている。体験を重ね、やりやすい方法を見つけてほしい。思慮深いトレーニングを続ければ、自然に、その人独自のポジショニングが開発される。垂直ベースにどう向き合うかもその人次第でいい。垂直ベースに接する手の上下を入れ替える時は、上の説明にある「右」と「左」を入れ替える。

ではここから、プレスフラッグ・シリーズのステップに入る。

カバドロ兄弟（アル＆ダニー）が非人間的ともいえる筋力と制御力を披露している。身近にあるポールを使っている。彼らのように、適当な垂直ベースを見つけてほしい。

## STEP 1

## サポートプレス

### やり方

　サポートプレスは、プレスフラッグ・シリーズの予行練習のようなもので、プレスハング（ステップ2）にトライできる上半身にする。プレスフラッグの練習に進めるかどうかのテストにもなる。壁やポールなどの垂直ベースにつながる水平バーが必要になる。プルアップで使っている水平バーがひとつの選択肢になるだろう。垂直ベース近くの位置で、両手を使って水平バーにぶら下がる。使うのはオーバーハンド・グリップだ。垂直ベースに近い方の手をバーから離し、垂直ベース面に平らに置く（またはつかむ）。その腕を伸ばしてまっすぐロックし、体を斜めに押し出す。体はできるだけ整列させるが垂れ下がってもかまわない。呼吸は普段通りで。

### ヒント

　バーからぶら下がっている方の手を、垂直ベースに置いた手の方に少しずつ動かしていくと難度が高くなる。その手が垂直ベース近くに来たら、ステップアップする。

垂直ベース近くの位置で、両手を使って水平バーにぶら下がる。使うのはオーバーハンド・グリップ。垂直ベースに近い方の手をバーから離し、垂直ベース面に平らに置く（またはつかむ）。その腕を伸ばしてまっすぐロックし、体を斜めに押し出す。体を整列させる。呼吸は普段通りで。

# STEP 2

# プレスハング

### やり方

　垂直ベースに近づき、基本のプレスホールドに入る（112～113ページ）。上に位置している腕で引っ張り、下に位置している腕で押すことで、上半身を支える。引っ張っている方の腕は適度に曲げる。十分に筋緊張させたところで、脚を跳ね上げ、地から足を離す。助けになるなら、膝を少し曲げる。下半身を垂らす。姿勢を保つ。呼吸は普段通りで。

### ヒント

　プレス中の体重を支える筋緊張をつくるのが、このステップの目的だ。体を水平にはしないので、横方向に蹴ったり、体をまっすぐにしたりする必要はない。すべてのエネルギーを上半身に〝送り込む〟だけでいい。

引っ張っている方の腕は適度に曲げる。十分に筋緊張させたところで、脚を跳ね上げ、地から足を離す。

# STEP 3

## キックプレス

### やり方

垂直ベースに近づき、基本のプレスホールドに入る（112～113ページ）。股関節を横に出し、両足を離して立つ。垂直ベース近くにある方の脚を強く蹴り下げ、もう一方の脚を横に跳ね上げる（写真A）。上に位置している（曲がった）腕を引っ張り、下に位置している腕を押す。ジャンプすることで、体幹が水平ラインより上にくるようにする（写真B）。ジャンプのトップ位置で、股関節を上に回転して空に向ける。このステップでの最終目標は、胴部の上に膝を持っていくことにある（写真C）。キックプレスは、シリーズ中唯一の爆発的動作だ。パワフルに、だが制御しながら、膝をできるだけ高く上げる動作パターンを学ぶことがポイントになる。この動作が連続10回できたら、トップでホールドするステップ4にトライする。

A：垂直ベース近くにある方の脚を強く蹴り下げ、もう一方の脚を横に跳ね上げる。

B：ジャンプすることで、体幹が水平ラインより上にくるようにする。

C：ジャンプのトップ位置で、股関節を上に回転して空に向ける。このステップでの最終目標は、胴部の上に膝を持っていくこと。

# STEP 4

## バーチカル・チェンバー・プレス

**やり方**

キックプレスの爆発的な動作をホールドに変える技術を習得する。プレスフラッグを容易にするバーチカルフラッグ(ステップ5)のポジションを学ぶステップになる。垂直ベースに近づき、基本のプレスホールド(112〜113ページ)に入る。そこからキックプレスする。上にある肘(右腕の肘)の隣に両膝を近づけ、トップポジションでホールドする。姿勢を保つ。呼吸は普段通り。

**ヒント**

これが、バーチカルフラッグ(ステップ5)のチェンバー(すなわち「装填完了」)ポジションになる。体幹まで膝を近づける必要はない。つまりタック(曲げて引き上げる)ではなく、膝を曲げるだけでよい。体が完全に垂直になる必要もない。写真のように、垂直ベースから角度をつけて体が出るのが正しいポジションになる。

キックプレスで学んだ技術を使って蹴り上げるが、両膝を上にある肘(右腕の肘)の隣に近づけ、トップポジションでホールドする。姿勢を保つ。呼吸は普段通りで。

# STEP 5

## バーチカルフラッグ

### やり方

　垂直ベースに近づき、基本のプレスホールドに入る（112〜113ページ）。ここから、バーチカル・チェンバー・プレス（ステップ4）を行う。ポジションを固定できたら、上に向かって脚をゆっくり伸ばしていく。伸ばし切ってロックするまでだ。体をできるだけまっすぐにするが、写真のように、完全な垂直にはならない。水平ラインから、上に向かって少なくとも45度以上の角度をつくるとホールドが楽になる。姿勢を保つ。呼吸は普段通りで。

### ヒント

　バーチカル・チェンバー・プレスからバーチカルフラッグへステップアップするのが難しい場合は、片方の脚を曲げたまま、もう片方の脚だけを伸ばす。この姿勢を保つのが楽になったら、曲げたままにしている方の脚も伸ばす。

ポジションを固定できたら、上に向かって脚をゆっくり伸ばしていく。伸ばし切ってロックするまでだ。たるまないよう、体をできるだけまっすぐにする。

# STEP 6

## スプリット・プレス・フラッグ

### やり方

　体を垂直に伸ばしたバーチカルフラッグの状態から、水平ラインまで体を下げていく。基本のプレスホールドに入り、バーチカルフラッグに移る（ステップ5）。次に、上に位置させた腕（右腕）と同じ側の脚（右脚）をおよそ90度（直角）になるまで曲げる。膝を前方に少し移動させながら脚を曲げて、これを行う（写真A）。ポジションを固定させたら、体を水平ラインまでスムーズに下ろしていく。下に位置する脚（左脚）と体幹が垂れ下がらないようにし、まっすぐな水平ラインを描く（写真B）。ほんの一瞬でもいいので姿勢を保つ。呼吸は普段通り。

A：上に位置させた腕（右腕）と同じ側の脚（右脚）をおよそ90度（直角）になるまで曲げる。膝を前方に少し移動させながら脚を曲げて、これを行う。

B：ポジションを固定させたら、体を水平ラインまでスムーズに下ろしていく。下に位置する脚（左脚）と体幹が垂れ下がらないようにし、まっすぐな水平ラインを描く。

# STEP 7

# ベンド・レッグ・プレスフラッグ

## やり方

垂直ベースに近づいて基本のプレスホールドに入り（112〜113ページ）、バーチカルフラッグに移る（ステップ5）。ポジションを固定させたら、脚を曲げながら、水平になるまでスムーズに体を下ろしていく。曲げるのは、膝だけでも、膝と股関節の両方でもいい。降下中に脚を前後に動かすと、バランスが崩れて回転するので注意する。体幹と曲げた脚をまっすぐな水平ラインにする。たるまないよう、その姿勢を保つ。呼吸は普段通り。

## ヒント

バーチカルフラッグ（ステップ5）の状態から体を下ろし始める前に、膝や股関節を曲げてポジションを固めるとやりやすい。こうすれば最後の瞬間に脚を曲げるよりも、速く筋力をつけることができる。

ポジションを固定させたら、脚を曲げながら、水平になるまでスムーズに体を下ろしていく。曲げるのは、膝だけでも、膝と股関節の両方でもいい。降下中に脚を前後に動かすと、バランスが崩れて回転するので注意する。

# THE MASTER STEP STEP 8

# プレスフラッグ

**やり方**

　垂直ベースに近づいて基本のプレスホールドに入り（112〜113ページ）、バーチカルフラッグに移る（ステップ5）。脚がまっすぐロックされていることを確認する。ポジションが固定したら、水平になるまで体をスムーズに下ろしていく。体幹と伸ばした脚を、まっすぐな水平ラインに整列させる。その姿勢を可能な限り保つ。呼吸は普段通り。

**ヒント**

　自重力トレーニングの専門家でも、きれいに〝旗を張れる〟アスリートは少ない。わたしが苦労したように、バーチカルフラッグから入る秘訣を知らないからだ。70歳未満で体が健常であれば、示した手順に従ってステップアップしていけばプレスフラッグができるようになる。すべてのステップを必要としない人もいるだろう。必要なステップだけを使えばいい。

ポジションが固定したら、水平になるまで体をスムーズに下ろしていく。体幹と伸ばした脚を、まっすぐな水平ラインに整列させる。

## GOING BEYOND
## その先へ

　プレスフラッグができるようになったら、その成功を確実なものにすることが先決だ。トレーニングを続け、フォームを完璧にしていく。水平ラインを硬く保ち、揺れや傾きを最小限にする。2～3秒間ホールドできるようになっても改善を重ね、理想的なプレスフラッグを目指す。10秒間ホールドできるようになれば、プレスフラッグの専門家と呼ぶことができる。

　この時点までくると、ワークアウトにプレスフラッグを加え、定期的にやるだけでよくなる。囚人の多くは、プレスフラッグをハードにやりはしない。ラテラルチェーンの開発より、プルアップやプッシュアップにエネルギーを投入するからだ。外の世界の男たちもたぶん同じだろう。囚人と同じ嗜好を持つなら、レッグレイズの後にプレスフラッグを加えるくらいにとどめた方がいいだろう。ぶら下がってのレッグレイズは、体幹と両腕を対象にしたエクササイズだ。それは、プレスフラッグをやるための完璧なウォーミングアップになる。レッグレイズが終わったら、3～4分間やさしくウエストを動かしてほぐす。そこからフラッグのトレーニングに入ればいい。レッグレイズの後であれば、クラッチフラッグの方もやりやすくなる。

**1** レッグレイズ　2～3セット（ウォーミングアップセット）
　　　　　　　　　2～3セット（ワークセット）
　　　　　　　　　（3～4分間、股関節を廻したり、軽く伸ばしたりする）

**2** プレスフラッグ　左右各々の側で2～3ホールド（ただし、極限まで自分を追い込んではいけない）

　これは、フラッグをマスターした後、わたしが長期にわたって用いていたルーチンだ。流れるようなセッションになって楽しい。シットアップやクランチ、馬鹿げたマシンに何時間も費やすより、25分間ほどでウエストを効果的にトレーニングできる。レッグレイズでいつも消耗し切るのであれば、

フラッグは独立したセッションにする。

　フラッグに夢中になり、もっと上を目指したいアスリートもいるだろう。その時はどうするか？

　選択肢のひとつは、ホールド時間を増やすことだ。わたしも試したことがあるが、これはこれで、どこまでもトライしたくなる。ホールド時間を長くしても筋力は増さず、増すのは筋持久力だけであることは忘れないようにしたい。また、ホールドは10秒を超すと、維持するのがとても難しくなる。1秒伸ばすのに、長いトレーニングが必要になるだろう。フラッグがいかにタフであるかということだ。ちなみに、プレスフラッグのギネス記録は、超人ドミニク・ラカスが持っている。それでも39秒だ。

　筋力を強化するという意味での次のステップは、プレスフラッグの前にバーチカルフラッグをはさまず、まっすぐロックした体を地から水平ラインまで持ち上げる動的なプレスフラッグだ。マスターできれば、ホールドするフラッグを、ムーブするフラッグに変えることができる。つまり、レップス数とセット数の観点からフラッグをトレーニングできるようになる。直立ベースに手を置き、まっすぐにした体を上げていって横に張り出し、トップポジションで一時静止する。そこから、ゆっくりと体を地面へ下ろす。これで1レップだ。3レップス2セットを目指し、そこからレップス数を増やしていく。動作中の弾みはすべて排除する。ムーブするフラッグは、レッグレイズと同じセッションではやらない。レッグレイズとは別の日に疲れていない体でトレーニングするようにする。

　動的プレスフラッグがもたらすパワーは信じられないほどのものになる。筋密度の上昇も半端なものではない。

# LIGHTS OUT!
## 消灯!

　ボディビルダーは体を部位に分けたパッチワーク的なトレーニングをやる。ウエストを鍛える時も同じだ。ミッドセクションの筋肉を分離し、的外れな動作を繰り返して結果を得ようとする。

　自重力アスリートは、体がシステムとして動作することを知っている。そのため、ある部位に特化して鍛えたい場合も、システム全体を対象にする。あなたのコーチが優秀であれば、同じように、下背部だけでなくバックチェーン全体を対象にするよう指導するだろう。ラテラルチェーンは注目され始めたばかりの筋肉のつながりだ。筋力について研究する科学者も、フロントチェーンやバックチェーンについて語るようになっている。しかし、ラテラルチェーンに言及する専門家はほとんどいない。ラテラルチェーンを対象にした科学的アプローチは始まったばかりだし、試行錯誤を繰り返している。

　しなやかでいて鋼鉄のように硬いウエストをつくる技術――フラッグ――は、一部の囚人の間で共有され、世代を超えて伝えられてきたエクササイズだ。科学者が出す答えを待つ必要はない。垂直ベースに近づいて、いにしえの世界から変わらないこの技術を習得してほしい。

## BULLETPROOF YOUR WEAKEST LINK
### もっとも弱い部分を防弾する

　太くたくましい首は、侮りがたいオーラを放つ。目の前にいる相手がどれほど筋肉質であるか値踏みする時、監獄では、首が語る内容を読み取ろうとする。体型から推し測ると見誤るからだ。特に箱型の体型をしていると、実際はやせていても、服の中に分厚い筋肉があるように見える。ウソをつかないのは、ブルドッグのような首だ。インパクトがある首を持っているのが自慢の囚人は、それをアピールするため、喉や首の横にタトゥーを入れる。前腕は、季節によってはシャツやセーターの下に隠れるが、襟の上から覗く首は、年中、人目にさらされている。この観点から考えると、首のエクササイズをトレーニングプログラムに加えるボディビルダーが少ないことには、いつも驚かされる。普通のトレーニーに至っては、当たり前のように無視する部位になっている。

　首を鍛えることには、それ以上の利点がある。首は脊椎上部にある頸椎を覆っている。脊椎の中でも特に小さな椎骨のつながりでできているのが頸椎だ。このデリケートな頸椎を守る筋肉が頑丈で健康であれば、頸椎が傷つくリスクを劇的に減らすことができる。また、首の筋肉がパワフルであれば、頭部全体のショックアブソーバーにもなる。ボクサーが熱心に首をトレーニ

ングするのは、脳震盪（あるいは、さらに重大な事態）から脳を保護してくれるからだ。さらに、パンチを受けても頭の中で脳が揺れるのを防いでくれる。ボクシング番組の KO シーンの後では、解説者がよく「ガラスの顎」を話題にする。しかし、重いパンチをくらっても笑っていられる能力は、顎が決めるものではない。実際は、強く安定した首を持っているかどうかで決まる。監獄で首のトレーニングに時間が費やされる理由のひとつが、ここにある。不意に強烈なパンチをくらっても、即座に反撃体制に移ることができるからだ。

頸部（首）を鍛える技術も、一部のアスリート世界を除いて滅んでしまっている。そのため多くのアスリートにとって、もっとも弱い部位になっている。頸部にある筋肉を鍛える方法を教えられるパーソナルトレーナーもいない。フィットネスライターが提案することといえば、小さなウエイトを頭につけ、レップス数が多い繰り返し運動をやれ、といった愚かな話ばかりだ。それどころか、重いウエイトを首につけるハーネス（馬具）のような器具さえある。こういった哀れな繰り返し運動が、強力な頸部を生み出すことはない。

頭の周りに重いウエイトを縛ったり垂らしたりすることは、絶対に避けなければならない行為だ。頸部ハーネスはしつこい頭痛や首痛の原因となることで知られる、悪名高い代物だ。頸部をトレーニングするマシンのほとんどは、「鍛える」ことにばかり気をとられ、頸椎に与えるダメージを考慮していない。健康的な頸椎をつくるのではなく、頸椎を破壊するために設計されているようにさえ見える。そんなものに近づいてはいけない。

## THE BEST NECKS IN THE BUSINESS
## 仕事に必要な首の力

首を鍛えるにはどうしたらよいかを、わたしはエキスパートから学んでいる。もちろんボディビルダーからではなく、ボクサーですらなく、レスラーからだ。悪い道に迷い込む前は優秀なアマチュアレスラーだったその男と出会ったのはアンゴラ（〝ザ・ファーム〟）だ。彼と出会ったことで、レスラーほど首のトレーニングについて理解しているアスリートがいないことを知る

ことになった。優れたレスラーを観察すると、花崗岩から掘り出したような肉厚で頑丈な首を持っていることがわかる。アトランタ・オリンピックのレスリング・フリースタイル100kg級で金メダリストになったカート・アングルの首回りは20インチ（約51cm）以上もあった！　1990年代後半にWWEと契約したアングルは、ハルクのような男たちと同じリングに立つことになる。ビール樽のような腕と木の幹のような太ももを持つレスラーを前にすると、小さく見える体だったが、彼ほどインパクトのある首を持つレスラーはいなかった。そして、アマチュア時代のトレーニングでつくったその首で、ヒール（悪役）として一時代を築いていくことになる。

　レスラーが首を開発するのには理由がある。接近戦になると両腕が対戦相手に取られるため、対戦相手の頭や胴部に頭をつけ、頭を第三の手として機能させる必要に迫られるからだ。首に、腕並みの強さが求められるのだ。優れたレスラー同士が対戦すると、互いの腕をすぐに取り合って動きを遮る。そのため、対戦相手の胴部をホールドしながら投げを打つしかなくなり、投げた方の頸部と脊椎上部に負荷が直撃する。スープレックスという技を見たことがあるなら、何を言っているかわかるだろう。対戦相手を抱えながら、肩と首を地につけるようにして投げるのだ。相手の体重がのしかかってくるので、鉄のような頸部がない限り、こんなまねはできない。下手をすれば自分の首の骨が折れるリスクがある。しかし、そんなことは意にも介さずに、レスラーたちは試合中に何十回もスープレックスをかける。トレーニングカリキュラムの中に頸部を鍛えるトレーニング技術があるからこそ、それができるのだ。

## SECRET WEAPONS
## 秘密兵器

　レスラーがふだんやっているトレーニングの中に、頸部を強くする〝秘密兵器〟がある。彼らも、マシンやウエイトを必要としない。そう動くように自然が意図した通りに首をトレーニングするだけだ。それが、2つのシンプルな自重力エクササイズである、レスラーブリッジとフロントブリッジだ。

この２つのブリッジは、首の前、横、後ろのすべてをたくましくするだけでなく、機能的なものにする。レスリングという競技同様、どちらも古代ギリシャやローマの時代に遡る歴史を持つエクササイズだ。一般的なトレーニング世界ではあまりお目にかかることはないが、アスリートの歴史を紐解くと、２つのブリッジがレスラーたちによって何千年も途切れることなく伝えられてきたことがわかる。市場に出回っている頸部トレーニングマシンは、数十年も経っていない代物だ。数千年続いたトレーニングに身を委ねた方が賢明であることは間違いがない。

## NECK SPECIALIZATION - HEALTH BENEFITS
## 健康上の利点

　ネックブリッジは必ずしも必要なトレーニングではない。ビッグ６、特にブリッジをやっていれば、首はこの上もない刺激を受けている。それさえやっていれば、終生、健康的で強い首でいられるだろう。しかし、人並みはずれた背骨を必要とする格闘スポーツやフットボールのようなスポーツにかかわっている場合、あるいは襟元からピュトン（アポロンが退治した大蛇）が這い出ているようなクールな首がほしいなら、この章が参考になる。さらに、この章で説明するブリッジがもたらす健康上のメリットは計り知れないものになる。あなたが投資する時間とエネルギーは容易に回収できるだろう。

　首の痛みに悩んでいる人は多い。首に何らかのトラブルを抱えながら生きている人は、５人のうちの３人にもなる。だが、首を顧みない生活をしている人が多いことから考えると、それは不思議でも何でもない話になる。わたしたちの首は、狩猟採集者だった時代に進化したものだ。捕食者や獲物がいないかと首を廻しながら森を駆け抜けることが、すばらしい頸部トレーニングになっていたからだ。ところが、現代の平均的な労働者はノートパソコンや生産ラインに向かって前かがみになって仕事をする。家に帰ると、ソファに沈み込んでモニターを凝視して過ごす。こういった活動のすべてが、視線を一方向に固定する。重い頭を支える柱（首）が萎縮して硬くなるのは避けられないことだ。さらに、わたしたちの首はストレスがかかると緊張する

(これは、トラブルや戦闘などの危機が迫った時に背中を丸めた日々の名残だ)。以上のような要因が自発的な首の麻痺を招き、首や上背部に起こる慢性・急性の痛みにつながっていく。

ネックブリッジをマスターすると、首のトラブルのほとんどが緩和される。血液循環が改善され、痛みが取り除かれる。古傷にもいい。ストレスがもたらす首や肩の緊張を解き、次に緊張した時の回復も早い。姿勢も改善するし、見た目が良くなる。もちろん、気分も良くなるだろう。

"マナッサの殺し屋"ことジャック・デンプシー。現代的なファイターのような巨大な上腕二頭筋や割れた腹筋は持ち合わせなかったが、ネックブリッジに打ち込んで、首と上背部を筋肉で覆った。さらに、木を噛んで顎を鍛え、ノックアウトされない完璧な頭部をつくり上げた。ノックアウトを喫したのは無名時代の1試合だけ。この試合は、わざと負けた(八百長だった)と言われている。

# THE OLD SCHOOL NECK PROGRAM
## 古代から続く頸部トレーニングプログラム

　典型的な現代生活を送っている人にとって、ネックブリッジはハードなトレーニングになる。間違いなく首が弱っているからだ。できるようになるまで時間がかかることは避けられない。レスラーブリッジにちょっとトライするにもブリッジホールドできる脊柱のパワーが必要になる。そして、それが前提だ。前作を参照して、ステップをクリアしていってほしい。フロントブリッジにも独自の難しさがある。脊柱にほどよい柔軟性が求められるからだ。この章では、それぞれのブリッジをやる上で必要になる筋力をつくるプレバージョンを紹介している。それをマスターしてから、フルバージョンへ向かう。

　話は以上だ。エクササイズの説明に移ろう。

# PRELIMINARY VERSION
## レスラーブリッジ（プレバージョン）

　これはレスラーブリッジのプレバージョンだ。首の動作を腕が助けるので、このエクササイズは完全なレスラーブリッジ（133ページ）よりも負荷が小さくなる。

**やり方：**

I.　ブリッジホールドする。足裏を床面につけて仰向けになる。両手のひらを頭の両脇に置き、指を足先方向に向ける。股関節を高く押し上げることで、床面から体を押し上げる。体幹と四肢でアーチをつくる。床面と接する手と足以外は、体のどこも床面に触れないようにする。

II.　体幹と脚で体を支えながら、肘を曲げ、頭頂が床面に触れるまで体をゆっくり下ろしていく。タオルや細い枕を置いておくと、頭部が痛くならない。これがスタートポジションになる（写真1）。

III.　手のひらと頭蓋骨を床面に接触させたまま、頭をゆっくりと前方に曲げる。上半身が少し下がるだろう。床面に頭部の後ろが全部つくようにする。首と肩上部が床面についたらそこで止まる。これがフィニッシュポジションになる（写真2）。

IV.　腕と首の力を合わせ、ゆっくりスタートポジションまで押し戻す。一時静止し、繰り返す。

**1**

**2**

## FULL VERSION
# レスラーブリッジ（フルバージョン）

　レスラーブリッジのハードバージョンだ。腕を使わないので、首の筋肉だけで、胴部を動かすことになる。この時にかかる負荷が、首まわりの筋量と筋力を急速に増加させる。

**やり方：**

I.　ブリッジホールドする。足裏を床面につけて仰向けになる。両手のひらを頭の両脇に置き、指を足先方向に向ける。股関節を高く押し上げることで、体を床面から押し上げる。体幹と四肢でアーチをつくる。床面と接する手と足以外は、体のどこも床面に触れていないようにする。

II.　体幹と脚で体を支えながら肘を曲げて体をゆっくり下ろし、頭頂を床面に触れさせる。タオルや細い枕を置いておくと、頭部が痛くならない。少しずつ手のひらから力を抜いていき、頭頂と足だけで体を支えるようにする。胸の上で腕を交差させるか、胃の上に手のひらを休ませる。これがスタートポジションになる（写真3）。

III.　ゆっくりと頭を前方に曲げる。胴部の位置が少し下がるだろう。首と肩上部が床面についたらそこで止まる。これがフィニッシュポジションになる（写真4）。

IV.　首の力だけを使い、ゆっくりとスタートポジションまで押し戻す。一時静止し、繰り返す。

**3**

**4**

## PRELIMINARY VERSION
# フロントブリッジ(プレバージョン)

　フロントブリッジのプレバージョン。ひざまずいて行うため、首に伝わる体重が少なくなり、脚を使って体幹を前後に動かすフロントブリッジが容易になる。4方向への動作が、首の前と横にあるすべての筋肉を刺激する。フロントブリッジのフルバージョン（136～137ページ）よりもはるかに容易なブリッジになる。

### やり方：

I. 膝を広げて床面に膝をつく。

II. 上半身をまっすぐにしてから、前方に傾ける。手のひらを床面につけ、両手間の空間に向かって頭頂を下げていく。クッションにしたタオルや細い枕の上に頭を休ませる。

III. 体重がつくる負荷が、頭頂、膝、すね、足を通り抜けるよう、手にかかる圧力を抜いていく。手を背中の後ろに置き、エクササイズから外す。これが中間ポジションになる（写真5）。

IV. 動きをコントロールしながら、床面に鼻がわずかに触れるまで、頭を後ろに反らせる（写真6）。

Ⅴ. 首の前にある筋肉を使って中間ポジション（写真7）に戻り、頭を右に反らす（写真8）。

Ⅵ. 首の横にある筋肉を使って中間ポジション（写真7）に戻り、頭を左に反らす（写真9）。

Ⅶ. 首の横にある筋肉を使って中間ポジション（写真7）に戻る。ここまでが1レップになる。手順Ⅳに戻って繰り返す。

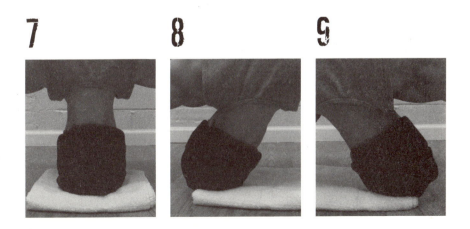

# FULL VERSION
# フロントブリッジ（フルバージョン）

　フロントブリッジのハードバージョンだ。体が高い位置にくるため、はるかに大きな重量（体重）が首と頭を通っていく。この技術は、4つの基本的なポジションを通じて、喉のあたりと首の側面に負荷をかける。前方への屈曲が、脊柱、股関節、脚を柔軟なものにする。

### やり方：

I. 両足を、肩幅以上に離す。

II. 脚はまっすぐ（もしくは、ほぼまっすぐ）に保ち、股関節のところで体を前方に曲げる。手のひらを床面につけ、両手間の空間に向かって頭頂を下げていく。クッションにしたタオルや細い枕に頭頂をつける。

III. 体重がつくる負荷が両足と頭頂を通るよう、手にかかる圧力を除いていく。手を背中の後ろで組み、エクササイズから外す。これが中間ポジションになる（写真10）。

IV. 注意深く動作をコントロールしながら、鼻がわずかに床面に接触するまで、頭を後ろに反らせる（写真11）。

## 10

## 11

Ⅴ. 首の前にある筋肉を使って中間ポジション（写真12）に戻り、頭を右に反らす（写真13）。

Ⅵ. 首の横にある筋肉を使って中間ポジション（写真12）に戻り、頭を左に反らす（写真14）。

Ⅶ. 首の横にある筋肉を使って中間ポジション（写真12）に戻る。ここまでで1レップになる。手順Ⅳに戻って繰り返す。

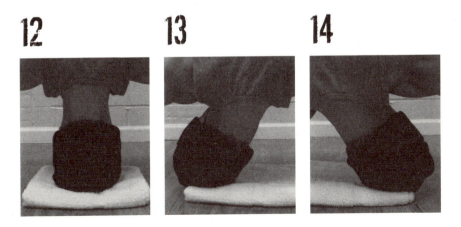

## HOW TO PROGRESS
## どう進歩していくか？

　レスラーズブリッジもフロントブリッジも激しいエクササイズであり、強い脊柱が必要になる。基本となるブリッジホールドができない限り、試みてはならない。ブリッジホールドができないトレーニーは、前作のブリッジシリーズをステップアップしていき、できるようにする。脊柱が強くしなやかになるまで、首を対象にしたトレーニングはお預けだ。

　フルブリッジ（ブリッジホールド）をマスターできたら、レスラーブリッジとフロントブリッジのプレバージョンを試す用意が整う。首にあるすべての筋肉を均等に開発するため、2つのブリッジを同じセッション内で交互に練習する。両エクササイズの基本技術が呑み込めたらレップス数を増やし始め、それぞれ20レップス2セットを目標にする。プロセスを急いではならない。各々のエクササイズを各1セットから始め、毎週または2週ごとに1レップ追加していく。フルバージョンへステップアップする前のワークアウトは以下のようになる。

- ●セット1─レスラーブリッジのプレバージョン：20レップスを1セット
- ●セット2─フロントブリッジのプレバージョン：20レップスを1セット
- ●セット3─レスラーブリッジのプレバージョン：20レップスを1セット
- ●セット4─フロントブリッジのプレバージョン：20レップスを1セット

　フロントブリッジのフルバージョンでは、脚をまっすぐ伸ばし、かがみこんで床面に頭をつける（136ページの写真10）。そのため、背中とハムストリングスにある程度の柔軟性が必要になる。この柔軟性は、プレバージョンでレップス数を増やしている間についてくるから心配はいらない。しかし、いつまでも体が硬い場合は、次に紹介するエクササイズを行う。

# FLEXIBILITY STAGES FOR THE FRONT BRIDGE
## フロントブリッジのための柔軟トレーニング

フロントブリッジをやるための柔軟性は、次の4姿勢の訓練で手に入る。

■ステージ1──心地よさを感じる広さでスタンスを取り、股関節を曲げて身をかがめる。股関節が伸びる感じがするまで行う。本当に必要なら膝を曲げ、太ももや膝の上に手のひらを置いて胴部を支える。1分間、姿勢を保つ。この姿勢を取っていると、背中、股関節、太ももの筋肉や靭帯を少しずつ前方へ伸ばせるようになる。姿勢に慣れたら、ステージ2に移る。

CHAPTER 10　ブルドッグのような首

■ステージ２──ここでもスタンスを広く取る。ステージ１をクリアしたことで、少なくとも肩幅の２倍まで足を広げることができるようになっている。膝を伸ばして脚をまっすぐロックする。次に腰を曲げ、手で床面に触れる。最初は床面に届かないかもしれない。硬い板のような現代人のひとりであれば、それも仕方がない。根気よく続けることだ。最後には、床面に指先が触れるようになる。次に、曲げた指で触れられるようにする。数週間が過ぎると、背中とハムストリングスがほぐれ、床面にこぶしで触れるようになる。最後には、床面に手のひらをつけられるようになる。床面に手のひらを１分間つけられるようになったら、ステージ３に進む。

■ステージ３──スタンスを広く取って床面に手のひらをつけたところから腕を曲げ、床面に胴部を近づけていく。時間がかかるかもしれないが、練習を積んでいると、前腕と肘を床面に数秒間つけられるようになる。そこから数週間かけ、床面に前腕を１分間つけていられるようにする。できたらステージ４に。

■ステージ4──床面に前腕をつけたまま、まっすぐにした脚もそのままで、床面に額がやさしく触れるまで体を前方に伸ばす。これができたら、再度、床面に手のひらをつけ、頭蓋骨のてっぺんを両手の間の床面に置く。1分間、その姿勢を保つ。

 ネックブリッジのセッションの後（できれば次の日に）、このトレーニングを短時間やる。ステージ4をマスターすると、背中と脚が十分しなやかになっている。フロントブリッジのフルバージョンの最初の動作（136ページの写真10）を行う準備が整っている。

# PROGRAMMING FOR THE NECK
## 頚部を鍛えるためのプログラミング

　レスラーブリッジとフロントブリッジのプレバージョンが各20レップス2セットできるようになったら、ほとんどのアスリートより、強くて健康的な首になっている。ステップアップし、両エクササイズのフルバージョンを試す時期に来ている。フルバージョンは高度な技術であり、最初はうまくできないかもしれない。しかし、心配しないでいい。フルバージョンを簡単にする方法があるからだ。レスラーブリッジのフルバージョンが難しい場合は、プレバージョンに戻り、片手を使ってブリッジする（左右対称に開発するため、両方の手で行うこと）。そこから手にかかる圧力を抜いていく。さほど時間をかけなくても、手を使わないでできるようになるだろう。

　フロントブリッジは過酷なエクササイズであり、パワフルな首がないとできない。プレバージョンは容易にできるのにフルバージョンが難しい場合は、手を支えに使う。首の力だけで完全なブリッジができるようになるまで、少しずつ手にかかる圧力を抜いていく。

　ひとつしかない首は替えが利かないものだ。いつも慎重に扱ってほしい。スムーズにレップス数を重ねられない時は、今説明した手で補助する技術を使う。首をひねったり、ぐいっと引っ張ったりする行為は絶対に慎む。床面にねじで首を固定したようなイメージでブリッジするといい。フルバージョンができるようになったら、そちらをメインにする。プレバージョンのレスラーブリッジとフロントブリッジは、各20レップス1セットのウォーミングアップセットにする。それをやった後、レスラーブリッジとフロントブリッジのフルバージョンを各1セット、数レップス行う。筋力がつくに従ってレップス数を増やしていく。繰り返しになるが、レップス数はゆっくり増やす。頚部に筋力をつけるには時間が必要だ。2つのブリッジのフルバージョンを20レップス2セットずつが目標だが、この段階に入ると、相当高度な頚部トレーニングになっている。次のような流れになる。

- セット1──レスラーブリッジのプレバージョン：20レップスを1セット
- セット2──フロントブリッジのプレバージョン：20レップスを1セット
- セット3──レスラーブリッジのフルバージョン：20レップスを1セット
- セット4──フロントブリッジのフルバージョン：20レップスを1セット
- セット5──レスラーブリッジのフルバージョン：20レップスを1セット
- セット6──フロントブリッジのフルバージョン：20レップスを1セット

クリアするのに15分もかからないが、このワークアウトを過小評価しない方がいい。何といってもレスラーがやるトレーニングだ。また、ここでも長いワークアウトをやる意味はない。筋肉と筋力が量ではなく強度によってつくられることを心してもらいたい。

上記のトレーニングでレップス数を重ねることが楽になったら、今度は、可動域を広げていく。首を動かす範囲を広げていくのだ。頸部深層筋が少しずつ強くなるし、脊椎骨をさらにしなやかにできる。この段階に入ったら、最終セット（すなわちセット5とセット6）は、可動域を広げるトレーニングにする。

レスラーブリッジは、可動域を広げるのに長い時間がかかる。最初は、床面に頭蓋骨のてっぺんを置くことしかできない。そこから練習を続けると、頭を後方へ後方へと回転させる収縮筋が開発されていく。最終的には、体重を運びながら、床面に額がつくまで回転するようになる。献身的な努力が必要になるが、そこまで行き着くことができる。

フロントブリッジの方は、それほど難しくなく可動域を広げられる。多少の差はあるが、練習を始めると、ほどなくして頭のすぐ上に胴部がくるようになる。時間が経って筋力が増すと、頭と足の間の距離が少しずつ広がっていく。重点が首の方にシフトしていき、エクササイズ中のすべてのポジショ

ンで喉の筋肉がより強く働くようになる。可動域を広げる時は、最初は控えめに行い、必要であれば手で支える。足が頭から離れて身長の3分の2くらいの距離になる頃には、首の側面を走る筋肉が鋼鉄製の棒のように見え始めるだろう。喉は鎧のような筋肉で覆われる。これら2つの高度なブリッジでレップス数が増えていけば、まさに〝超人〟の首になる。

さらに、頭を左右に廻している時の横方向への動作域も広げていき、首にあるすべての筋肉をバランスよく発達させる。135ページの写真7～9、137ページの写真12～14に示した程度の角度から始め、少しずつ可動域を広げていく。わたしの場合、フロントブリッジで頭を横に廻していくと、反転させる直前、耳が床面に触れる。ここまでできるようにならなくてもいいが、目標にする時がくるかもしれない。

## KISS GOODBYE TO YOUR PENCIL-NECK
## 鉛筆のような首に別れのキスを

ネックブリッジはシンプルなエクササイズだ。しかし、やっていると、申し分のないエクササイズであることがわかる。過去の偉大なレスラーたちと同じように、このエクササイズを生涯にわたって続けるといいだろう。

この章を終えるに当たって、ネックブリッジを行う上でのヒントを6つ伝えておきたい。

# ネックトレーニングのヒント

**1 必ずウォーミングアップを行う**

トレーニング前に首の筋肉や靭帯を必ず温める。プレバージョンができないほど体が硬い時は、マニュアル・レジスタンス・ヘッドレイズを試してほしい。頭の前や後ろで両手を組んでわずかに引っ張りながら、上下左右に頭を傾ける時の力に抗する。無理がない動作域で。20～30レップスを1セットやると、硬かった首がほぐれてくる。そこからプレバージョンにトライする。

**2 スーパーセット法を使う**

首の前と横をトレーニングすると、首の後ろにある筋肉を休ませながら温める。つまり、首の後ろをトレーニングする前のウォーミングアップになる。同様に、首の後ろをトレーニングすると、首の前と横の筋肉をトレーニングする前のウォーミングアップになる。このため、2つの領域を交互にトレーニングすると合理的だ。レスラーブリッジを1セットやり、フロントブリッジを1セットやり、レスラーブリッジ、フロントブリッジとつなげていく。

**3 左右対称に開発する**

強くてケガをしない、さらに機能的な首が欲しいなら、首のすべての領域を均等にトレーニングしなければならない。バランスを取るには、レスラーブリッジでやったセット数とレップス数をフロントブリッジに適用する習慣をつける。

**4 回復時間を取る**

靭帯へ流れ込む血液量は少ない。首には靭帯が多く、他の筋肉と比べて、回復に時間がかかる。そのため、週に2回を超えてトレーニングしないようにする。ほとんどの人にとって有効なのは週1回のトレーニングだ。

**5 ビッグ6のブリッジトレーニング後に行う**

慣れてしまえば、時間やエネルギーをたくさん割かなくてもネックブリッジがこなせるようになる。いつトレーニングしてもいいが、ビッグ6のブリッジをやった後の、脊椎筋が温かくなっている時が好ましい。

**6 静的ホールドを加える**

強い疲労感を覚えるまでトレーニングしてはいけない。ケガにつながるリスクが高まるからだ。ネックブリッジの強度を安全に高めたい時は、静的ホールドを加えるといい。目標とするレップス数をクリアしたら、スタートポジションに戻る。筋肉を緊張させ、数秒間ホールドする。筋持久力をつけるだけになるが、60秒までタイムを伸ばすことができる。このやり方は、レスラーブリッジとフロントブリッジの両方でうまくいく。

# LIGHTS OUT!
## 消灯!

　頸部を対象にしたトレーニングは、結局、2種類のブリッジをやればいい。短時間ででき（週に1〜2回、およそ15分ずつ）、漸進的であり（何年にもわたってトレーニングできる）、自分の体重しか使わない。実は、前述のアマチュアレスラーと出会うまで、自重力を使う首のトレーニングがあることを、わたしは知らずにいた。プッシュアップやプルアップを死ぬほどやりながら、首ばかりは外部荷重が必要かもしれないな、と考えていたくらいだ。人類の歴史と同じくらい長い歴史を持つレスリング技術が、真実を教えてくれた。長く生きていれば、いいことがあるものだ。

　監獄暮らしの間にわたしがやっていたことといえば、囚人アスリートたちの動作を見ることだけだった。目を凝らして見続ければ、知識は開示される。しかし、レスリングから2つのブリッジを学んでからは、どれほど高度な知識を得ようと、常に基本に戻るようになった。どの部位をトレーニングする場合も、器具を使うより体重を使った方がうまくいく、という基本だ。そこから迷い出ない限り、エクササイズを生産的なものにでき、可能性の限界まで肉体を開発する道が開けてくる。

# CHAPTER 11
## ふくらはぎトレーニング
### CALF TRAINING

**ULTIMATE LOWER LEGS - NO MACHINES NECESSARY**
**最高のふくらはぎをマシン抜きでつくる**

　ふくらはぎは、監獄の中でもっとも無視されている筋肉だ。実際、ふくらはぎより首をトレーニングしている男の方をよく見かける。それは、ボクシングをやるやつが多いからだろう。しかし、ちょっとおかしな話だ。ふくらはぎはもっと敬われるべきだとわたしは思う。

　たとえば、どんな競技にも強いふくらはぎが必要だ。ふくらはぎがパワー不足では、速く走ったり、高くジャンプしたり、爆発的に体を動かしたりすることができなくなる。さらに、わたしたちの体全体の強さは、ウエストと股関節に宿る。そこで生成された力を足で踏ん張って伝えることで、ユニットとしての体の強さに変えることができる。問われるのが、ふくらはぎの筋力だ。ストロングマン競技会を観に行くと、会場にいる男たちがとてつもなく発達したふくらはぎを持っていることに気づく。ストロングマンになっていく過程で、ふくらはぎが否応もなく発達するからだ。ガス欠になった車を坂道で押すようなはめになると、わたしたちもふくらはぎの大切さを実感する。燃えるようなふくらはぎの痛さが、それを教えてくれる。ふくらはぎが弱いと、膝や足首にケガを負いやすくなるし、足首に慢性的な痛みを抱えやすくなる。少しは、ふくらはぎを敬う気になれただろうか？

ボディビルダーを魅力的にするのも、ふくらはぎだ。ボディビル大会では、ポーズを取った時に見えるすべての部位がポイントの対象になる。そして、どんなポーズを取っても、そのほとんどで、ふくらはぎは見える。アーノルド・シュワルツェネッガーも自伝『アーノルド──ボディビルダーたちへの教え』（未邦訳）の中で、下半身の〝見映え〟におけるふくらはぎの重要性を指摘している。太ももが大きくてもふくらはぎが小さいと、ほとんどの審査員が悪い印象を抱く。一方、ふくらはぎが大きくて太ももがスリムだと、好印象を残してポイントが高くなりやすいという。幾何学的なコントラストからも、これは真実だろう。脚の下方にあるふくらはぎが大きいと、脚全体ががっしりと、また、美しく彫り込まれているように見えるからだ。

## THE ROLE OF SPECIALIZED CALF WORK
## ふくらはぎトレーニングの役割

　他の部位を鍛えていれば、ふくらはぎは自動的に鍛えられていることが多い。スクワットをハードにやれば、ふくらはぎのワークになる。スプリント、丘／階段スプリント、消防士スプリント、クルマ押しなどの爆発的な下半身トレーニング（やり方は前作の第6章を参照のこと）も、ふくらはぎのトレーニングになっている。ふくらはぎは下半身を対象にしたエクササイズで中心的な役割を果たすので、それらを定期的にやっていれば、ふくらはぎに特化したトレーニングをルーチンに加える必要はない。

　だが、ここでも例外がある。まず、ふくらはぎに特化したワークをやると、プッシュ系やジャンプ系といった動作での筋力レベルを上げることができるので、そういったスポーツにかかわっている場合は鍛えた方がいい。また、過去に足や足首、すねにケガをしたことがあるなら、ふくらはぎを強くすると、強いふくらはぎがそれらの部位を保護してケガの再発が少なくなる。膝の損傷にも同じことが言える。ACL（膝前十字靭帯）を吹き飛ばしたフットボール選手たちに話を聞くと、定期的にふくらはぎをトレーニングしていれば膝の安定に役立つと話す。あまり知られていないことだが、ふくらはぎの腱が、足首だけでなく膝を横切っているからだ。そのため、ふくらはぎの

腱が強くなると膝や足首がしっかりする。短パンをはいた時の貧弱な脚が苦だという場合も、ふくらはぎをトレーニングすればいい。キャリステニクスに基づいたふくらはぎトレーニングは、シンプルで、器具を必要としない。また、比較的結果が速く出る利点がある。

## THE MYTH OF MACHINES
## マシンの神話

　ふくらはぎほどマシンでトレーニングする部位はなく、ほとんどのボディビルダーはマシンしか使わない。パーソナルトレーナーにふくらはぎワークについて尋ねると、その多くがマシンを使う２つのワークしか知らないことがわかる。立ってやるカルフレイズか、着座してやるカルフレイズだ。ふくらはぎを（含めて）鍛えるエクササイズは何十種類もあるし、この２つのマシンワークよりましなものが多いというのに。マシンの製造者でさえ、ふくらはぎ用のマシンをつくりたがらなかったという話を知っているだろうか。世界最大のボディビルディング・マシンのメーカーといえばノーチラスだ。その開発者でありイノベーターだったアーサー・ジョーンズは長年にわたって、ふくらはぎをトレーニングするマシンを市場に投入することを拒んでいた。片手にダンベルを持ってブロックの上に立ち、かかとを上げ下げするワークに匹敵するマシンはつくれないと信じていたからだ。

## "TOUGHENERS" FOR CALVES
## ふくらはぎの〝強壮剤〟

　ボディビルダーたちとふくらはぎの鍛え方について議論すると、いつも「自分の体の重さだけで本当にふくらはぎが鍛えられるのか？」と不信感を丸出しにされる。ふくらはぎに限らず筋肉を強くするには、バーやマシンにウエイトを足していくしかないと考えているからだ。自由な発想の邪魔をするのが、その固定観念だ。確かに、外部荷重を増やしていくことで、筋力とサイズを大きくすることはできる。しかし、関節を犠牲にすることと、筋肉に協働力とバランス力をつけるという意味では何の益ももたらさないことを度外視している。

体重を使えば、単に外部荷重を増やしていくやり方と比べて、はるかに優れた漸進的トレーニングをつくることができる。ふくらはぎのような小さな筋肉を対象にしてもそうだ。わたしの師であるジョー・ハーティゲンが〝強壮剤〟と呼んでいたものを使うと、それが可能になる。

　囚人アスリートは、何世紀も前から〝強壮剤〟という考え方になじんできた。これは、あるエクササイズをやる上で、それをハードにする要素だ。強壮剤を加えると、ひとつのエクササイズから、少しずつハードになっていくシリーズをつくることができる。何年にもわたってトレーニングできる内容にもなる。最近、「強度変数」という用語がエクササイズを研究する科学者やオリンピックコーチの間で使われるようになっている。これが同じ内容を意味している。しかし「強度変数」とは、洒落た呼び名ができたものだ。オールド・ジョーなら死んでも口にしなかっただろう。

　キャリステニクスを始めてしばらくすると、あるエクササイズが自分の体にどう作用するかを観察できるようになる。その結果、何が強壮剤になるかも推測できるようになる。強壮剤の使い方がわかれば、どんなエクササイズをする時も、強度を調節できるようになる。ビッグ６やこの本で紹介したエクササイズ以外にも自重力エクササイズは多数ある。それらをやる時に応用してほしい。

　ふくらはぎには基本的な強壮剤が３つある。

①動作域──かかとをどれくらいの範囲で動作させるか。
②両脚／片脚──両脚でやるか、片脚でやるか。
③膝の屈曲──脚を曲げるか、まっすぐロックするか。

　より高度なレベルで考えると、さらに６つの強壮剤を加えることができる。運動量、セット間に休憩するかどうか、トレーニング頻度、足を開く距離、動作の速度、それ以上にできなくなった時の強化技術などだ。いくつかについては後ほど説明するが、ここでは基本的な３つの強壮剤と、それで何

が変わるかを説明しよう。

　スタンディング・ヒールレイズ、最近ではカルフレイズと呼ばれる基本的なふくらはぎエクササイズを例に上げる。足先を床面に押しつけ、かかとを持ち上げて数センチ上げ、かかとを下ろす。それを繰り返すお馴染みのエクササイズだ。きわめてシンプルな動作だが、このシンプルなひとつの動作が3つの強壮剤を使うことで多種類のエクササイズになる。少しずつハードになっていくエクササイズを組み立てる方法を見ていこう。

　まずは動作域だ。床面からかかとをそのまま上げるか、階段（あるいは高さがある台）につま先をつけてかかとを上げるかだが、階段を使うと、床面を使う時と比べて動作域がほぼ倍になる（イラスト1、2）。その人の関節可動性によって決まる最大屈曲角度まで、かかとを下げられるからだ。この時点で2つのカルフレイズになる。

■ 1 床面を使ったカルフレイズ
■ 2 階段を使ったカルフレイズ

　2番目の強壮剤が、両脚でやるか、片脚でやるかだ。■1■2のエクササイズのどちらも、両脚で、あるいは難度が増す片脚でできる。この時点でエクササイズは4つになる。

■ 1 床面を使った両脚カルフレイズ
■ 2 床面を使った片脚カルフレイズ
■ 3 階段を使った両脚カルフレイズ
■ 4 階段を使った片脚カルフレイズ

次に、膝の角度に移ろう。キネシオロジー的に考えると、2つの関節を横断する筋肉の作業量を増やしたい場合、一方の関節を伸ばし切りながら、もう一方の関節を使って筋肉を動作させればいい。ふくらはぎの主要な筋肉である腓腹筋は、足首と膝の2つの関節を横断しているので、ふくらはぎをハードに動作させたいなら、膝を伸ばし切ってカルフレイズすればいいことになる。信じられないなら試してほしい。階段の上に膝を少し曲げて立ち、カルフレイズする（イラスト3）。かなり簡単だ。今度は、膝をまっすぐロックしてカルフレイズする（イラスト4）。すると、突然難しくなる。このあまり知られていない解剖学的知識を使うと、曲げた脚とまっすぐロックした脚という2つの変数ができる。4つのエクササイズはすべて、脚を曲げる、あるいは、まっすぐロックしてできるので、この時点でエクササイズが8つになる。

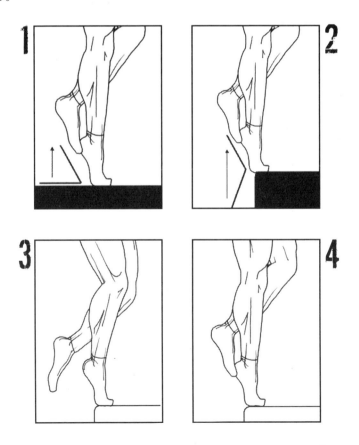

> **1** 床面を使った両脚カルフレイズ（曲げた脚で）
> **2** 床面を使った両脚カルフレイズ（まっすぐロックした脚で）
> **3** 床面を使った片脚カルフレイズ（曲げた脚で）
> **4** 床面を使った片脚カルフレイズ（まっすぐロックした脚で）
> **5** 階段を使った両脚カルフレイズ（曲げた脚で）
> **6** 階段を使った両脚カルフレイズ（まっすぐロックした脚で）
> **7** 階段を使った片脚カルフレイズ（曲げた脚で）
> **8** 階段を使った片脚カルフレイズ（まっすぐロックした脚で）

　以上の説明は、シンプルな動作に〝強壮剤〟を加えることで、エクササイズを創造的に増やしていく良い例だ。残念なことに、「もっとウエイトを足せ！」という強迫観念によって、今はこういった小さなニュアンスが失われている。だが、キャリステニクスの本質はここにある。〝強壮剤〟を使うことで、カルフレイズというひとつのエクササイズを、難易度が異なる8つのエクササイズにできるのだ。体重を利用するだけで、漸進的に筋力をつくっていける一連のシリーズをつくり出せるおもしろさがある。

## A SAMPLE CALF SERIES
## ふくらはぎシリーズのサンプル

　ふくらはぎを鍛えるために上記の8つのエクササイズを使うとしよう。時間をかけ、各エクササイズに真剣に取り組み、各エクササイズから一滴でも多く〝搾乳〟していけば、このワークアウトは何年も続けることができる。少しずつエクササイズをハードにしていくタイムテーブルは次の通りだ。

### ■ステージ1：床面を使った両脚カルフレイズ（曲げた脚で）

　何かをつかむか手のひらを壁に置いて支えにする。両足は肩幅に開く。膝を少し曲げたまま、かかとを床から上げ、体全体を持ち上げる。トップポジションで1秒間静止してから、ゆっくりとかかとを下ろす。ゆっくり動作す

れば、ふくらはぎを感じることができる。まず20レップス2セットを目指す。筋肉が焼ける感じがするかもしれない。セット間でおよそ1分間、ふくらはぎをやさしく伸ばす。20レップス2セットになったら、20レップス4セットになるよう、2週にわたって1セットずつ追加していく。20レップス4セットになったら、各セットでのレップス数を追加していく。最大で1セットにつき5レップスを毎週追加するが、ゆっくり進みたいなら追加数は減らしてもかまわない。レップス数を記録し、100レップス4セットを目指す。20レップス4セットから毎週1セットにつき5レップス追加していくと、16週間で目標に到達する。

- 初心者の標準：20レップスを2セット
- 上級者の標準：100レップスを4セット

### ■ステージ2：床面を使った両脚カルフレイズ（まっすぐロックした脚で）

膝を伸ばして脚をまっすぐロックし、エクササイズを少し難しくする。重点が足首（ヒラメ筋）から、ふくらはぎ上部（腓腹筋）にシフトすることがわかる。40レップス4セットから始めて、90レップス4セットを目指す。日数をかけて進む。速く進みたい時は、毎週1セットにつき5レップスずつ追加する。このペースだと10週間で目標に到達するスケジュールになる。ここでも、セット間でふくらはぎを1分間ほどかけて伸ばす。

- 初心者の標準：40レップスを4セット
- 上級者の標準：90レップスを4セット

### ■ステージ3：床面を使った片脚カルフレイズ（曲げた脚で）

ここまでくると、ふくらはぎの調子がよくなってきている実感がある。腱が健康になり、足首も強くなっている。ここから片脚でのワークに移る。床

から片脚を持ち上げ、立っている脚の足首後ろに静かに置き、動作から外す。膝を少し曲げ、体を支えるために何かをつかむ。かかとを上げる。筋肉にかかる負荷がほぼ倍増しているので、30レップス2セットから始める。脚を交互に替えてエクササイズする。片脚につき4セットになるまで、2週間にわたって1セットずつ追加する。そこから80レップス4セットまで、自分のペースでレップス数を増やしていく。毎週1セットにつき5レップス追加すると、10週間で目標に到達する。

- 初心者の標準：30レップスを2セット（片脚につき）
- 上級者の標準：80レップスを4セット（片脚につき）

■ステージ4：床面を使った片脚カルフレイズ（まっすぐロックした脚で）

今度は、片脚をまっすぐロックし、同じ手順を繰り返す。やっているうちに、膝が少し曲がってくるかもしれない。最後の方のレップで、痛みや疲れでかかとが上がらなくなったら、少し曲げてもかまわない。ふくらはぎが本当に強くなるまで、初めから終わりまでロックした脚でカルフレイズするのは不可能だ。ここでも、セット間で脚を伸ばすことを忘れないようにする。30レップス4セットから始める。毎週1セットにつき5レップスずつ加えていくと、8週間で70レップス4セットの目標に到達する。フォームが乱れ始めたら、追加数を1週間につき1レップか2レップスに減らす。

- 初心者の標準：30レップスを4セット（片脚につき）
- 上級者の標準：70レップスを4セット（片脚につき）

■ステージ5：階段を使った両脚カルフレイズ（曲げた脚で）

ここから、階段を使って動作域を広げるステージに入る。階段を使えない時は、かかとが地につかなくなるブロックや厚さがある木板などを代用す

る。わたしはよく法律マニュアルを使った。靴を履く場合は薄いスニーカーにする。厚手のブーツだと足にかかる圧力が奪われるからだ。何度か説明した通り、いちばん弱いつながりを基準にして、そのつながりの強さが決まる。足裏、つま先、土踏まずのすべてを開発する必要があるので、素足でやるのがベストだ。

　最初のミスターオリンピアになったラリー・スコットも、素足になってかかとを上げた。これがいちばんシンプルだが、実際には、足を乗せる対象にもよるだろう。階段に立ったら、体を支えるために何かにつかまる。階段上に母指球（親指の付け根のふくらみ）が残るよう、もぞもぞとかかとを後退させる。触れるくらいまで両足を接近させると、ふくらはぎの筋肉にさらに負荷がかかるので、そうすべきだ。膝をわずかに曲げ、エクササイズ中は、多かれ少なかれ曲げたままにしておく。ゆっくりとかかとを下降させ、行けるところまで行き、そこで、1秒間静止する。ゆっくりとかかとを上げ、行けるところまで行ってつま先で立つ。強くふくらはぎを収縮させながら1秒間静止する。これを20レップス行う。

　これまでのトレーニングでふくらはぎが強くなっているので、ここから、さらにふくらはぎを追い込んでいく。セットが終わったとたんに階段から飛び降りてふくらはぎを伸ばすのではなく、最後の儀式を行うのだ。セットが終わっても階段の上にとどまり、かかとを下ろし、行けるところまで降下させる。おそらく、拷問そのものだ。しかし続けていると、ふくらはぎに〝しなやかな強さ〟が備わってくる。痛みに耐える能力が高まり、レップス数を増やせるようになる。60秒間（または呼吸20回分）伸ばし続け、すぐに2番目のセットを開始する。エクササイズ自体は、30レップス2セットから始め、2週間にわたって1セットずつ増やし、そこから60レップス4セットを目指す。各セット後にハードにストレッチする。毎週1セットにつき2レップス追加すると15週間で目標に到達する。

- 初心者の標準：30レップスを2セット
- 上級者の標準：60レップスを4セット

### ■ステージ6：階段を使った両脚カルフレイズ（まっすぐロックした脚で）

　ステージ5のエクササイズと同じだが、カルフレイズ中だけでなく、セット後のハードストレッチも脚を完全にロックしたまま行う。ふくらはぎが盛大に燃えるので楽しんでほしい。脚をロックすると、体の重心がほんのわずか後方に移る。体勢を整え、安定した状態でカルフレイズできるようにする。30レップス4セットから始め、50レップス4セットを目指す。毎週、全セットに複数レップス加えていくと、10週間で目標に到達する。ハードさで言うと、まだシリーズ全体の半分くらいのところにいる。1週間で1レップ、あるいは2週間で1レップにペースダウンしたいなら、そうする。このゲームのモットーは「少しずつふくらはぎをよくする」ことにある。たまにスローダウンしても、それは停滞ではない。達成までの時間が少し長引くだけのこと。いずれにせよ、ゴールが待っている。

- 初心者の標準：30レップスを4セット
- 上級者の標準：50レップスを4セット

### ■ステージ7：階段を使った片脚カルフレイズ（曲げた脚で）

　本物のふくらはぎをつくる時がきた。一方の足を、もう一方の足首の後ろに乗せ、膝を少し曲げてカルフレイズする。少なくとも2秒かけて上げ、トップポジションで1秒間静止し、2秒かけて下ろす。ボトムポジションでも1秒間静止する。これが真の強さを築くエクササイズになる。15レップス2セットから始める。セット後にできるだけかかとを押し下げるワークを60秒間（または呼吸20回分）行うのは変わらない。片脚バージョンでは、

ふくらはぎにかかる重量が両脚を使ってやる時のほぼ倍になるので、かかとがさらに下まで降下する。セット後のストレッチも過酷なものになる。1セットやってハードストレッチし、すぐにもう一方の脚で1セットやってハードストレッチする。可能であれば、レップス数を維持したまま、4週間ごとに1セットずつ追加していく。それだけ時間をかければ、エクササイズにふくらはぎが適応する猶予期間は十分だ。アキレス腱と足首も、このワークに慣れていく。2か月後には15レップス4セットに到達する。15レップス4セットに耐えられるようになったら、45レップス4セットを目標にする。毎週1セットにつき2レップス以下を追加しながら進んでいく。最低でも15週間かかるが、目標に到達できる。

- 初心者の標準：15レップスを2セット（片脚につき）
- 上級者の標準：45レップスを4セット（片脚につき）

## ■ステージ8：階段を使った片脚カルフレイズ（まっすぐロックした脚で）

ステージ7と同じ運動を、脚をまっすぐロックして行う。階段を使った片脚カルフレイズを、脚を完全に伸ばしたフォームで行うのだ。ボトムポジションでふくらはぎを最大限に伸ばし、トップポジションで完全に収縮させる。もっともハードなふくらはぎのエクササイズになるだろう。ボトムポジションで膝を曲げて跳ね返ろうとしてはダメだ。一時静止し、跳ね返らずに、ゆっくりふくらはぎを伸ばしていく。あるレップが他のレップより速くならないよう、リズムを維持する。ささいなことのようだが、こういったニュアンスが本物のモンスターをつくる。可能であれば、30レップス4セットから始め、片脚につき50レップス4セットできるまで、週1レップ限定で増やしていく。このペースを維持すると、20週間で目標に到達することになる。もちろん、もっとゆっくり進んでもいい。

- 初心者の標準：30レップスを4セット（片脚につき）
- 上級者の標準：50レップスを4セット（片脚につき）

## WARM UPS AND REST
## ウォーミングアップと休息

　他の筋肉群と同じように、ふくらはぎにも休息が必要だ。筋力をつけるには、週に1～2回のワークにとどめる。トレーニング中は、ふくらはぎに意識を集中し、トラブルがあったらすぐに中止する。足首はとても頑丈な関節であり、また、体を終日運ぶことで温かさを保っている。そのため、ウォーミングアップは必要ないと思うかもしれない。それでも、今やっているステップから2～3ステップ前に遡り、容易にできるカルフレイズを高レップスやった方が安全だ。わたしは、スクワットの直後にカルフレイズをやるようにしている。スクワット後はふくらはぎも活性化しているし、温かくなっているからだ。

## TOO MANY PROGRESSIONS...?
## ステップが多すぎる？

　外の世界の男たちにカルフレイズ・シリーズを紹介すると、多くが「少しずつ異なるふくらはぎのエクササイズが、なぜ必要なのか？」と聞いてくる。できる範囲でもっともハードなエクササイズをやるべきではないか、と。

　前作でも説明したが、自分のできるもっともハードなエクササイズに飛び込むのは、アスリートとして最悪のアプローチ法だ。キャリステニクスにおけるゴールは、その対極にある。できるだけ速く、高度なエクササイズができるようになることがゴールではない。対象とする部位が強く健康になるまで、できるだけ長くエクササイズを続けることがゴールだからだ。これが囚人アスリートのスタイルだ。たとえば、3年間をかけてふくらはぎをトレーニングする計画を立てたとする（胸筋や三角筋でも同じだ）。ステップを飛

び級する必要がどこにある？ 体に悪いだけでなく、監房から脱け出して自由に羽ばたいて行ける場所がすぐになくなってしまう。

　ボディビルダーのチャンピオンにも、同じような方針でトレーニングする者がいる。彼らも限界重量ではトレーニングしない。ハードに鍛えるが、限界重量よりも軽い「作業重量」を使い、実際よりも重くなる方法を創造する。1レップ1レップの価値を高め、そこからミルクを搾るのだ。

　囚人アスリートは、体操選手やダンサーではない。どれだけ難しい動作ができても偉くはない。それは結果でありゴールではない。ゴールは筋力と筋肉を獲得することにあり、動作はゴールを達成するためのツールにすぎない。カルフレイズも、それを用いて筋肉と腱を開発するためのツールであり、筋力を貯金するためのものだ。限界を超えて突っ走るためのものではない。

## COMMITMENT TO POWER
## パワーを得るための献身

　ふくらはぎは、刺激に対する反応が遅い筋肉だ。ここに示したルーチンに従ってトレーニングすると、完了までに2年以上かかる。3年近い時間を要する人もいるだろう。本物の筋力を備えたコンディションがいいふくらはぎはそうすることで初めて手に入る。努力、克己心、とりわけ献身がなければダメだということだ。ゆっくり、辛抱強く、知的に歩んでいくこのプログラムに従えば、まったく違うふくらはぎに変えることができる。プログラムの終わりに達する頃には、密度が濃い筋肉が何センチも詰め込まれ、予想していた範囲をはるかに超えた運動能力（筋持久力、腱の強さ、筋緊張時のしなやかさ）を備えたふくらはぎになっているだろう。ボディビルダーやランナー、軍人など、強いふくらはぎを持っていると自慢する人に、「階段の上で膝をロックしてやる片脚カルフレイズ、50レップス4セット」に挑戦してもらうといい。2セットをクリアする前に、悲鳴を上げて床に倒れ込むはずだ。

　キャリステニクスを使ってトレーニングする利点は、簡単にトライでき、

長期にわたって続けやすいところにある。カルフレイズも同じだ。ここで紹介したひとつひとつのステージは、終えるのに数分しかかからない。特別な設備も必要としない。いつでもどこでも、ふくらはぎのトレーニングができるようになる。

## ADVANCED CALF TIPS
## 高度なふくらはぎトレーニングのヒント

「階段の上で膝をロックしてやる片脚カルフレイズ、50レップス4セット」ができるようになった先にも、道は続いている。ふくらはぎを次のレベルにパワーアップしたい場合はどうしたらよいかを紹介しよう。

**極限まで追い込む技術**

まず「階段を使った片脚カルフレイズ」を、できなくなるまでやる。そこから〝火傷〟ステージに入る。動作域をミドルポジションからトップポジションまでの半分にし、その動作域でレップを繰り返す。今度も疲労の極に達したら、かかとを数センチだけ上げるワークを、ふくらはぎが完全に麻痺するまで繰り返す。これもギブアップしたら、階段を離れて床面に立つ。足を揃えてかかとを20〜30回上下させるワークをやる。最後は、ニーハイ・ランニング（その場を動かず、膝を高く上げて行うランニング）だ。これを1分間。これでも満足できなかったら、あなたはターミネーターだ。

**超高レップス**

スタンディングマシンで450キロを超えるウエイトを使ってふくらはぎを鍛えるボディビルダーは珍しくはない。しかし、大きな重量が、肩、脊柱、股関節を直撃し、脊柱の自然な整列を台無しにする弊害がここでも避けられない。途方もない重量でふくらはぎにショックを与えるのではなく、高レップスのカルフレイズで鍛えれば問題はなくなる。ふくらはぎの場合、低レップスより高レップスでトレーニングする方がよく開発されるようにも思える。ふくらはぎには疲れにくい「赤筋線維」が多く、筋持久力がつきやすいと言う人もいるが、確かなことはわからない。体を1日中運び続ける重労働に耐えながら進化してきたので、どこまでも強くなり得る部位であることに

間違いはない。そこで、あるセットに100、200、あるいはそれ以上の高レップスをぶち込んでみる。もちろん、翌日の痛みは覚悟してほしい。

## ノンストップセット

　ふくらはぎにスタミナをつくりたいなら、片脚での連続カルフレイズをやるといい。脚を交互に鍛えるのではなく、一方の脚で50レップスを4セットだ。各セット後にハードストレッチを施し、すぐに次のセットへ。これで鋼鉄のふくらはぎにならないわけがない。

## 統合トレーニング

　カルフレイズは、ふくらはぎの筋肉を分離して鍛えるやり方に近い。ふくらはぎが体と一体化して動作するよう、スクワットの他に、丘スプリントやクルマ押しなどを時々やるようにする。

## 爆発的ワーク

　ふくらはぎに強さが備わったら、その強さを爆発的に使うことを学ぶ。ベストエクササイズはジャンピングだ。

## 円を描く動作

　強いだけでなく、自由に動く足首にしたいものだ。1日おきに数セットの足首廻しをやると、その助けになる。厄介な足首の痛みも除去できる。座って、足を上げ、つま先で、各方向にできるだけ大きく円を描くワークを10レップスずつ行う。このエクササイズは、ふくらはぎのトレーニングが終わった後、脚から緊張を取り除くのにも役立つ。

## 拮抗筋の開発

　四肢の一方の側の筋肉が貧弱だと、別の側に強い筋肉をつくることはできない。わたしたちの体は不均衡があると、その部位の開発を遅らせようとする。ふくらはぎであれば、そこにある筋肉の拮抗筋になる前脛骨筋（向こうずね前部にある筋肉）をワークする必要がある。すねが燃え始めるまで、つま先と甲をできるだけ高くまで引っ張る。次に、つま先を完全に伸ばす。こ

のワークを高レップス行う。前脛骨筋を強く健康にすると、過労性脛部痛になりにくくなる利点もある。サン・クエンティンに、水平バーに足を引っ掛けて逆さまにぶら下がり、すねを鍛える男がいた。すねが強い自信があれば試すといいだろう。

　ふくらはぎを限界に追い込みたいなら、以上の技術を控えめに使えばいい。もちろん、優先するのは先に紹介したステージだが、うまくミックスさせると、強いだけでなく、敏捷で、しなやかで、健康で、筋持続力も十分なふくらはぎができる。

## LIGHTS OUT!
## 消灯!

　胸筋、背筋、上腕二頭筋を使わない日はあるかもしれないが、ふくらはぎに負荷がかからない日はない。歩くたびに、全体重を動かすことになるからだ。歩き廻るだけで、ふくらはぎはハードにトレーニングされている。太った男のふくらはぎがたくましいことに気づいたことはないだろうか？　太っていることで、彼は毎日、重い〝ウエイト〟を何千レップスも動かしているからだ。

　ふくらはぎは威圧的なものでもマッチョなものでもない。戦いの場で、相手を叩きのめすものでもない。だから、そこをトレーニングしない囚人も多い。しかし、必要があって鍛える場合は、最大限の成果をもたらすカルフレイズをやってほしい。完璧なフォームを目指し、漸進的にステップを重ねていく。さらに、爆発的ワークをそこに加える。硬度と美しさを備えた巨大なダイヤモンドのようなふくらはぎをつくることができるだろう。

# PART 2

# 関節"防弾"トレーニング

## BULLETPROOF JOINTS

筋力を開発する時のもっとも重要な要素のひとつに、関節トレーニングがある。関節が弱いと強くなれない。なれたとしても、その強さは長続きしないし、関節に痛みが堆積していくことになる。機能性が高い強い筋肉をつくるには何年もかかるが、関節も同じように強くしてこそ、それは本物になる。可能性に満ちた男たちがウエイトとマシンを使って、関節をダメにしていく現実は、悲劇とも言えることだ。

このパートでは、キャリステニクスを使ってパワフルな関節をつくる方法、弛緩させたり弱くさせたりせずに関節可動性をよくする方法、錆びて動かなくなった体を蘇らせる方法をお伝えする。器具もサプリメントもない監獄の中で拾い上げた技術だ。身ひとつで関節を強くする囚人たちのやり方を学んでほしい。

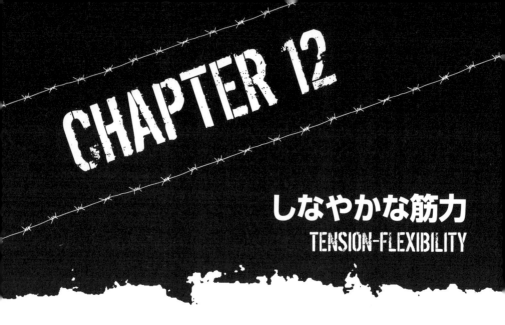

# CHAPTER 12
## しなやかな筋力
### TENSION-FLEXIBILITY

**THE LOST ART OF JOINT TRAINING**
## 関節トレーニングという失われた技術

　人並み外れて強い関節をつくるにはどうすればいいか。キャリステニクスに精通し、今は歴史の闇の中に消えてしまった囚人アスリートたちに共通する教えがあるとしたら、それは、ジョー・ハーティゲンが「腱のしなやかな強さ」と呼んでいたものを手に入れることだろう。昔の囚人アスリートたちは誰もが、しなやかな強さとは何かを知っていた。しかしそれは、現代人には理解しがたいものになっている。そこで、わたしはその用語を「筋緊張させた時の柔軟性」と呼んでいる。腱と関節を強くする〝秘密〟があるとしたら、それはこの章で見つけることができる。

　では、筋緊張させた時の柔軟性とは何か？ それは、筋肉をストレッチした時にも緊張し続け、強いままでいられる筋力を指す。

　体が伸びたり意識的にストレッチさせたりした時に緊張し、そこで強さを発揮するように進化したのが腱だ。腱に弾力性があるのは、そのためだ。ヒトを含めた動物が、ジャンプしたり、弾んで動いたり、爆発的な動きができたりするのは、腱が持つその性質によるところが大きい。ストレッチした筋肉がリラックスしていたら、強さとパワーが発揮されることはない。

自重力アスリートと体操選手は、彼ら特有のトレーニングを重ねるうちに「柔軟性」に対するこの見方を理解していく。しかし、これは現代のフィットネス世界で語られている「柔軟性」とは一致しないものだ。柔軟性には、「しなやかさ」と「やわらかさ」の意味が含まれているが、現代のフィットネス世界で通用する「柔軟性」は「やわらかさ」を指すことが多い。ほとんどのコーチは、筋肉をストレッチする、つまり伸ばすことについて語る時、自動的にそれをリラクゼーション（緊張を解くこと）に結びつける。誰もがやっている受動的ストレッチが、意図的にリラックスさせていく技術だからだ。そして、ストレッチした筋肉がリラックスするのは当然のことだとされている。しかし、そうだろうか？

　随意運動は、関節の片側の筋肉が反対側の筋肉よりも強く緊張することで起こる。しかし、それは、緊張していない方の筋肉がまったく緊張していないということではない。実際には、強く緊張しうる。そして、もう一方の筋肉の緊張を超えない限り、随意運動は変わらず起こる。

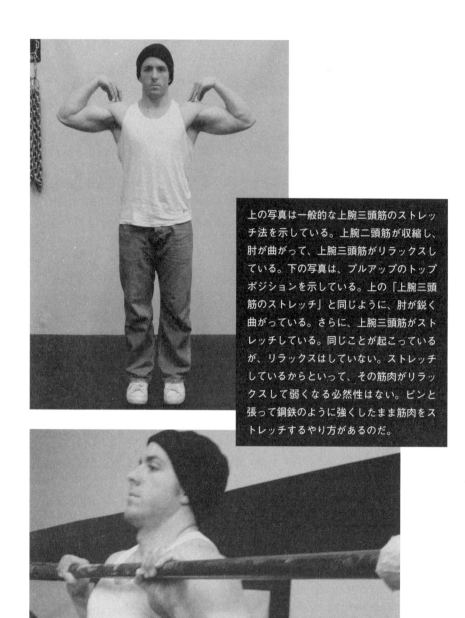

上の写真は一般的な上腕三頭筋のストレッチ法を示している。上腕二頭筋が収縮し、肘が曲がって、上腕三頭筋がリラックスしている。下の写真は、プルアップのトップポジションを示している。上の「上腕三頭筋のストレッチ」と同じように、肘が鋭く曲がっている。さらに、上腕三頭筋がストレッチしている。同じことが起こっているが、リラックスはしていない。ストレッチしているからといって、その筋肉がリラックスして弱くなる必然性はない。ピンと張って鋼鉄のように強くしたまま筋肉をストレッチするやり方があるのだ。

筋肉がストレッチしながら強く収縮しなければならない例はたくさんある。大腿四頭筋と膝蓋腱をストレッチする時、何をするだろうか？ ほとんどのアスリートは、足首をつかんで、かかとを尻方向へと引っ張る。膝関節を曲げると、大腿四頭筋と膝蓋腱が伸びるからだ。

　この動作は筋肉をリラックスさせた時の柔軟性を示す良い例だ。大腿四頭筋がリラックスし、膝関節が伸びている。

　しかし、同じアスリートにしゃがみ込んでワンレッグ・スクワットをやってもらったら、どうなるだろうか？

CHAPTER 12　しなやかな筋力

ワンレッグ・スクワットは一般的には筋力エクササイズとみなされる。絶対にストレッチ運動には見えない。ところが、この写真を観察すると、膝関節が完全に曲がっているのがわかる。実際、足首をつかんで膝を曲げた時よりもさらに曲がっている。つまり、膝の腱がストレッチしている。このように、大腿四頭筋と膝蓋腱がぎりぎりまでストレッチしているにもかかわらず、その姿勢で多くの緊張をつくり出している。それどころか、膝を完全に曲げた姿勢で、強い緊張状態をつくり出さなければならないことはあきらかだ。緊張していなければ、一時静止しているボトムポジションから動きだし、立ち上がることができないからだ（つまりスクワットにならない）。上半身であればアンイーブン・プッシュアップが似た例になる。アンイーブン・プッシュアップでは、肘が最大限まで曲がる。一方で、ボトムポジションから体を押し上げるため、強く緊張するよう上腕三頭筋に強いることになる。

　スクワットのボトムポジションでストレッチしているのは大腿四頭筋だけではない。写真を見れば、股関節の右側が伸びていることがわかる。つまり、臀筋もストレッチしている。それも、太ももが体幹を圧迫するほどに。臀筋は、同時に姿勢を維持するために岩のように緊張している。それが体を押し上げる時のモーターになる。足首の屈曲度も高い。この例から、ストレッチした筋肉がとてもパワフルなものになりうることがわかる。

　別のシンプルな例を。下の2枚の写真を見てほしい。

 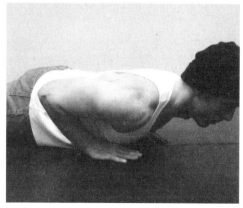

どちらも上腕三頭筋をストレッチしている時の写真だ。左は受動的ストレッチをやっている時の、リラックスさせた時の柔軟性を示している。腕の筋肉をゆるめて前腕を引っ張り、肘をできるだけ曲げて右の上腕三頭筋をストレッチしている。一方、右の写真には、ストレッチしている気配はまったくない。クローズ・プッシュアップをやっているだけだ。しかし、左の写真と同程度に肘が曲がっている。実際、上腕二頭筋が前腕を強く押している。上腕三頭筋はリラックスしているだろうか？ とんでもない！ ぴんと張って完全に緊張している。手首も曲がってストレッチしているが、これも鉄のように緊張している。もしここで筋肉をリラックスさせたら、崩れ落ちるからだ。

## STRONG JOINTS AND CALISTHENICS
## 強い関節とキャリステニクス

このように、緊張することとストレッチすることとは敵ではない。強い腱と関節をつくる時は緊張とストレッチが協力し合う。どんなトレーニング法を選んでも、しなやかな筋力が増していくかどうかが最重要事項になる。そうでないと、時間の経過とともに筋肉は強くなるが、関節が弱くなっていく。これは危険な組み合わせになる。

多くのトレーニーが、ジムでのトレーニングが関節の痛みやケガにつながりやすいことに驚く。一方、キャリステニクスを使った筋力トレーニングは、関節を強く若々しく、痛みがないものに変えていく。なぜそうなっていくかには理由がある。自重力トレーニングが単なる筋力ではなく、「しなやかな筋力」をつくるものだからだ。キャリステニクスの基本的なエクササイズには、関節可動域いっぱいで行うフル・スクワット、クローズ・プッシュアップ、プルアップなどの動作がある。これらの動作では、ストレッチさせた筋肉や腱に負荷をかける。そのため、「しなやかな筋力」をつくる理想的な方法になる。ここで大切なのは、コンビクト・コンディショニング・システムが漸進的なステップになっていることだ。各自の筋力でコントロールできる階層（10ステップ）に分かれているため、自分のペースに合わせてゆっくりと腱を強くしていける。走り出す前に、十分歩くことができるのだ。

ボディビルダーのアプローチ法と比較してみよう。彼らは、しなやかな筋力をつくるためにステップを踏むどころか、ほとんど正反対のやり方を取る。伸ばした腱に負荷をかけて筋緊張時の柔軟性をつくるのではなく、関節可動域いっぱいの動作を避けることが少なくない。ワンレッグ・スクワットでかかる負荷と同じくらいの、とてつもない重量でレッグプレスするが、部分的な関節可動域でレップする。そして、わずか数か月で膝に問題を抱えたことを不思議がる！ さらに、ピーク収縮を使って筋肉をふくらませるマシンや腹筋を刺激する玩具を好むのだが、腱と関節には何もしないでいる。

　巨大なボディビルダーがワンレッグ・スクワットやワンアーム・プッシュアップをやる姿を見ることはないだろう。そんなことをしたら、関節が半分に割れてしまうからだ。筋肉はどんどんパワフルになっていくが、関節や腱は、それよりもゆっくりと強くなっていく。そのままいけば、関節や腱が筋肉のパワーに耐えられなくなる時がいつかは訪れる。スムーズに少しずつ開発するのではなく、間違ったスピードで筋肉を成長させ、関節や腱にそのスピードに適応するよう強いているのだ。ウォーミングアップで受動的ストレッチを使うことが問題を深刻にする。巨大な筋肉をリラックスさせて柔弱にし、そこに負荷をかけることになるからだ。その結果、しくじったり、滑らせたり、変に持ち上げたりして、悪いことが起こる。大きく印象的な筋肉であっても、強くて健康な関節を持っているわけではないからだ。

## THE MOST POPULAR IN-GYM MOVES BUILD MUSCLE, BUT NOT JOINT STRENGTH!
## ジムでは筋肉をつくれても強い関節はつくれない

　一般的なジム運動をキャリステニクスと比較すると、なぜキャリステニクスの動作がしなやかな筋力を自然に向上させるかを知ることができる。

ジムでは、ほとんどのリフターがダンベルカールで上腕二頭筋を鍛えている。しかし、腕がストレッチするボトムポジションでは、上腕二頭筋はまったく緊張していない。

これを正しいフォームで行うプルアップと比較してみよう。

ボトムポジションでは、ほとんど知覚できないほどに肘が曲がり、腕が〝ソフト〟に保たれている。このことが過伸展を防ぎ、細長い上腕二頭筋を、伸ばしたまま完璧な緊張状態に保つことになる。

ジムでは、動作のトップポジションで「ピーク収縮」がもたらされるマシンが盛んに使われている。だが、それらではしなやかな筋力を開発することは、ほとんど期待できない。下の2枚の写真を見てみよう。上の写真ではフロントケーブル・レイズを使って肩帯前部を動作させている。トップポジションでは筋肉を収縮させる（そして構築する）が、ボトムポジションで筋肉が緊張しているだろうか？　関節に何かしているだろうか？

　レバー・プッシュアップと比較すると、違いが浮き彫りになる。ボトムポジションで、三角筋前部が強い緊張を強いられながらストレッチしている。そのため、筋肉と関節の両方が同時に開発されている。

もっと多くの例があるが、言わんとするメッセージを受け取ってもらえたと思う。現代のフィットネスシーンでは、筋緊張させた時の柔軟性という概念が、死んだも同然になっている、ということだ。

## DO YOU RELAX WHEN YOU STRETCH? THINK AGAIN.
## ストレッチする時にリラックスしているか？

しなやかな筋力、つまりストレッチした時にも強い筋肉や腱は、現代のほとんどのトレーニング技術と対極にある考え方だ。今は、ストレッチした時に筋肉をリラックスさせるという真逆のアプローチ法を教えている。これが、柔軟性トレーニングにおける「受動的ストレッチ」のポイントになっている。

ストレッチ中にリラックスするようコーチやトレーナーが教えるのはなぜか？ 理由はあきらかだ。リラックスしながらストレッチすると関節可動域が広がるからだ。そのため、いつもより体がやわらかくなったように思える。しかし、リラクゼーションストレッチがつくり出すこの〝追加的〟な柔軟性は、本当に必要だろうか？ 確かに、クローズ・プッシュアップ、ディープ・スクワット、フル・プルアップをやる時も、筋肉を収縮させ、通常の関節可動域を超えて筋肉を伸ばす。しかし、曲芸師になりたいわけではない。ポイントは、あなたにとって、意図的にどんどん追加していく関節可動域が必要かどうかにある。

リラクゼーションストレッチがつくり出すこの追加的な可動域にはクールな感じがする。それは認めよう。しかし、実際には両刃の剣になる。筋肉をやわらかくするためにリラックスすることは、軟組織にある筋紡錘と呼ばれるレセプターを脱感作する。筋紡錘は筋肉が過度に伸びないよう、体の動きを見張っている微小な感覚器だ。ところが、リラックスさせながらゆっくりストレッチすると、だまされるお人好しでもある。不都合を見落としてしまうのだ（冷たい水を満たしたポットにカエルを入れ、少しずつ熱を加えていくと、カエルの神経系はその変化に気づかず、そのまま茹でガエルになる。それと似ている）。この脱感作プロセスは、正常な範囲を超えて筋肉がスト

レッチすることを可能にする。しかし、そうするには時間がかかり、通常は、少なくとも数分のストレッチが必要になる。このゆるめる時間が関節可動域を大きくするカギになる。しかし、同じ関節可動域をもう一度得ようとすると、時間をかけてゆるめる手順を繰り返さなければならない。道場にいる空手家が、印象的なキックを繰り出す姿を見たことがあるかもしれない。しかし、練習が終わってしばらくすると、同じキックを出せなくなる。追加的な関節可動域にはこのように、いささか〝眉唾〟なところがある。

　監獄にいた古参たちは、みな同じ考え方をしていた。ジョー・ハーティゲンにいたっては、筋肉をリラックスさせながらストレッチするとゆるくて使い物にならない関節をつくると、折りに触れて警告したほどだ。もう少し年若い自重力マスターたちも同じことを言っていた。リラクゼーションストレッチがケガを予防する最終兵器であるかのように吹聴する記事を目にすることがあるが、古参たちはまったく逆のことを言っていた。リラクゼーションストレッチはケガをしやすくする！　と。

　皮肉なことに、監獄内のティラノサウルスたちの考えに科学が追いつこうとしている。リラックスした時の柔軟性とケガの関連性について米軍が広範な研究を行っている。戦闘能力を向上させるためだ。結果を想像できるだろうか？　体がもっともやわらかい戦闘員グループが、平均的な柔軟性を持つ戦闘員グループよりもケガをしやすかったのだ！

## BRACE YOURSELF: MYOTATIC REFLEXES SAVE THE DAY
## 筋伸張反射：緊張が土壇場の勝利をもたらす

　リラックスさせながらどこまでも体をやわらかくできるアスリートが、〝硬い〟アスリートよりもケガをしやすいのはなぜか？　答えは、受動的ストレッチが、外部的な負荷をかけてストレッチしながら、筋肉をリラックスさせる方法だからだ。つまり、負荷がかかるとリラックスする筋肉をつくっている。これは、体が求めるものに完全に反している。

　そもそも関節にケガをするのはなぜか？　事実上すべての関節損傷は、靭

帯、腱および軟組織がストレッチしすぎた時に起こる。これらをつくっている〝素材〟はあるポイントまで伸びるが、そのポイントを超えると引き裂かれる。破滅的な結果をもたらすことさえある。

　膝の靭帯が裂けたり、滑液包が破れたり、肩関節包が裂けて開いたり、手首や肘が外れて飛び出したりする。こういった大惨事は、関節組織が過度にストレッチした時に起こるものだ。

　母なる自然は賢い。わたしたちの体は、関節が過度に伸びるリスクを直観的に察知し、それを防ぐ安全対策を講じている。筋伸張反射と呼ばれる反応だ。この反射は、単純で、原初的で、不随意に起こる。突然、衝撃的な力にさらされると、筋肉は例外なく収縮する。これが筋伸張反射だ。誰もが知っている膝蓋腱反射は、この反応の一例だ。膝蓋骨の腱を叩くと、たとえ軽く叩いたとしても、大腿四頭筋が収縮して大切な膝関節を保護してくれる。

　簡単に言えば、ショックを受けた時、わたしたちの体は緊張する。自動的にこわばらせて、体を強固なものにする。階段を下りている途中で足を踏み外した時のことを思い出せるだろうか？ 体が次の段に当たった瞬間、その衝撃で即座に筋伸張反射が起こり、脚が緊張する。ふざけている男が、おどけてビクッと体をこわばらせた時のようだが、体は正当な理由でそれをしている。筋肉を緊張させれば、衝撃を安全に吸収できるからだ。一方、転んだ時に筋肉がリラックスしていると、衝撃が通過する場所はひとつになる。関節だ。関節を保護する筋肉や腱がなければ、関節はたやすく傷つく。肩は、間違った方向に軽く圧力をかけられるだけで脱臼する。間違った方向にわずか数度ねじるだけで、ACL（膝前十字靭帯）が永久に裂けることもある。同じようなことが、それぞれの関節で起こりうる。そうならないように守ってくれるのが筋肉や腱だ。ただし、筋緊張していないと、関節を防弾することはかなわない。

## RELAXATION AND INJURY
## リラクゼーションとケガ

　受動的ストレッチが好ましくないのは、筋伸張反射を少しずつ非活性化させてしまうところにある。緊張を弛緩に置き換えてしまうのだ。熱い湯に浸っている時なら気持ちいいだろう。しかし、何かにチャレンジするために体を動かしている時には好ましいものではない。

　リラックスしている時の体は信じられないくらい傷つきやすい。腕と脚だけでなく、体幹もそうだ。ボクサーに殴られる準備――つまり、筋肉が緊張した状態――ができていないと、たった一発のパンチで試合が終わる。空手家に聞いてみればいい。何世紀もの間、彼らは体を緊張させるエクササイズをやってきた。突きや蹴りが当たった時、筋肉や腱をピンと張って体を硬くし、内臓を守る鎧にするためだ。空手には筋伸張反射をよくするトレーニングが多く、それが戦闘中の衝撃から身を守る。パラシュートで着陸する時と同じように、着地する時の体操選手も、突っ張るように脚をピンと張る。オリンピックの飛び込み選手も、着水時に体を緊張させる。大きな力に突然さらされることでケガをする可能性が高い運動分野では、筋伸張反射をよくする技術が必ず教えられる。筋肉を緊張させることが体を守るからだ。

　酔っぱらうと体はリラックスする。だから転んでもケガをすることが少ない、という話を聞いたことがあるだろう。愚かな迷信だ。週末の緊急救命室で働く医師がそれを知っている。週末の彼らが扱うのは、ほとんどが酔っ払いのケガだ。コンクリートの上で転ぶのは、シラフの時でも十分すぎるほどの悲劇になる。しかしリラックスした酔っ払いが転ぶと惨劇になる。下手をすると死ぬ。酔っ払っての転倒が重度の頭部外傷につながるのは、頸椎がリラックスしているからだ。アスファルトに当たった時の衝撃から頭を守る筋伸張反射が起こらない。過度のアルコールが神経系に干渉し、筋伸張反射をのろまにするのだ。酔っ払うと気持ちと体がゆるんで楽しいが、その間、体は傷つきやすくなっている。

## TENSION-FLEXIBILITY: A CAVEAT
# しなやかな筋力をつくる際に気をつけたいこと

　しなやかな筋力をつくるワンレッグ・スクワットのようなエクササイズは、関節を強化したい時には、この上もないものだと言える。しかし、関節は一晩で強くなるものではない。腱や軟組織がエクササイズに適応するまでの時間が必要になる。少しずつハードになっていくキャリステニクスが、簡単なエクササイズから始まる理由がここにある。無理のない速度で腱を強くしていくためだ。クローズ・プッシュアップのような筋肉にとってハードなエクササイズは、腱にとってもハードだ。いきなりそこに突撃するのは無謀に過ぎるし、そこにあるように見える自分の能力は幻想だ。誰の腱も最初は弱い。長い時間をかけてクローズ・プッシュアップに近づくアスリートが、強くて健康的な腱や関節を手にできる。

　しなやかな筋力をつくるトレーニングでもうひとつ大切なのは、負荷をかけながら筋肉をストレッチすることだ。しかし、「ストレッチする」ことは「ストレッチしすぎる」ことを意味しない。正常な範囲内で四肢を伸ばすだけでいい。しなやかな筋力をつくるのに曲芸師になる必要はない。

　最後のアドバイス。筋肉を伸ばしながら負荷をかけるトレーニングでは、自然な力学に従うようにする。無理矢理やっている感じがしたり、痛みを感じたりするエクササイズには近づくな。首の後ろにバーを置いてプレスしたりプルダウンしたりすると、負荷をかけながら筋肉を伸ばすことができる。しかしローテーターカフ（回旋筋腱板）を不安定な状態に置く。バーベルプレスや多くのマシンでも同じことが起こる。避けた方がいい。

## 強さのための張力

筋肉を強く収縮させれば関節が強靭になる。昔のストロングマンはそれを知っていた。アロマテラ

ビーやフリーフォームダンスをやって関節をリラックスさせる代わりに、正反対のことをやった。発電所のような男たちが用いたのは、ひとつの姿勢にロックした体にウエイトをかけるか、そのウエイトをわずかに持ち上げる「サポートリフト」だ。〝ウエイト〟には本物のウエイト、つまり体重を使った! ルイス・サイルは4337ポンド(約1967kg)を押し戻しながら関節を鍛えた。ワーレン・リンカーン・トラビスは、ハーネス・リフトで3985ポンド(約1808kg)をホールドした。ストロングフォールは3.5トンの〝人間ブリッジ〟をサポートリフトした。ジョン・グリメックは定期的に、1000ポンド(約454kg)以上をオーバーヘッドでサポートした。

こうしたサポートリフトが関節周辺の筋肉を極限まできつく伸ばし、関節を防弾する鞘管にしていった。リスクが高すぎるので、負荷を小さくしたとしてもまねしてはならない。しかし、超強力な腱と関節をつくるワークになることはあきらかだ。とてつもない負荷が、骨だけでなく、関節を保っている靭帯を刺激して肥厚させることにもなる。

## LIGHTS OUT!
## 消灯!

「しなやかな筋力」を望むなら、きらびやかなマシンや奇妙なエクササイズ、高価なサプリメントは必要ない。昔ながらのキャリステニクスをやり続ければいい。関節可動域いっぱいに体を動かすが、抵抗が小さいトレーニング(ジャックナイフ・スクワット、ウォール・プッシュアップ、ヴァーチカル・プルなど) から始め、漸進的にステップアップしていく。体重の多くを使うエクササイズ (フル・スクワット、フル・プッシュアップ、フル・プルアップ) にステップアップしたら、片腕・片脚だけを使うエクササイズ (ワンレグ・スクワット、ワンアーム・プッシュアップ、ワンアーム・プルアップ)を目指す。監獄で教えられるこのアプローチ法は、筋力だけでなく関節も驚くほどパワフルにするのだが、安全にそのパワーを授けるやり方になる。腱や軟組織に、筋緊張させた時の柔軟性をつくる時間を与えるからだ。強くて健康的な関節がほしいなら、しなやかな筋力をつくるルーチンから離れないことが王道になる。

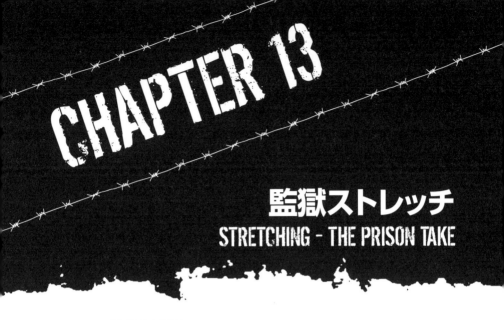

# CHAPTER 13
## 監獄ストレッチ
### STRETCHING - THE PRISON TAKE

**FLEXIBILITY, MOBILITY, CONTROL**
## 柔軟性、可動性、筋肉制御

　体をやわらかくすることがすべて──。監獄を出てもっとも驚いたのは、誰もがそう信じていることだ。数字を追いかけて奇妙な形に自分を伸ばす人もいる。180度開脚ができるぞ、と言っているやつのことだ。ストレッチ用のマットがないジムはない。ストレッチをやるだけのワークアウトがあり、実際のワークアウトよりも多くの時間をストレッチに費やすアスリートも少なくない。最近では、体のやわらかさをフィットネスの中心的要素とみなすようにもなっている。ストレッチをやらないって？　それじゃ野蛮人だ。そんな雰囲気が漂っている。

　監獄では想像もできない話だ。

　囚人アスリートが焦点を当てるのは、まず筋力であり、最後まで筋力だ。柔軟性を考えるとしたら、それは筋力とともにある。ブリッジやレッグレイズなどの動作を関節可動域いっぱいでやっていれば、柔軟性は自然についてくる。体を柔軟にするためのトレーニング？　確かに、血液と老廃物でいっぱいになった筋肉をセット間でゆるめようとストレッチする男はいる。特殊なエクササイズに備えて体を伸ばす男もいる。瘢痕組織や古傷のせいで硬く

なった筋肉をやさしく伸ばす男もいる。それ以外は？ ゼロだ。囚人アスリートはストレッチに興味を示さない。伸ばすことを目的にストレッチすることはない。

## FLEXIBILITY SHOULD BE A BY-PRODUCT OF CALISTHENICS
## 柔軟性は〝副産物〟

　囚人アスリートがストレッチに焦点を当てないのは、筋力をともなわない柔軟性が役に立たないことを知っているからだ。好ましい柔軟性は、筋力トレーニングの副産物としてもたらされる。キャリステニクスのマスターたちが興味を示していたのも、それぞれのエクササイズに適した伸張度合い、すなわち関節可動域だけだった。時として腱トレーニングや関節エクササイズについて言及することはあったが、柔軟性については誰も触れなかった。そりゃ、曲芸師が必要とするものだろう？ といった具合だ。この視点が「しなやかな筋力」を身につける時のカギになる。

　体にやわらかさがない。そんなことに悩んで不眠症になる自重力マスターはいない。筋力とのかかわりの中にしか柔軟性はないからだ。筋力とは自らを制御する力だ。体を制御し、負荷（体重）を制御する。何であれ、制御することだ（押したり持ち上げたりするのはパワーだ。それは筋力を表してはいない）。自らの体をコントロールする筋力を持つことが本質であり、コントロールできない柔軟性を持つことは本質ではない。コントロールできない柔軟性は副作用も強い。筋力で制御できるポイントを超えてストレッチする筋肉を持つ意味がどこにあるのだろう？ 制御できない筋肉はケガへと向かうだけだ。

## STRENGTH + FLEXIBILITY = MOBILITY
## 筋力＋柔軟性＝可動性

　柔軟性と可動性を同一視する人は多い。ところが、この２つは別物だ。可動性とは、コントロールできる範囲内で自分を動作させる能力だ。ランニングや跳躍、ひらりと身をかわすことといった可動性の例は、主に筋力に依存する。もちろん、そこで筋肉が硬いのは望ましいことではない。しかし、ア

スリートが必要とする柔軟性は、受動的ストレッチをやってわざわざつくるものでもない。それは、筋肉を動作させる時に自動的に生成されるものだ。俊敏で可動性が高い動物は、すべて「筋緊張させた時の柔軟性」を持っている。リラックスさせた時のやわらかさではなく、緊張させた時のしなやかさだ。わたしたちが目指すのは、豹のように動くことができる「しなやかな筋力」だ。

筋力に基づく可動性という考え方は、ふだんの生活を顧みれば理解できる。たとえば片脚で立ち、もう一方の脚を持ち上げて靴下を履く時だ。足を手の近くまで持ち上げるには、筋力に基づく可動性が必要になる。受動的ストレッチをやって体をやわらかくすること、つまり、何かの助けを借りて極端に足を上げられるようになることは必要としない。受動的なやわらかさは可動性ではない。いくら体がやわらかくても、自分で足を上げられなければ、無駄なやわらかさだ。それが、どこかで役立つだろうか？

## CONVICT CONDITIONING AND FLEXIBILITY
## コンビクト・コンディショニングと柔軟性

極端に伸びる体を見せられても、監獄内の古参アスリートが驚くことはなかっただろう。そんな反応は示さず、哀れむのが関の山だ。筋力と柔軟性の関係を現代アスリートよりも理解していたからだ。制御する筋力がないまま極端に体をやわらかくすることは、制御する強力な製鋼炉がないのに猛烈な火を押し込めるのと同じだ。やわらかいと印象的に見えるが、その関節可動性は、実際には無用で危険なものになる。

コンビクト・コンディショニング・システムには、関節可動性に対する古参アスリートたちの考え方を反映している。そのため、筋力で制御できる最大関節可動域で鍛える内容になっている。あるエクササイズが、半分または部分的な可動域しか使わない場合（ハーフ・プッシュアップなど）、最大関節可動域を用いるフル・プッシュアップを追加でやらせるのは、そのためだ。

関節トレーニングに特化したトリフェクタ（第14章参照）は、ツイスト、

ブリッジ、Lホールドで構成されている。実際にやる前は、柔軟性トレーニングのように見えるかもしれないが、正しく行うと、柔軟性より筋力が必要になることがわかる。うまくできない時は、先導する筋肉が十分に収縮していない。トリフェクタで必要になる柔軟性は筋力に導かれる。筋肉が硬ければ、アイロンを使って少しずつシワを伸ばすように関節可動域を広げていく。しかし、現代的なアスリートがやっているように、過度に伸ばしたり、弛緩させたりすることはない。そうはできない。筋力の限界が柔軟性の限界になるからだ。

## PASSIVE VS ACTIVE STRETCHING
## 受動的ストレッチ VS 能動的ストレッチ

　生徒を鍛える時のわたしは、最初から最後まで筋力にこだわる。もしストレッチで時間をつぶしている生徒を見かけたら……普通はゲンコツだ。その結果、「コーチ・ウェイドは柔軟性を軽視している」と、わたしから離れていく者が出てきた。誤解してほしくない。柔軟性が必要なことは、わたしもわかっている。しかし、必要なのは筋力が導く柔軟性――つまり、筋肉を収縮させることでコントロールできる関節可動域だ。

　それは、体のやわらかさとは別の話だ。そのやわらかさを目指す受動的ストレッチを、わたしは次のように定義している。

　　**リラックス状態にある筋肉や軟組織を、外力を使って伸ばすこと。**

　外力の例としては、次のようなものがある。

- 外部重量（デッドリフトをやってストレッチするような）
- 弾み（弾ませてストレッチするような）
- レバレッジ（パートナーに足先をつかんでもらって前方に曲げるような）
- 体の別の部位で押すこと（手首の裏をもう一方の手で曲げるような）
- マシン（カンフー雑誌で見る股割マシンのような）

重力は外力には加えない。重力がつくる体の重さは自然のものだし、それに抗してストレッチすることで、わたしたちの体は進化してきた。スクワットやプッシュアップをやるたびに、わたしたちは重力に抗しながら筋肉をストレッチさせている。重要なポイントは、そういったエクササイズの最中には筋肉がリラックスせずにわたしたちの制御下にあることだ。一方、リラックスしている筋肉が、制御できない外的な力によって伸ばされるのが受動的ストレッチだ。パートナーがストレッチしたり、バレエ練習用の手すりのような対象物を使ってストレッチしたりする時のことを指している。

　先の章で述べた理由から、わたしは筋肉をリラックスさせるストレッチを信じていない。信じているのは、能動的ストレッチがつくる関節可動域だ。そして、体全体を網羅する３種類のストレッチのみ教えている（第14～17章で紹介する３つのホールドがこれだ）。能動的ストレッチには幅広い選択肢があり、このテーマについては、パベル・サッソーリンの『スーパージョイント』（未邦訳）が参考になる。このテーマについて語り尽くされている究極のマニュアルだ。

## THE CORRECT ROLE OF PASSIVE STRETCHING
## 受動的ストレッチの正しい役割

　湯水と一緒に赤ん坊を流してはいけない。わたしは受動的ストレッチをお勧めしないが、使い道はある。受動的に筋肉をリラックスさせるトレーニングは３つの価値を持つ。

①硬くなった瘢痕組織を伸ばし、血流を促進させるリハビリ法として──能動的ストレッチだと、再度、損傷する可能性がある。
②高強度の自重力トレーニング後の低強度の理学療法として──血液循環を促し、筋肉から老廃物を除く助けになる。
③特殊なキャリステニクス（フロントブリッジのポジションを学ぶ時など）をトレーニングする前に──硬くなりすぎている動作パターンから解放してくれる。

　この３つ以外の受動的ストレッチは必要ない。アスリートが体をほぐすた

めにやっているほとんどの受動的ストレッチは時間の無駄だ。

では、柔軟性が必要な時にやるべきは何か？

もちろん、能動的ストレッチだ。

## ACTIVE STRETCHING AND BULLETPROOF JOINTS
## 能動的ストレッチが関節を防弾する

関節を〝防弾〟にしたいなら、身を入れてキャリステニクス・トレーニングをやればいい。そこにストレッチを追加するなら、関節を痛めやすくする受動的ストレッチではなく、関節を保護してくれる能動的ストレッチだ。

なぜ能動的ストレッチがいいのか？　その理由を説明しよう。

### 能動的ストレッチは「しなやかな筋力」と協力し合う

第12章を読んでいたら、筋緊張させた時の柔軟性の大切さがわかっているはずだ。筋肉や関節がストレッチしている時も、安全にパワーを発揮できる能力だ。その力を得ることが筋肉を強化する最善の方法になる。そして、能動的ストレッチが、この「しなやかな筋力」を開発する。

受動的ストレッチは、ストレッチした時の筋肉にリラックスするよう教え込む。リラックスさせることがポイントだ。一方、能動的ストレッチは、関節を最大角度まで動かすために筋肉を発火させる。リラックスするどころか、その筋緊張が、動作させている筋肉の周りから四肢や体幹に伝搬していく。しなやかな筋力とは何かをいったん理解できれば、能動的ストレッチをやった時にいつでもそれを〝筋肉に込める〟ことができる。ストレッチしても、そこでリラックスしない。体をピンと張って、すべての筋肉をハードに緊張させられるようになる。

股関節とハムストリングの柔軟性を高めるため、バレエ練習用の手すりを対象に受動的ストレッチをやっているダンサー。姿勢がつくるレバレッジとリラクゼーションを使って筋肉を伸ばしている。

マックスが股関節とハムストリングスを伸ばしている。しかし、こちらは、筋肉をリラックスさせる代わりに、緊張させる能動的ストレッチだ（ワンレッグ・スクワットのボトムポジションでは、このように脚が伸びていなければならない）。

# 関節廻し

硬くなったり疲れていたりする筋肉をリフレッシュしたい時、受動的ストレッチに頼る必要はない。代わりに関節廻しをやるとよい。関節廻しは〝ストレッチ〟ではなく、関節を開閉することで滑液の循環を促すものだ。低強度でやることがポイントだ。関節に〝油を差す〟(197ページ参照)ための簡単な方法になる。関節を蘇生させ、関節周囲の血流をよくしてくれる。ハードにストレッチする場合と違い、細胞レベルで筋肉を傷つけることもない。必要なら毎日、何回やってもいい。

**関節廻しドリル**
- 首
- 肩
- 腕
- 肘
- 手首
- 脊柱
- 股関節
- 膝
- 足首

腕廻しは関節廻しの代表例だ。毎回、腕で大きな円を描くだけ(動きが悪い肩を温める方法として、両方向へ20レップス2セットやるといい)。簡単なだけでなく、気分をよくする。同じように、腕、手首、膝の他、硬さや痛みを感じる部位の関節を旋回軸にして円を描けばいい。

## 能動的ストレッチは、ユニットとして動作するよう体に教え込む

受動的ストレッチは、体の一部を分離してストレッチする。たとえばハムストリングスをストレッチする場合、伸ばすのはハムストリングスだけだ。反対側の筋肉(大腿四頭筋)は伸びていない。反対側の筋肉はリラックスした方がいいのだろうが、実際は何もしていない。さらに受動的ストレッチでは、緊張することが疫病神のように嫌われる。結果として、ストレッチするたびに、体(または四肢や関節)の片側のみがワークアウトの対象になる。

ある意味、受動的ストレッチは、筋肉を分離して鍛えるボディビルダーのトレーニングに対応している。どちらの方法も、体をシンプルな部品の集合体のように扱う。しかし、体はそうできてはいない。部品同士が協働し合う有機的システムだからだ。実生活の動作では、体の一方の側を伸ばす時、も

う一方の側がリラックスすることはない。体の一方の側を伸ばすためには、もう一方の側が強く収縮しなければならない。このように、能動的ストレッチは実生活に沿った技術だ。さらに、ストレッチする度合いが、拮抗する筋肉群が収縮できる度合いに限定されている。

体の自然な動きと調和するトレーニング法であり、筋肉の収縮力と柔軟性を同時に向上させるストレッチであれば、それが、理想とするストレッチになる。

### 能動的ストレッチは受動的ストレッチよりも安全である

外力に体を明け渡す受動的ストレッチには、大なり小なりのケガのリスクがつきまとう。一方、能動的ストレッチをやっている時は、自分の力で体を動かしている。そこでは、過伸展を防ぐ〝安全弁〟として神経システムが働いている。単純な事実だが、このことが能動的ストレッチを受動的ストレッチよりも安全なものにする。

### 能動的ストレッチは筋力を高める

能動的ストレッチは、自然な筋力ブースター（増幅器）になる。もちろん、50センチの腕周りと80センチの大腿四頭筋周りをつくることはできない。しかし、筋肉を制御しながら高強度で収縮させるパワーが手に入る。ほとんどの人は、筋肉を可能な限りハードに収縮させることがない。カウチポテト族に、まっすぐロックした脚をゆっくりと持ち上げるよう頼んでも、おそらく60センチ止まりだろう。ロックした脚をゆっくり高く持ち上げるジャン＝クロード・ヴァン・ダムの股関節の筋力を想像してほしい。筋肉に、そういった収縮力を備えさせるのが能動的ストレッチだ。

収縮力が強い筋肉が、真の筋肉だ。できる限り緊張するよう筋肉に強いる能動的ストレッチは、強い筋収縮を起こす神経反応パターンを増幅させる。神経システムをその方向にチューンアップする技術とも言える。能動的ストレッチさえやっていれば、他にまったくトレーニングしなくても筋力が強化される。いつもの筋力トレーニングのルーチンに加えればさらにいい。両プ

ログラムが相乗的に働き、互いを強化するからだ。

**能動的ストレッチは、機能的な関節可動域を広げる**

　関節可動域を広げるには受動的ストレッチがベスト。そう考えている人は多い。だから、誰もが受動的ストレッチをやっている。外力を使ってリラックスさせながらストレッチすると、確かに関節可動域が広がっていく。多くのアスリートはこの事実にしがみつく。しかし、この余分な関節可動域が役立たないものであることには気づかない。そして、この可動域を取り戻すには、受動的ストレッチをもう一度やって、筋紡錘を脱感作させるプロセスが必要になる。

　受動的ストレッチは、自分では制御できない能力を身につけるトレーニングだ。そのため、暴力的に押されるといった外力によって突然スイッチが入ることがある。本質的に、筋肉を制御不能にするトレーニングをやっていることになるのだ！

　筋肉を完全にコントロールしながら動作させるのが能動的ストレッチだ。そのため、結果的に広がった可動域を「機能性が上がった」と表現することができる。それは実生活でも役立つ可動域だ。能動的ストレッチを使えば、体にあるすべての関節の機能的可動域を増やすことができる。筋力と柔軟性のバランスを取りながら、各人に見合ったスピードでそれが備わっていく。そこには強制もフェイクもない。

## LIGHTS OUT!
## 消灯！

　未来の自重力レジェンド（あなたのことだ）のために、内容をわかりやすくまとめておきたい。いいかな？

・ストレッチには、筋力で制御するストレッチ（能動的ストレッチ）と外力を使うストレッチ（受動的ストレッチ）の2種類がある。正常な範囲を超えてストレッチさ

せることを目的にしたのが受動的ストレッチで、筋肉にリラックスする術を教え込む。

・外部荷重ではなく自分の体重を使ってトレーニングするのと同じで、囚人アスリートのほとんどは外力によるストレッチを避け、筋肉に備わる力で体を伸ばす。それは筋力によって導き出されるストレッチだが、彼らはストレッチというより、関節トレーニングとしてそれをとらえている。

・受動的ストレッチにもいくつか利用法がある。そして、傷ついた箇所をリラックスさせながら伸ばす時にもっとも有効だ。能動的ストレッチではストレスがかかるからだ。受動的ストレッチは治癒させるための方法であり、運動的なものではない。

生活をする上で（もちろん運動する時や戦いの場でも）役立つ機能的な可動域を備えた関節。それをつくる〝秘密〟が、外の世界では忘れられている。答えはシンプルだ。トレーニングする時は、ビッグ6などの自重力エクササイズを最大可動域でやる。ストレッチする時は、筋力の範囲内で行う能動的ストレッチをやる。受動的ストレッチは必要な時しか使わない。

＊＊＊＊

20年にわたる監獄トレーニングの途上で、わたしは関節を防弾し、さらに健康的なものにするエクササイズをいくつか見つけた。1990年代に、これらの戦略を組み合わせて単純なルーチンに錬金した。それが、わずか数分でできる「トリフェクタ」だ。1日1回、数分を使ってやるだけで、硬くて動かない体を、優美で、若く、敏捷に動くものにする。あなたの関節に革命的な結果をもたらすものになる！

次の章で見ていこう。

# CHAPTER 14

## ザ・トリフェクタ
### THE TRIFECTA

**YOUR "SECRET WEAPON" FOR MOBILIZING STIFF, BATTLE-SCARRED PHYSIQUES – FOR LIFE**
**傷めた体、硬くなった体を蘇らせる秘密兵器**

　1988年にサン・クエンティンから出所した時、わたしは31歳になっていた。リッチモンドに戻り、友人の、そのまた友人たちと一緒に住み始めた。新しい相棒の中に、タトゥーだらけの馬鹿でかい男がいた。まるで家が座ったり歩いたりしているような感じだった。アイルランド生まれで、名前はカーターといった。

　カーターはフリーウエイト好きの野獣だった。ジムに通っていたが、マシンを使うことはあまりなかった。そこにたむろする連中が嫌いだからではなく、自分のパワーに見合うマシンがなかったからだ。レッグ・エクステンション・スタックを使う時は、トレーニングパートナーたちをウエイトの上に載せて110キロ追加した。狂気の世界だ。350をベンチできたが、シートを使わなかった。昔はバーの両側に6枚ずつプレートをつけてデッドリフトしたそうだが、85年に背中を傷めて以来できなくなったと言っていた。36キロのダンベルカールをこなし、樽、スチールドラム、丸太などを挙げて楽しんでいた。グリズリーのようなモンスターだったが、ぶっきらぼうで親しみやすいクマでもあった。

パワーあふれるカーターだったが、深刻な問題を抱えていた。40の坂を越えたばかりなのに、体がボロボロで動かなくなっていた。肩に激痛が走るため、頭の上に腕を置かないと眠れなかった。朝ベッドから起き出すために鎮痛剤を飲んでいた。起きたら起きたで、老人のように硬直した歩き方しかできなかった。座った時も横になった時も、膝の上に手を置いて補わなければ立ち上がれなかった。かつてはハーレーを担いで何十回もスクワットした男なのに。「ケガをコレクションするほど、体はたくさんないぜ」が口癖だった。

わたしとカーターではトレーニングスタイルが違う。しかし、筋肉づくりや高レップストレーニングなどについて世間話をすることがあった。ある夜、ビールを飲みながらケガにまつわる話になった。するとカーターが堰を切ったように、自分の体にまとわりつく痛みについて話し始めた。わたしがサン・クエンティンで体をつくったことを知っていたので、アドバイスを求めてきた。

「俺のような体になったら、どうするね、ポール？」

「シンプルな話だ」とわたしは答えた。「ウエイトを挙げるのを止めるだろうね。それも、今すぐにだ。それからキャリステニクスの簡単なやつを始め、全身を動かす。気分がよくなったら、ロープ昇りを加え、さらに逆立ちを加える。カーター、君の強さはそのままだ。でも、腹が引っ込み、すぐに新しい体を手に入れたように感じるだろうよ」

カーターはわたしを見下ろして首を振った。「嫌だね」

「俺は生まれついてのリフターだ。死ぬ日まで鉄を挙げるつもりだ」。このブラザーはウエイト中毒だった。彼は質問を変えた。「監獄には、体をゆるめる秘密みたいなものはなかったか？」と。

わたしはビールを飲み干し（当時はアルコールをたしなんでいた）、口に

ついた泡を拭き取り、ソファに身を沈めて、どうしたらいいか考えた。

## UNLEASHING THE "TRIFECTA"
## 〝トリフェクタ〟を解き放つ

　数日後、カーターに３つのエクササイズから成るワークアウトを教えた。静的キャリステニクスであるホールドだ。これらのホールドを学んだ後、カーターは少なくとも１日おきにそれをやるようになった。それから10週間ほどすると、関節痛の90％が消えていた。残り10％が消えるのも時間の問題だと楽観視していた。動く体を取り戻したどころか、バスケットボールをやっていた10代の頃より、しなやかで機敏に動くと興奮していた。わたしがつくったルーチンに惚れ込んだカーターは、それを「トリフェクタ」——完璧な３本——と呼ぶようになった（訳注：「トリフェクタ」はバスケット用語でスリーポイント・シュートを指す。転じて「３つの偉業」という意味で使われる）。しばらくして違う道に向かうことになり、カーターとは会わなくなった。５〜６年して、ある男からカーターの噂を聞いた。彼はデッドリフトに戻っていた。トリフェクタへの心酔もそのままだった。

　調子のいい話に聞こえるだろうか？　うまい話を鵜呑みにしない方がいいのは確かだ。だから、５週間だけ試し、何が起こるか見てほしい。そうすればわかる。やる気になってもらうために、それがなぜうまくいくかを説明したい。

## JOINT TRAINING - 3 TRICKS OF THE TRADE
## 関節トレーニングの３つの戦略

　強い関節をつくる方法を教えてくれと頼まれた時、わたしが最初に勧めるのは、少しずつハードにしていくキャリステニクスだ。無理のないペースで腱にしなやかな強さが備わっていくからだ。しかし、カーターのようなリフターが、プッシュアップ、プルアップ、ワンレッグ・スクワットが並んだテーブルに座ることはない。彼らには鉄の感触が必要だ。だから、どんなスタイルの筋力トレーニングをやっていても、その人の普段のプログラムに加えるだけで関節を改善できる代替案が必要になった。

関節トレーニングには3つの強力な戦略がある。

①機能的三対称軸に焦点を当てる。
②関節に油を差す。
③能動的ストレッチを行う。

　これら3つの戦略を、わたしはシンプルで習得しやすいルーチンにまとめることにした。ナプキンの裏に急いで書いたこのルーチンが、後のトリフェクタになった。ひとつずつ見ていこう。

**①機能的三対称軸に焦点を当てる**
　1950〜60年代以降、トレーニングについて語るライターたちが〝ビーチマッスル〟という用語を使うようになっていた。体の正面にある、胸筋、上腕二頭筋、腹筋、大腿四頭筋などを一括りにした呼び名だ。ビーチで肌を焼くヒヨコちゃんたちにアピールするための筋肉で、体格の〝見た目〟を左右すると考えられていた。一方で、強い筋肉は体の背面にあるとされた。ハムストリングス、臀筋、ふくらはぎ、脊柱起立筋、僧帽筋などだ。デッドリフトやクリーンやプルで重いウエイトを持ち上げる時に偉力を発揮するのが、これら背面にある筋肉だった。70年代以前もこのように筋肉は大きく二分類されていた。体の前に〝ビーチマッスル〟があり、後ろに〝働き者の筋肉〟があった。

　この二分法は、もっとスマートに聞こえる用語にアップデートされて、今に引き継がれている。フロントチェーン（フロントラインとも呼ばれる）とバックチェーン（バックラインとも）だ。いわゆる〝ビーチマッスル〟がフロントチェーンに、〝働き者の筋肉〟がバックチェーンに変わっている。

　基本的にこの分類法は正しい。しかし、わたしたちの体には、自重力アスリートが決して忘れない、もうひとつのチェーンがある——そう、体は三次元でできている。それが、体の横に連なる筋肉群から成るラテラルチェーン

だ。ラテラルチェーンには、脚や股関節の側面にある張筋、ウエストにある腹斜筋、胸郭にある鋸筋と肋間筋、そして脇の下を走る広背筋（これだけは有名）が含まれている。

これら3つのチェーンが集まって機能的三対称軸が完成する。

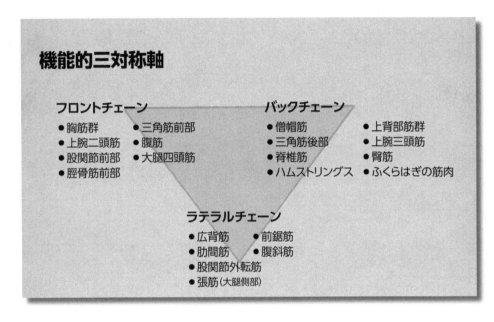

3つ以上の筋肉チェーンがあるとする考え方もあり、6つだと主張する人もいる。しかし、実際に体を鍛える立場から言うと、それは考えすぎだ。基本的なチェーンは3つしかない。その3つを正しくトレーニングすれば、すべてがカバーされる。

関節を鍛える時は、この機能的三対称軸を意識することが大切だ。関節トレーニングという視点から眺めると、ほとんどのトレーニング法がバランスを崩している。ボディビルダーは、鍛えすぎたフロントチェーンを持っている。リフターは、鍛えすぎたバックチェーンを持っている。武道家は、バックチェーンとラテラルチェーンは柔軟だが、フロントチェーンはそれほどでもない、等々。それが機能性を損なう非対称性をつくり出し、ケガを招く。

ひとつの〝治癒法〟しかない。3つのチェーンすべてを均等に訓練することで、対称的なハーモニーを回復し、体を3次元的にバランスさせる関節トレーニングだ。

②関節に〝油を差す〟
　囚人アスリートは激しく、それでいて、回数が少ないトレーニングを好む。筋肉や腱をハードに動作させ、それらに休息時間を与えて回復させることで、より強くしていくためだ。これが筋量と筋力のための、そして「しなやかな筋力」を得るための完璧なレシピになる。

　このスタイルでトレーニングすれば、関節にかかわる筋肉や腱を太く強いものにすることができる。しかし残念なことに、靭帯、軟骨、関節内の軟組織をパワーアップするものにはならない。

　それは、血液が関節の中にほとんど流れていかないからだ。筋肉や腱は血液から栄養を得ているが、軟骨を養っているのは滑液と呼ばれる濃密な溶液だ。酸素とタンパク質が豊富なこの溶液の中に、関節が成長し強くなるために必要な成分がすべて含まれている。滑液には、自動車のモーターオイルのような潤滑油としての働きもある。老廃物も取り除く。外からの衝撃を吸収し、関節にダメージが及ばないようにもしている。すばらしい液体だ。しかし、心臓の力で体中を循環する血液と違い、滑液は、わたしたちが体を動作させた時にだけ生成され循環する性質がある。そして、関節間にある開口部に、滑液を新鮮なものに替えるための供給口がある。

　あまりに頻繁にトレーニングすると関節が摩耗するし、トレーニングが滞ると滑液が枯渇する。健康的な関節に最適化する唯一の方法は、回復に十分な休息時間を取りつつトレーニングすることだ。そして、体を動かさない日は、関節に〝油を差す〟トレーニングをやればいい。

　関節に〝油を差す〟ための最良の方法が、静的キャリステニクス、つまり、

キャリステニクスのホールドをやることになる。ストレッチしながらトップポジションでホールドする。なぜヨガで関節の痛みが緩和するのか、その〝秘密〟がここにある。よい例がブリッジだ。体をプッシュして可能なところまでストレッチし、トップでホールドする。このタイプのストレッチをやると、軟骨（ブリッジの場合は椎間板）を最大角度に開かせ、新鮮で申し分がない量の滑液を循環させることができる。

　前作では、負荷（体重）をムーブする動的キャリステニクスに焦点を当てた。動的キャリステニクスは、筋肉、筋力、筋持久力をつくるが、筋肉を疲れさせる。一方、負荷をムーブさせない静的キャリステニクスは、体をあまり消耗させないし、頻繁にやっても体が回復しやすい。そのため、関節トレーニングとして理想的なものになる。わたしは、筋力トレーニングをしない日に関節トレーニングをやるようアドバイスするが、それはあくまで目安だ。コツさえつかめば、関節トレーニングは毎日できる。関節からクモの巣を払うために、日に何度もホールドする人もいる。度を越すと簡単に燃え尽きる動的キャリステニクスではできない話だろう。

　毎日ストレッチ・ホールドしていると、滞らない栄養供給と注油ができるだけでなく、関節可動性が素早く改善されていく。ハードな筋力トレーニングは筋力増強につながるが、細胞レベルでも負荷がハードにかかる。時間の経過とともに、癒着や瘢痕組織が筋肉内や関節内に増え、柔軟性を台無しにしていく。これが、ベテラン・リフターが板のように硬くなる主な原因になる。そこで、体をゆるめたいリフターが選ぶのが受動的ストレッチだ。弾みやウエイト、マシンを使って体にストレッチを強いるが、外力に身を任せるため、過剰なストレッチに向かうことが避けられない。短期的な結果をもたらすかもしれないが、長期的には筋肉内に微小外傷をつくっていく。これでは、ハードにトレーニングしているのと変わらないことになる。毎日のキャリステニクス・ホールドが問題を解決する。筋力で制御する無理のないストレッチだからだ。神経系が自然な安全弁として働くのでガードレールを超えることがない。その結果、硬直した体がやわらぎ、癒着をほぐし、老廃物や毒素を排出できる。

関節を一生健康的に保つための秘密を教えよう。それは、ほとんどのアスリートが顧みない秘密だ。

・関節をトレーニングする時は、疲れる動作ではなく、リフレッシュさせる動作に固執する。
・関節内の組織に栄養を与えるトレーニングを頻繁に行う。
・攻撃的な受動的ストレッチの代わりに静的キャリステニクス（ストレッチ・ホールド）を使う。

　シンプルで基本的な話に聞こえるだろう。しかし、本質的な話ほどそんなものだ。

### ③能動的ストレッチを行う
　わたしが生徒たちの筋肉や関節をリラックスさせたり弛緩させたりしないことは、もうわかってもらえているだろう。フィットネス業界では受動的ストレッチが主流だが、それは囚人アスリートのやり方ではない。周辺にある筋肉で関節を〝防弾〟することが、筋力の強い発電を可能にする。それは、たるませたりリラックスさせたりするのではなく、筋緊張させながらトレーニングすることでつくられるものだ。

　緊張した時の筋肉がしなやかであれば、その筋肉には外力を安全に吸収する力がある。つまり、関節を強くすることと同じだ。自動車のショックアブソーバーとして、スポンジ状のゴムと鋼のスプリングのどちらが好ましいだろうか？　ゴムはショックを吸収する前に破れるが、鋼は同じショックを吸収できる。

　機能的三対称軸トレーニングにこの原則を適用すればいい。リラクゼーションタイプの受動的ストレッチでは意味がない。リラクゼーションではなく、拮抗筋力を使って関節を鍛える。それが前章で説明した能動的ストレッチであり、しなやかな筋力、可動性、敏捷性を一度に改善するものになる。

能動的ストレッチはシンプルだ。体の半分を収縮させることで、体の半分をストレッチする。

これを機能的三対称軸に適用してみよう。

・フロントチェーンをストレッチしたい時は、バックチェーンを収縮する（ブリッジホールド）。

・バックチェーンをストレッチしたい時は、フロントチェーンを収縮させる（Lホールド）。

・ラテラルチェーンをストレッチしたい時は、反対側のラテラルチェーンを収縮させる（ツイストホールド）。

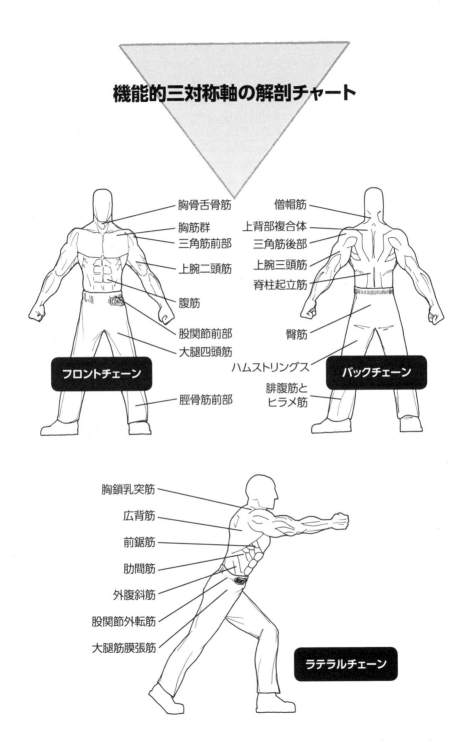

## トリフェクタを使って3チェーンをトレーニングする

### ブリッジホールド

- バックチェーンを強力に収縮させる
- フロントチェーンを能動的にストレッチする

### L ホールド

- フロントチェーンを強力に収縮させる
- バックチェーンを能動的にストレッチする

### ツイストホールド

- 体の片側のラテラルチェーンとローテーターカフを強力に収縮させる
- 体の反対側にあるラテラルチェーンとローテーターカフを能動的にストレッチする

この３つの動作が〝トリフェクタ〟をつくる。３つを一緒にやると、どんな関節トレーニングプログラムをも凌ぐ〝ひとつ〟になる。老化した体に活を入れる。また、猫のようなしなやかさと可動性を取り戻す〝緊急措置〟にもなる。ウエイトやキャリステニクス、その他のトレーニングをまったくやらなくても、若々しく、柔軟で、痛みのない関節を保てるようになる。

　左ページの写真はそれぞれのホールドの完成型だ。むずかしそうに見えるが、簡単なバージョンから紹介していくので安心してほしい。誰もがトリフェクタを始めることができる。どれほど体型が崩れていてもトライしてほしい。

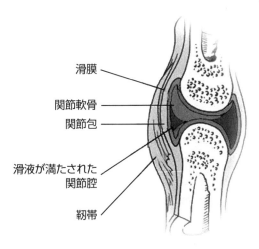

## THE POWER OF THE TRIFECTA
## トリフェクタの力

　トリフェクタを使った生徒たちは、それが魔法のように効くことに驚く。しかし、奇跡を呼ぶ技でも何でもなく、時間をかけて監獄内で使われている関節トレーニングを拾い上げ、改良しただけの話だ。組み合わせの妙が、機能性、筋力、可動性を同時につくるトレーニングになってはいるが。

体操選手なら、筋肉をハードに収縮させるこの種のトレーニングが体を強くすることを理解できる。しかし、ほとんどのアスリートは筋肉をハードに収縮させることに慣れてはいない。そういったトレーニングを意識してやったことがないからだ。その意味で、トリフェクタが神経系をチューンアップするいい機会になる。可能な限り筋肉を収縮させようとすることが、筋肉収縮にかかわる神経パターンを増幅させる。一方で、反対側にある筋肉を、関節可動域の限界までストレッチする。意味なく伸ばされるのではなく、機能性が損なわれない範囲でだ。これが、トリフェクタを含む能動的ストレッチのいいところだ。トリフェクタは３つのチェーンすべてに働く。そのため、能動的ストレッチを単独でやるより、はるかに効率的なトレーニングになり、体全体に利益がもたらされる。

　３つのホールドは、体のほとんど、あるいはすべてを対象にした〝大きな〟ホールドだ。その大きなホールドを安定させるには、筋肉を強く発火させなければならない。そのことが、第12章で説明した「筋緊張させた時の柔軟性」を開発するすばらしい方法になる。Ｌホールドは下背部をストレッチするが、リラックスさせることはない。胴周りの筋肉が１枚のガードルのようにつながっているからだ。そのため腹部の筋肉が脊椎を強く引っ張り、下背部が鉄のように強くなる。脊柱を安定させるため、背筋も強く発火する。これがブリッジになると、フロントチェーンを伸ばす。その姿勢を保つため、大腿四頭筋とウエストがピンと筋緊張する。ツイストも、胴部にあるすべての筋肉の収縮運動になる。トリフェクタは、このようにして体全体に「しなやかな強さ」をつくっていく。

　この３つのホールドは、筋骨格系の機能性も向上させる。体がうまく動かないこと、きちんと整列していないこと、ケガをしやすいことなどは、体の非対称性が主な原因になっている。解剖学的構造において、ある範囲がよく収縮しているのに、別の範囲が収縮していない。一方の側に好ましい関節可動性があるのに、その反対側は硬くて動かない。そういった状態が体のあちこちで起こっている。トリフェクタにはそうした機能不全を改善する働きがある。Ｌホールドをやれば体の一方の側が収縮し、他方の側がストレッチす

る。ブリッジやツイストでも同じだ。これは、作動筋が収縮する能力と拮抗筋がストレッチする能力が一致していくことを意味する。東洋的に言えば「陰陽」の調和だ。一方と他方が調和する。一方と他方でバランスが取れる。3つのホールドを1セッション中にやれば、体に三次元的に働きかけ、効果が拡大する。

体を蘇らせるトリフェクタの力は、治療の領域に入っていくと言ってもいい。軟骨に油を差し、関節に栄養を与え、古傷を治癒させるための完璧な方法になるからだ。

## PROGRAMMING THE TRIFECTA
## トリフェクタをプログラミングする

トリフェクタをどうプログラムするか？ やり方はさまざまだ。1日1種類ずつやって3日で一巡させる、あるいは1日に3つのホールドを2回ずつ。体験的には、1セッションで3つのホールドをすべてやると効果的だ。3つの主要な筋肉チェーンすべてに働きかけることが相乗的に機能し、体全体を改善するからだ。気分がよくなることもこの上ない。

### トリフェクタ・ワークアウトのサンプル

**1** ブリッジホールド ：10秒間を1セット
　　　　　　　　　　　5秒間を2セット
　　　　　　　　　　　（背骨が温まって柔軟になり、Lホールドの準備ができる）

**2** Lホールド ：5秒間を4セット
　　　　　　　　（背骨と股関節周りの血流がよくなり、関節可動性が高まる。ツイストの準備が整う）

**3** フル・ツイスト ：20秒間を1セット（片側につき）

このアプローチは絶対的なものではない。たとえば、5秒間のブリッジ、5秒間のLホールド、5秒間のツイストを〝スーパーセット〟と定め、目標秒数まで繰り返してもいい。多くのオプションがある。自分自身をコーチする精神で実験し、どうやると自分の体に有効か探してほしい。以下のガイドラインが参考になる。

### 手順

　まずは、ブリッジホールド、Lホールド、フル・ツイストを習得する必要がある。次章からの3章で、各エクササイズを段階的に学ぶことができる。どのステップをやっても効果がある。簡単なところから始められるし、自分の関節可動性のレベルに見合う技術を見つけられるだろう。完璧にできる動作でトレーニングしてほしい。格闘する必要はない。筋力トレーニングではなく、関節可動性を開発するワークだからだ。

### 強度

　エネルギーを充電するのがホールドだ。放電するためのものではない。疲れるまでやらず、気分が活気づいたら終了だ。強くプッシュしすぎると痛みが残り、トリフェクタをやる回数が少なくなる。また、簡単にできるバージョンを選ぶことも大切だ。困難さを目指すスピリットは筋力トレーニングのために残しておく。トリフェクタに「うまくできない」はない。

### 時間

　どれくらい長くホールドするかは、その時の筋力、コンディション、関節可動性による。ただし、2秒以下では〝ホールド〟にならない。ホールドを繰り返し試し、疲れることなく、体がリフレッシュされて活気づく秒数を探す。経験的には、セッションあたり少なくとも20秒。その長さを数回に分割してもいい。たとえば以下のような具合に。

・4秒間ホールドを5セット
・5秒間ホールドを4セット
・10秒間ホールドを1セット ＋ 5秒間ホールドを2セット

・10間秒ホールドを2セット

　ここまでの説明を念頭に置き、簡単なホールドから始めてほしい。

### 頻度
　関節の調子がよければ、週2回のトリフェクタを筋力トレーニングのおまけにする。長期にわたってトリフェクタをやる場合は、週3～4回、筋力トレーニングがない日にやる。曲がった体を本気で伸ばしたい、動きが悪くなった体を改善したい、古傷を癒したい場合は、毎日やってもいい。1日に何回もやっていると中毒になっていくが、健康に向かう中毒だから心配はいらない。毎日、複数セッションやるプログラムを組んでもいい。その時はプログラムに固執せず、のびのびやること。

### 即興セッション
　体のどこかに硬さを感じたら即興的にホールドするといい。背中が硬いと感じたら軽くLホールドする。肩が固まったらツイストする。それだけで、ずいぶん気分がよくなるだろう。毎日、複数回やるホールドは、デスクワークに縛られていたり、テレビの前で座りっぱなしになっていたりする生活のライフセーバーになる。

### 統合ワークアウト
　わざわざ時間を取って関節トレーニングをやりたくない、でも、関節可動性は高めたいと考えるトレーニーもいるだろう。その場合は、普段のワークアウトにトリフェクタを統合すればいい。ウォーミングアップセットにすると、トリフェクタはいい仕事をする。ワークアウト後のトリフェクタは、治癒的な意味を持つ、もう少し高度な使い方になる。

### 順番
　3つのチェーンのうちのひとつが痛い、あるいは硬くなっている場合は、そこをストレッチする前に収縮させる。たとえば、ブリッジは背中を収縮させる。Lホールドは背中をストレッチする。背中が少し硬いなと感じたら、

最初にブリッジすれば脊椎筋が温まって背中がほぐれる。その後であれば、無理なくLホールドできるようになる。

## その先？

わたしは極端な柔軟性を信じない。サーカスで演じられる超人のような収縮力が、筋力を高めたり、関節を強くしたり、運動能力を向上させたりする保証はない。しかし、常軌を逸した柔軟性が筋肉を弛緩させ、ケガをしやすくする証拠は山ほどある。ブリッジホールド、Lホールド、フル・ツイストができるようになると、機能的に最適化された関節可動域が手に入る。ホールドにも極端なバージョンがあるが、それらは必要ない。関節可動性トレーニングはパワーリフティングではない。〝もっと〟を求めるものではない。

## LIGHTS OUT!
## 消灯！

トリフェクタを始める準備はもうできている。痛むことなく、自由に動く関節を手に入れる（あるいは取り戻す）ためのステップが、この先の3つの章の中にある。自分のレベルに合った無理なくできるホールドを各々の中から見つけ、実行するだけだ。

待つ必要はない。今すぐ始めて、豹のしなやかさに近づいていけ。

# ザ・ブリッジホールド・シリーズ
## THE BRIDGE HOLD PROGRESSIONS

### THE ULTIMATE PREHAB/REHAB TECHNIQUE
### 究極のケガ予防・リハビリ技術

　強い関節と腱をつくるやり方を尋ねられた時は、いつも「しなやかな筋力」を開発する方法について話をする。キャリステニクスには、肘、膝、手首などに「筋緊張させた時の柔軟性」を備えさせるエクササイズがある。しかし、まずは脊柱から始めなさい、とアドバイスするのが常だ。

　脊柱は、身体構造の深いところにあるセンターラインだ。自動車でいえばユニバーサルジョイント、建物でいえば耐荷重桁だ。このセンターラインがわずかにずれただけで、自動的に体全体の対称性が崩れる。股関節、肩、四肢だけでなく、指やつま先までが非対称になる。これは、1960年代にヒッピーが火を点けた「健康」や「健やかで満ち足りた状態」にかかわる話ではない。アスリートが、パワー、筋力、関節が強い体をつくれるかどうかを左右する話になる。筋骨格システムは脊柱を中心につくられている。脊柱が弱くて整列していないと、残りの関節が強くなることはない。また、ほどなくして痛み出す。可能性ではなく、そうなる運命が待っている。

　関節の弱さや痛みを抱える人の苦情リストの先頭にくるのが、背中のトラブルだ。最近の研究によると、背中に何らかの問題を抱えるアメリカ人は

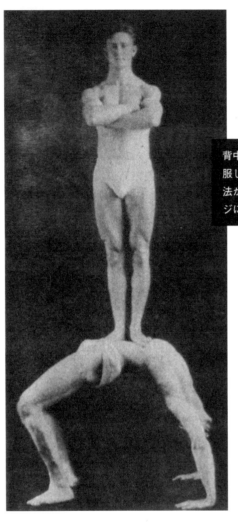

80％にも達する。高齢者や病人を対象にした統計ではなく、普通の人たちを対象にした統計だ。背中の痛みと機能不良の最大の原因が何か、わかるだろう

> 背中の痛みの原因となる深層筋の弱さを克服し、生涯にわたってそれと決別する治療法がある。ブリッジだ。前作でも、ブリッジについて1章を費やしている。

か？ それは、脊柱まわりにある深層筋の弱さだ。ここが弱くなると、脊柱を構成する脊椎の整列が乱れる。つまり、ずれやすくなる。負荷（たとえ重力であっても）がかかると、不快な位置に引っ張られ、悪い姿勢につながっていく。最終的に、椎間板が弱い位置に〝固定〟され、歩く時に片方に傾く姿勢になったり、体の歪みにつながったりする。行き着く先が、痛み、ヘルニア、動かない体だ。運動することなどできなくなる。アレクサンダー・テクニック、フェルデンクライス・メソッド、ピラティスのような疼痛緩和療法が、姿勢を正し、脊柱を強くしようとする理由は、ここにある。脊柱周りにある深層筋を鍛えることが背中の痛みを和らげ、機能を回復させる唯一の方法なのだ。医者に痛みを訴えると、何らかの痛み止めが出るだろう。しかし、それは症状を一時的に隠すだけのものだ。

体深くにある脊柱周りの筋肉は、健康的な強さを手に入れるという意味で、胸筋や上腕二頭筋の100倍も重要なものになる。現代のアスリートはこれらの筋肉を無視するが、前世代のアスリートは、背中がパワフルであることを誇りにしたものだ。

## ISOMETRIC VS DYNAMIC BRIDGING
## アイソメトリックブリッジ VS ダイナミックブリッジ

前作では、ダイナミックブリッジに焦点を当てている。ダイナミックブリッジとは、体を上下に動作させるタイプのブリッジで、プッシュアップやスクワットと同じ動的キャリステニクスだ。監獄内でダイナミックブリッジが一般的なのは、筋肉、筋持久力、関節の強さをまとめて手に入れる方法になるからだ。しかし、脊柱を整列させ、関節を強くし、椎間板をリフレッシュさせることが目的なら、レップス数を増やすために自分の尻を叩く必要はない。体を持ち上げ、トップポジションでホールドするアイソメトリックブリッジをやるだけでいい。これなら関節に利益をもたらしつつ、体を疲れさせることがないため、頻繁にできる。回数多くやれば、しなやかな強さが速く備わる。関節にちょくちょく〝油を差す〟ことにもつながる。

## EVOLVING YOUR BRIDGING
## ブリッジを進化させる

ねじで締め上げたように硬い男も、少しトレーニングすればブリッジホールドできるようになる。長い時間はかからない。しかし、ゆっくりスタートする必要がある。次からの数ページで、完璧なブリッジホールドができるようになるまでの4ステップを概説する。コンビクト・コンディショニング・システムに慣れ親しんでいれば、漸進的なシリーズの背景にある理論はわかっているはずだ。

関節を健康にするためのブリッジホールドが、筋力や筋持久力をつけるためのビッグ6のブリッジと異なるものであることを忘れないでほしい。

・1セッション20秒間のブリッジホールドを目指す（複数セットに分割することが

できる)。
・難しいブリッジにトライするのではなく、完璧にできるブリッジを選ぶ。
・痛くなったり〝失敗〟したりするほど体をプッシュしない。
・関節に〝油を差す〟ブリッジは、エネルギーを消耗するものではなく、充電するものである。
・動きやすい体を維持するには頻繁にやる方がいい。しかし、筋肉を壊すほど夢中になるな。

これ以上言うことはない。先に進もう。

# STEP 1

## ショート・ブリッジホールド

### やり方

　床面に仰向けになり、両足を尻から15～20センチ離したところに平らに置く。これがスタートポジションになる。足を押して股関節と背中を持ち上げ、足と肩だけで体重を支える。この時点で、太ももと体幹が直線を描くようにする。これがホールドポジションだ（写真参照）。できるだけスムーズに呼吸しながら、目標とする時間、このポジションを保つ。動作をゆっくり反転し、スタートポジションに戻る。

### 説明

　股関節と脊椎骨への〝注油〟を開始する。膝が曲がっているので、背中にストレスがあまりかからない形でフロントチェーンをストレッチできる。このホールドから始めれば、脊柱に沿って走る整列筋の調子が整っていき、硬くなっている腹筋が少しずつ柔軟になっていく。膝（これも滑膜関節）のトラブルも少しずつ改善される。関節トレーニングを始めるに当たっての完璧なスタートが切れる。

足を押して股関節と背中を持ち上げ、足と肩だけで体重を支える。この時点で、太ももと体幹が直線を描くようにする。これがホールドポジションだ。

# STEP 2

# ストレート・ブリッジホールド

### やり方

　脚を体の前にまっすぐ伸ばしながら、上半身を立てて床面に座る。肩幅に足を開く。股関節の両脇に手のひらを置く。両手を押し、同時に、脚と胴部が一直線になるまで股関節を持ち上げる。顎を上に向けて天井を見る。これがホールドポジションになる（写真参照）。できるだけスムーズな呼吸を心がけながら、このポジションを保つ。動作をゆっくりと反転させ、スタートポジションに戻る。

### 説明

　ストレート・ブリッジホールドでは、上肢と下肢が支柱として機能する。そのため、肩の後ろにある深層筋に負荷をかけながら、肩の前部と胸にある筋肉を穏やかにストレッチすることになる。脚をまっすぐ伸ばすことで、大腿二頭筋が活性化し、膝の後ろにある腱に「しなやかな筋力」をもたらす。脚をまっすぐにする姿勢が、ミッドセクションを動作させ、股関節の屈筋群をほぐす。筋力が強いアスリートの場合、ここがとても硬くなっている場合がある。

両手を押し、同時に、脚と胴部が一直線になるまで股関節を持ち上げる。顎を上に向けて天井を見る。

# STEP 3

# アングルド・ブリッジホールド

### やり方

　監獄でアングルド・ブリッジホールドをやる時は寝台を使うが、写真を参考に、同じような高さの対象物を見つけてほしい。股関節を外す形で対象物のふちに仰向けになる。床面に足を平らにつけ、肩幅に開く。指を足の方向に向けながら、手を頭の両側に置く。手を押して股関節を持ち上げ、頭と体が寝台から完全に離れるようアーチをかける。後ろの壁を見る。これがホールドポジションになる（写真参照）。できるだけスムーズに呼吸しながら、このポジションを保つ。動作をゆっくりと反転し、スタートポジションに戻る。

### 説明

　バックチェーンを収縮させながらフロントチェーンをストレッチするホールドであることに変わりはない。しかし、このブリッジから上半身の関節に利益をもたらし始める。「頭の両側に両手を置く」という姿勢が胸郭を開き、硬くなっているローテーターカフをほぐしていく。また、軽い負荷がかかりながらストレッチされる手首と肘に「しなやかな筋力」が備わり始める。

指を足の方向に向けながら、手を頭の両側に置く。手を押して股関節を持ち上げ、頭と体が寝台から完全に離れるようアーチをかける。

# STEP 4

## ヘッド・ブリッジホールド

### やり方

仰向けになる。両足を肩幅に開き、尻から15〜20センチのところにある床面に平らにつける。肘を上に向け、指先を足の方向に向けて、手を頭の両脇に置く。股関節をできるだけ高く押し上げ、床面から体を離す。頭頂部が床面に触れるまで、頭を地に接触させたまま後方に旋回させる。腕を使って体を押し上げ続けることを忘れない——つまり、頭は床面に乗っているだけになる。これがホールドポジションになる（写真参照）。ホールド中の呼吸はスムーズに。体をやさしく下ろす。

### 説明

ヘッド・ブリッジは、前作で詳述したハーフ・ブリッジの動作とは異なっている。レスラーブリッジ（第10章参照）と同じように頭をレバーのように使ってほしいのだが、支えにはしない。床面に頭が接触しているので、ローテーターカフにかかる負荷が、完全なブリッジホールドよりも小さい。ステップ4は、完全なブリッジホールドへの移行エクササイズになる。

肘を上に向け、指先を足の方向に向けて、手を頭の両脇に置く。股関節をできるだけ高く押し上げ、床面から体を離す。

# STEP 5

## ブリッジホールド

### やり方

　仰向けになる。両足を肩幅に開き、尻から15～20センチのところにある床面につける。肘を上に向け、指先を足の方向に向ける形で、手を頭の両脇に置く。股関節を押し上げて床面から体を離す。背後にある壁が見えるよう、腕の間にある頭を後ろにそらす。背中でつくるアーチができるだけ高くなるように腕と脚を押し続け、体を緊張させてアーチを完成する。これがホールドポジションになる（写真参照）。できるだけスムーズな呼吸を心がけながら、このポジションを目標とする時間保つ。動作をゆっくりと反転させて体を下ろす。

股関節を押し上げて床面から体を離す。背後にある壁が見えるよう、腕の間にある頭を後ろにそらす。

背中でつくるアーチができるだけ高くなるよう腕と脚を押し続け、体を緊張させてアーチを完成する。

## 関節を"防弾"する効果

ブリッジホールドには多くの利点がある。いくつか挙げよう。

- 脊椎筋の深層部に働きかけてバックチェーンを強くする。脊椎を正しく整列させ、それを維持するだけでなく、背中全体を鎧のようにする。背中の古傷を癒やし、背中にケガをするリスクが減る。
- フロントチェーン全体を対象にした能動的ストレッチになる。硬くなった股関節屈筋をほぐして動くようにし、胃、太ももや膝にある「結節」を改善する。
- ハイキックのトレーニングをする格闘家の多くは、前方に体を曲げるストレッチばかりやっている。背中は柔軟になるが、体の前は硬いままだ。ブリッジをやれば、後方に体が曲がる。前と後ろがバランスし、不均衡だった前後の柔軟性が解消する。
- ブリッジをやると肩が後方に回旋し、肩の中にあるローテーターカフが鍛えられる。直線的な軌道を描くウエイトリフティングでは、これが起こらない。
- 肩帯内にある筋肉や結合組織は、血液循環が悪くなりやすい。この部分のケガが治りにくいのは、そのためだ。ブリッジホールドすれば、その都度、新鮮な血液が肩帯内に注入される。日に何回かやれば、1日を通して血液循環が増えるので、治癒までの時間を短くできる。
- ブリッジしている時の腕は、負荷がかかりながらストレッチしている。そのため肘と手首に、筋緊張させた時の柔軟性が備わっていく。この「しなやかな筋力」は、筋力トレーニングをやる時や日々の活動の助けになる。テニス肘、ゴルファー肘、手根管になるリスクも低くなる。
- 過度のベンチプレスで起こる肩のすぼまりに悩んでいるボディビルダーは多い。ブリッジホールドすれば、胸筋を正常な位置へ引き戻すことができる。姿勢が改善され、胸郭が拡張され、肺容量が増える。

## GOING BEYOND?
## その先へ?

ブリッジを習得したアスリートの多くが、その先どこへ向かっていいか迷う。答えは、そこにいろ、だ。かかとが頭蓋骨に触れるような極端な後方屈曲エクササイズもあるが、そういったエクササイズは関節を健康にするどころか、体が弛緩しやすくなってケガをするリスクが高まる。

完璧なブリッジにお目にかかることは少ない。理想的なブリッジでは、腕と脚がまっすぐになる。ヨガの専門家やプロのダンサー以外には持っている人が少ない、筋力と結合組織のしなやかさが必要になる。完璧にブリッジ

ホールドしている時は、脊柱が後方への理想的な関節可動域内に収まっている。だから、それ以上プッシュする必要はない。脊柱の機能性という意味では、完璧なブリッジホールドが〝山頂〟になる。

## LIGHTS OUT!
## 消灯!

　ブリッジホールドが脊柱を防弾する。他のトレーニング法では届かない脊柱まわりの整列筋を強くするからだ。ゆっくり、気軽に、そして頻繁に練習することが、関節に栄養を与え、軟骨に油を差す。体をいたわることが、強さに変わっていくのだ。

　ハードな筋力トレーニングと、健康と機能性を維持するための関節トレーニングは違う。スタンド・ツー・スタンド・ブリッジのような高度なダイナミックブリッジは、脊柱や体幹にかかわる筋肉に強力に働きかける。筋力のために背中を鍛えるなら、前作で紹介したダイナミックブリッジを週に1～2セッションやる。関節に焦点を当ててチューンナップしたい時は、もっと頻繁にやるブリッジホールドが役に立つ。もちろん、両方やるのがベスト！

# CHAPTER 16

## ザ・Lホールド・シリーズ
### THE L-HOLD PROGRESSIONS

**CURE BAD HIPS AND LOW BACK - INSIDE-OUT**
## 深層筋を鍛え、股関節と下背部を治癒する

　股関節と下背部もアスリートがトラブルを抱えやすい領域だ。だが、そのあたりの筋肉で現代アスリートが気にかけるのはシックスパック（腹直筋）しかない。体の深いところにある、腰筋、臀部屈筋、腸骨筋、横筋などの整列筋を意識している者は、どの程度いるだろうか？　筋力や体の機能性という意味で、整列筋はシックスパックよりはるかに大切なものになる。それに、シックスパックなどの表層筋は、深いところにある整列筋に助けられて成長する。整列筋は、体を動作させる1回1回にかかわってくる。年を取って、腱炎、坐骨神経痛、変形性関節症などのトラブルに見舞われる人が多いのは、整列筋が弱くなるからだ。体幹と股関節を整列させる筋肉を整えない限り、強く健康的な下半身をつくることはできない。

　昔の体育家は整列筋の役割を知っていた。だから、そこを鍛えた。外から見える筋肉を重要視するようになった西洋では、その大切さが忘れ去られたが、東洋には今もその伝統が受け継がれている。カンフーの大家の動作を観察すると、彼らが体の中心で呼吸し、そこから動作を起こしていく様子が見て取れる。この考え方に精通していたブルース・リーは、同時代のマッスルマンのように大きな腕から強さが生まれるとは思っていなかった。ブルース

が熱心に整列筋（股関節、ミッドセクション、脊柱）をトレーニングしたのは、パワーと機能性が腹部の奥から生まれることを知っていたからだ。日本の武道にも同じ原則がある。そのため合気道や古流柔術を学ぶ西洋人も、体の奥にある〝中心〟――丹田や腹――を知るようになる。

日本では、戦闘システム全体がこの概念に基づいていた。それが、がっしりとした体を持つ強靭な男たちをつくる礎になった。だが、この概念は、西洋人が考えているほど神秘的なものではない。〝強さ〟は体の中心から外側へと移動する。その真実を日本の武道家たちが理解していただけの話だ。そのため、腹部に魂を置いた。これが、サムライが自身を破壊する時、腹部を突き切る理由になっている。日本では、この行為を「腹切り」と呼んでいる。

強くなるには、体幹や脚を安定させる筋肉や腱が必要だ。それは、クランチ、分離エクササイズ、マシンワークではつくれない。脚を持ち上げてホールドするような能動的ストレッチでなければダメだ。腹部がどれほど〝セクシー〟に見えるか？ そんなことはどうでもいい。頭上にあるバーからぶら下がり、水平方向に脚をロックできなかったら、腹部や股関節の深層筋が弱い証拠になる。そのアスリートは、何かをやる必要がある。

## HANGING LEG RAISES VS L-HOLDS
### ハンギング・レッグレイズ VS Lホールド

ビッグ6のハンギング・レッグレイズは、股関節や腹部の奥にある深層筋を鍛える理想的なエクササイズになる。しかし、求められるエネルギーが大きい。滑膜関節には定期的な〝注油〟が必要なので、疲れ切るようなエクササイズでは用をなさない。腹部や股関節を最高の状態に持っていくには、筋力とスタミナをつくるためにハンギング・レッグレイズを少なめにやり、そこに関節トレーニングとしてのLホールドを多めにやるとベストだ。

Lホールドは、ルーチンに加えやすい手軽なエクササイズになる。トップポジションでのホールドが深層筋をハードに収縮させ、脊柱を伸ばす。また、ウエストの筋肉は脊柱につながっているので、フロントチェーンが強く収縮

している間、下背部が自らを安定させるために強く緊張する。それが、無理のないやり方で下背部に「しなやかな強さ」をつくっていく。筋力も高まり、ケガもしなくなる。ぶら下がってLホールドすることもできるが、ぶら下がる場所を見つけなければならない。頻繁にやるなら、水平バーがなくてもできる床面を使うスタイルの方がいい。

## EVOLVING YOUR LEG RAISE HOLDS
## Lホールドを進歩させる

トリフェクタは、筋力の離れ業といった客観的な結果を生み出すためのものではない。あまり意識したことがない関節を〝感じ〟ながら、その関節の状態に応じる主観的な能力を育むものになる。実際にLホールドを始める時も、自分に合っていると〝感じる〟エクササイズを選ぶことが大切だ。あるステップが次のステップの踏み石ではない、ということだ。楽にできるようになって、ホールドしている感じがしなくなったら、次のバリエーションを試す。

20秒間のホールドができれば（いくつかのセットに分けてもいい）、ストレッチするのと、関節に油を差すのに十分な時間になる。次のステップに早く進みたいなら、より長い秒数やより多くのセットを追加すればいい。しかし、そのスタイルを取るなら、小技であるLホールドに熱中する必要はない。ハンギング・レッグレイズに時間を捧げた方が賢い選択になる。

# STEP 1

## ベント・レッグホールド

### やり方

　肘掛けがついた頑丈な椅子を用意する。まっすぐ伸ばした（または、わずかに曲げた）腕で肘掛けを握る。上半身をぴんと張って、膝を上げる。トップポジションで、太ももが少なくとも床面と平行になるようにする（写真参照）。練習を積むとホールドが楽になっていくので、膝を高く上げていく。その方が能動的ストレッチとして好ましい。最終的には、胸の近くまで膝を引っ張り上げることができるようになる（タック・ホールド）。脚と足を揃え続ける。普段通りの呼吸を心がける。

### 説明

　ほとんどのアスリートは、床面に下背部をつけるクランチで〝腹筋〟をトレーニングしてきた。そうすれば、股関節と下背部が動作から外れると言われてきたからだ。腹部、股関節、下背部の筋肉は統合して機能するよう設計されているので、このやり方では身体的な不均衡を生むだけだ。ベント・レッグホールドは、クランチをやり過ぎてきた者にとっての優れた矯正運動になる。まず、刺激が届いていなかった整列筋を強くする。さらに、体幹を安定させるために筋緊張させながらストレッチするので、腰部筋肉に「しなやかな筋力」もついてくるだろう。

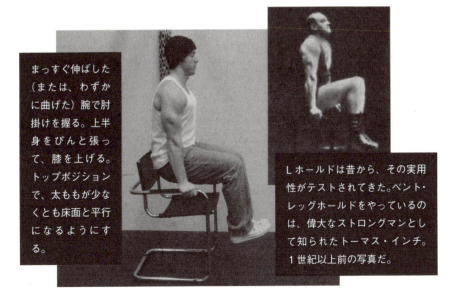

まっすぐ伸ばした（または、わずかに曲げた）腕で肘掛けを握る。上半身をぴんと張って、膝を上げる。トップポジションで、太ももが少なくとも床面と平行になるようにする。

Lホールドは昔から、その実用性がテストされてきた。ベント・レッグホールドをやっているのは、偉大なストロングマンとして知られたトーマス・インチ。1世紀以上前の写真だ。

CHAPTER 16　ザ・Lホールド・シリーズ

# ストレート・レッグホールド

**やり方**

ステップ1で使った椅子やベースを使う。まっすぐ伸ばした（または、わずかに曲げた）腕で肘掛けを握る。上半身をぴんと張り、膝を上げる。トップポジションでは、太ももが少なくとも床面と平行になる（ベント・レッグホールドになる）。ここから、脚を伸ばしてまっすぐロックする。足が落ちて、斜めになるかもしれない（写真参照）。それでもいい。ただし、脚はロックし続ける。脚と足を揃え続ける。普段通りの呼吸を心がけること。

**説明**

背中とミッドセクションがベント・レッグホールドに慣れたら、脚を伸ばす段階に入る。ストレート・レッグホールドの目的は、脚を伸ばすことにある。バックチェーンの筋肉は相互に連結している。脚をロックすることでハムストリングスがストレッチされ、下背部やウエストのストレッチ度が大きくなる。下背部やウエストに「しなやかな筋力」がついていき、股関節の筋肉を強くする。ハードさが増す次のホールドの準備になる。

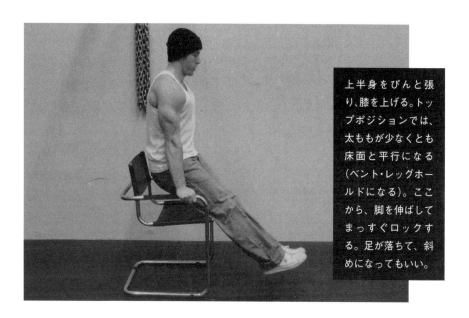

上半身をぴんと張り、膝を上げる。トップポジションでは、太ももが少なくとも床面と平行になる（ベント・レッグホールドになる）。ここから、脚を伸ばしてまっすぐロックする。足が落ちて、斜めになってもいい。

# STEP 3

## Nホールド

### やり方

この技術にはいろいろな呼び名があるが、監獄ではNホールドと呼ばれていた（Lホールドでは体が「L」の形になるが、ここでは「N」を逆さにしたような形になる）。床面に座り、股関節の横に手を置く。脚を揃え、よく曲げる。体全体をぴんと張って腕をまっすぐ伸ばし、床面から尻と足が離れるまで伸ばす。床面には、平らにした手のひらだけが触れている（写真参照）。難しい場合は、各々の手のひらの下に本を何冊か置くと簡単になる。できるようになったら、本の代わりに拳を使い、これもできるようになったら手のひらでやってみる。

### 説明

ベント・レッグホールドとあまり変わらないように見えるが、床面から体を持ち上げるワークは別レベルの能力が問われるものになる。体幹が懸命に働かない限り、手のひらの位置より上に股関節を引っ張り上げ、床面から足と尻を離し続けることはできない。難しいエクササイズだが、見返りは大きい。体幹にある筋肉がハードに収縮すればするほど、筋緊張させた時の柔軟性が脊柱に備わっていくからだ。それは、体感できるほどのものになる。

脚を揃え、よく曲げる。体全体をぴんと張って腕をまっすぐ伸ばし、床面から尻と足が離れるまで伸ばす。床面には、平らにした手のひらだけが触れている。

# STEP 4

## アンイーブン・Nホールド

### やり方

床面に座ってNホールドに入る（225ページ参照）。ホールドできたら、片方の脚をできる限りまっすぐに伸ばす。片方の脚は曲げたまま、伸ばした脚をまっすぐロックしてホールドする。下半身はどこも床面に触れないようにする（写真参照）。伸ばした脚をゆっくり曲げていき、曲げていた脚を伸ばして、同じ時間ホールドする。このポジションが無理なくできるようになると、曲げている方の脚も少しずつ伸ばせるようになる。この過渡的な試みが完全なLホールドにつながっていく。

### 説明

アンイーブン・Nホールドは、Nホールドから完全なLホールドに移っていくための、ゆるやかなエクササイズだ。片方の脚をまっすぐ伸ばすと、股関節屈筋へのレバレッジと筋力への要求が高まる。同時に、ハムストリングスと下背部をストレッチする。十分な時間をかけてステップ2のストレート・レッグホールドをやっていれば、問題なくできるだろう。

伸ばした脚をゆっくり曲げていき、曲げていた脚を伸ばして、同じ時間ホールドする。このポジションが無理なくできるようになると、曲げている方の脚も少しずつ伸ばせるようになる。

# STEP 5

## Lホールド

### やり方

　両手を股関節の横に置いて床面に腰を下ろす。脚を揃え、つま先で前方を指しながらまっすぐロックアウトする。腕をまっすぐ押し伸ばし、全身をぴんと張って、床面から尻と脚を離す。平らにした手のひらだけが床面に接触している。脚は最低でも床面と平行にする（写真参照）。手のひらの下に本を置いたり、拳をつくって床面を押したりすれば、ホールドが簡単になる（下写真参照）。Lホールドが軽くできるようになったら、ロックした脚をゆっくり上げていく（Vホールドになる）。普段通りの呼吸を心がけ、腹部をしっかり締める。

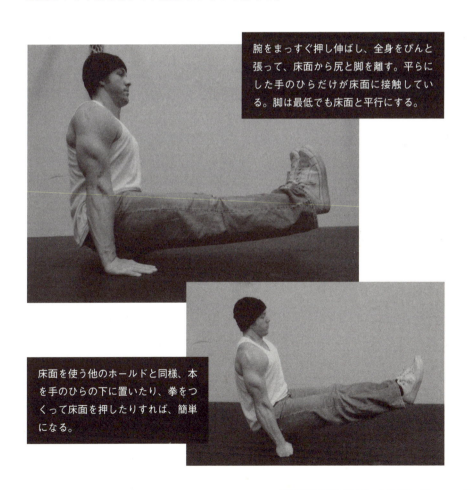

腕をまっすぐ押し伸ばし、全身をぴんと張って、床面から尻と脚を離す。平らにした手のひらだけが床面に接触している。脚は最低でも床面と平行にする。

床面を使う他のホールドと同様、本を手のひらの下に置いたり、拳をつくって床面を押したりすれば、簡単になる。

## 関節を〝防弾〟する効果

Lホールドは、硬くなっている股関節と下背部の〝トラブルスポット〟に可動性と統一性をもたらす。

- 無理に体を前に曲げてバックチェーンをストレッチするアスリートが多い。筋肉の収縮を利用してバックチェーンをストレッチするLホールドなら、無理をすることなく、自分でコントロールできる柔軟性、つまり、機能的な関節可動域を得ることができる。
- Lホールドがつくる関節可動域は、実用的で、健康的なものになる。下半身が安定するので、ケガをしにくい力強い動作パターンが可能になる。
- 股関節を安定させるため、Lホールド中の下背部は、ストレッチしながら筋緊張し続けなければならない。「しなやかな筋力」を下背部に備えさせるベストエクササイズになる。
- 下背部に「しなやかな筋力」がつくと、何かを持ち上げた時の急なケガが起こりにくくなる。ケガを撥ね返す防弾された背中を望まないアスリートがいるだろうか？ リフターの助けにもなるだろう。
- 股関節の深層筋に張力をもたらす。股関節の周囲にある筋肉を強くし、慢性的な痛みを減らす。股関節にケガをするリスクも小さくなる。
- 腰椎の椎骨間を開けるエクササイズになる。滑液を循環させて腰椎に栄養を与え、油を差す。
- ハンギング・レッグレイズも同じだが、レッグレイズをやる時は、スムーズな呼吸を心がけ、腹をしっかりと背方向にたくし込む。腹横筋を強くし、ヘルニアになる可能性を減らし、たるんでいる腸をもとの位置に戻すことができる。
- 下背部への血流がよくなる。炎症組織、古傷、さらには傷めた椎間板の修復につながっていく。
- たびたびやれば、股関節にある癒着や硬さが解消され、脚が軽くなる。硬直した椎骨や、若い頃に癒着した椎骨を解放する。

## GOING BEYOND?
## その先へ？

先に示したように、Lホールドが簡単すぎると感じる場合——それはチェーンに力がつき、能力以下でストレッチしたり収縮したりしていることを意味する——は、脚をロックしたまま、もっと高くまで吊り上げる。これがVホールドだ。

LホールドとVホールドは異なるエクササイズではない。正確に言えば、

Lホールドの延長線上にあるのがVホールドであり、技術としては同じものになる。

トリフェクタの目的は、疲弊した関節に栄養を供給し、油を差し、治癒を促すことにある。また、早発性の硬直を穏やかに伸ばしたりほぐしたりすることもできる。Vホールドができるようになれば、関節をトレーニングするという意味では、これ以上探すものはない。もっと難しいバージョンもあるが、関節や腱を健康にして「しなやかな筋力」を得るという目的からは外れていく。腹部や股関節の深層筋を防弾するための動作は、Vホールドを頂点として、すべてがここに揃っている。

# LIGHTS OUT!
# 消灯!

簡単な数学を紹介する。

**下背部の痛み＋弱い股関節＝現代アスリートの〝不幸〟**

老化や体の酷使などから起こる不幸は人生の一部と見なされる。しかし、この〝不幸〟はそれらとは違う。

ジムで誰もがやっている無限回数のクランチといった腹部トレーニングは、背中の痛みや脊柱の不快感を招くことが少なくない。背中を痛くするために、なぜ腹部を動作させなければいけないのか？

腹部を分離して鍛えることが背中の痛みにつながる。ピラティスでは、〝コア〟を鍛えるためにちょっと変わったタイプのレッグレイズをやる。タイガー・ウッズ、パット・キャッシュ、カート・シリングのようなプロアスリートが、レッグレイズをやることで〝発見〟したものは？ それは、しつこい背中の痛みが消えたことだ。彼らは、即座にクランチをやめた。腹部と背中

をレッグレイズで鍛え始め、股関節を強くて機能的なものに、背中全体を健康的なものに戻すことができた。

　同じ結果を得るために、ピラティスのような複雑なシステムに時間を費やす必要はない。有効成分に満ちたLホールドをやればいいだけだ。

# CHAPTER 17

## ツイストホールド・シリーズ
### TWIST PROGRESSIONS

**UNLEASH YOUR FUNCTIONAL TRIAD**
**自由に動く機能的三対称軸をつくる**

　パワフルで強い関節がほしいなら、腕と脚をトレーニングしているだけではダメだ。関節を正しい位置に収める整列筋を鍛え、体全体を整列させる。そうすることで、強く機能的な動作を内から外へと放射できるようになる。この強くて機能的な動作を生むのが、体幹――特に、脊柱、股関節帯、肩帯――だ。この3つの領域が弱ければ、どこにどれだけ強い筋肉を詰め込んでも意味がなくなる。

　ボディビルダーが理解していないのがここだ。筋肉に覆われた腕や厚くて太い脚をつくるためにトレーニングすることが、慢性・急性のケガにつながる理由をわかっていない。それは、表在筋（見せる筋肉）ばかりに焦点を当てているからだ。それでいて、体の深いところにある整列筋は、弱くなったり硬くなったりするに任せている。筋骨格系全体を維持しているのは整列筋だ。ビルでいえば基礎に当たる。弱い深層筋の上に巨大な表在筋を育てることは、荒れてぬかるんだ土地の上に摩天楼を建てるのと同じことになる。トラブルが起こらないわけがないだろう？

## ERASE DEEP SHOULDER PAIN AND WEAKNESS
## 肩の奥深くにある痛みと弱さを消す

　歪んだ脊柱はブリッジホールドで、歪んだ股関節はLホールドで正しい位置に戻して防弾する。さらに鍛えたいのが、肩帯だ。肩帯の〝深いところ〟にある整列筋は、リフターをはじめとする筋力系のアスリートにとって非常に大切なところだが、ここもあまり顧みられることがない。ほとんどのリフターは、胸筋、広背筋、三角筋、肩のまわりに肉の塊を詰め込むことに夢中で、ローテーターカフ（回旋筋腱板）などの深層筋はまったくトレーニングしていない。か弱いローテーターカフを能動的ストレッチで助けてやらない限り、肩の痛みにいらだつことになるだろう。それは、肩が凍りつき、目に見えない亡霊の攻撃にギブアップする日まで続く。長くウエイトを挙げているリフターと話をすると〝奇怪〟な肩の痛みにどれだけ悩んでいるかを教えてくれる。肩に何らかの〝事故〟があったわけではない。とてつもないプレス強度と弱くて硬いローテーターカフが組み合わされば、肩の損傷は避けられない。能動的な柔軟性を理解するアスリートは少ないし、肩帯に能動的ストレッチを施す方法を知る者は皆無に近いだろう。ローテーターカフを鍛えようとする者がいたとしても、他の筋肉と同じように扱うのが常だ。ベビーダンベルや低強度の弾性ケーブルを使った繰り返し運動だ。しかし重さが同じでは、無限回のレップを繰り返しても深層筋は強くならない。実際には、時間の経過とともに痛みが増していくことになる。

　ローテーターカフをトレーニングするなら、これも自重力に頼った方がいい。ツイストすれば、ローテーターカフに無理のないストレッチが施され、そこにある硬さをほぐす。「しなやかな筋力」も備わっていく。ツイストをどうやるか正しく学びさえすれば、肩のトラブルとサヨナラできる。

## THE BIG SEVEN?
## ビッグ7?

　コンビクト・コンディショニング・システムとして「ビッグ6」を設定した時、そこにツイストを加える寸前だったことを、ここで白状する。わたしがどれほどツイストを尊重しているか、これでわかってもらえるだろう。正

しくやれば、ツイストは背中にとってすばらしいエクササイズになる。体幹と胴部の柔軟性を意識するアスリートは少ないが、ツイストがそこを柔軟にする。肩の痛みを減らすという意味で、ツイストは、魔法的ともいえる力を持っている。さらに、ビッグ6に多くは含めなかったラテラルチェーンを強くするものにもなる。

結局、わたしはツイストを追加しなかった。本質的に筋力エクササイズではないし、もっと古い時代からあるビッグ6に加えるには違和感があったからだ。しかし、だからといってツイストを尊重する気持ちに変わりはない。

## LET'S TWIST AGAIN
## 昔に戻ってツイストを

ビッグ6をベースにしたトレーニングをやっていれば、あなたの関節は、ダイナミックブリッジのブリッジホールドと、レッグレイズのLホールドから、いくらかの利益を得ている。そのため、関節の健康と可動性に特化した「トリフェクタ」のようなプログラムには必要性を感じないかもしれない。たとえそうだとしても、ツイストだけは加えるべきだ。

週に2回で十分。3回だともっといい。ワークアウトに加えてやってもいいし、別の日にやってもいい。とにかくやれ。ツイストが体にもたらすものがすばらしいからだ。脊柱を整列させ、硬くなっている背中を解放する。傷ついたローテーターカフを癒し、強くする。体の側面をストレッチして、調子を整える。無理のないやり方で、肘と前腕をストレッチすることにもなる。

後悔はさせない。どうやるかは、次のページから教えよう。

# STEP 1

## ストレートレッグ・ツイストホールド

### やり方

床面に座り、脚を揃えてまっすぐ伸ばす。片方の脚を曲げ、伸ばした方の脚の膝内側に置く。曲げた脚の足裏を床面に対して平らに保つ。曲げた脚に向かって反対側の肩をねじり、立てた膝の外側に肘を固定する。首と頭は、胴部の回転に合わせて自然に従わせる。立てた膝の側にある腕の手のひらを体の後ろに置き、その腕にしっかり体をもたせかける（写真参照）。目標とする時間その姿勢を保つ。普段通りの呼吸を心がける。反対側でも同じ時間ホールドする。

### 説明

重篤なケガや障害がなければ、誰にでもできる基本的なツイストホールドだ。どのツイストでも使う基本座位を学ぶステップになる。腕を無理のないところに置けるし、脚もまっすぐにできるので、あまり難しいものではない。一定時間この姿勢をホールドするだけで、股関節、背中全体、肩にある結節や硬さをほぐす。おまけとして、伸ばした方の腕の上腕二頭筋に柔軟性ワークを施す。このホールドは、体が死ぬほど硬いリフターにとっての恵みになるだろう。

# STEP 2

## イージー・ツイストホールド

### やり方

　床面に座って脚を伸ばす。片方の脚を曲げ、その足裏を反対側の膝の外側の床面に平らに置く。もう一方の脚を曲げ、かかとを臀部に触れさせる。脚は床面から離さない。立てた膝に向かって反対側の肩をひねり、肘を膝の外側に固定する。立てた膝の側にある手のひらを自分の後ろに置いて、その腕に体をもたせかけて安定させる。ツイストの動きに任せて首を回転させ、斜め後ろを見る（写真参照）。目標時間その姿勢を保つ。普段通りの呼吸を心がける。反対側でも同じ時間ホールドする。

### 説明

　脚を曲げ、その脚を内側に動かすと、太ももと股関節を走る筋肉（大腿四頭筋、大腿筋膜張筋、中臀筋など）がストレッチする。ラテラルチェーンにあるすべての筋肉は連結しているので（「チェーン」と呼ぶのはそのためだ）、ストレッチ度が高くなる。このストレッチで、ウエスト、脊椎上部と肩の調子がよくなるのを感じるだろう。筋力の導きに身を任せるスタイルを忘れないこと。無理強いはなしだ。

# STEP 3

## ハーフ・ツイストホールド

### やり方

　床面に座って脚を伸ばす。片方の脚を曲げ、その足裏を反対側の膝の外側の床面に平らに置く。もう一方の脚を曲げ、かかとを臀部に触れさせる。脚は床面から離さない。立てた膝に向けて反対側の肩をひねり、手をふくらはぎ外側に滑り込ませ、すねと平行に走らせる。そのまま指を足の甲に触れさせる。立てた膝の側の手のひらを自分の後ろに置いて、その腕に体をもたせかけて安定させる。首を回して後ろを見る（写真参照）。目標時間その姿勢を保つ。普段通りの呼吸を心がける。反対側でも同じ時間のホールドを行う。

### 説明

　フル・ツイストをマスターするまでの中間地点が、ここになる。スムーズに呼吸しながら10〜20秒間この状態を保てば、中間地点到達だ。脚に腕を沿わせるには、柔軟な脊柱がつくるしなやかな回転力が必要になる。首にもひねりが入っている。後ろにある手を床面から上げて胴の周りに巻けば、次のステップが予測できる。

# STEP 4

## スリークオーター・ツイストホールド

### やり方

　ハンドタオルなど足と同じくらいの長さがある対象物を用意する。脚を伸ばして床面に座り、ハーフ・ツイストホールドに入る（236ページ参照）。膝に沿わせた方の手にタオルを持つ。タオルを持った腕の肘下を背方向に押し込む。後ろから体の周りを巡らせたもう片方の手でタオルをつかむ。コツをつかむ練習が必要かもしれない。タオルをつかんだら、首を回して後ろを見る（写真参照）。目標とする時間その姿勢を保つ。普段通りの呼吸を心がける。反対側でも同じ時間のホールドを行う。

### 説明

　ステップ3までは後ろの腕が床面に触れていたが、ここでは体幹の周りに巻かれている。そのため体がより強くひねられ、肩帯とラテラルチェーンがこれまで以上にストレッチする。進歩を測るのは簡単だ。うまくツイストできるようになるにつれ、指が近づいていく。最初は不可能に感じるが、いつかは両手の指が触れる！

# STEP 5

## フル・ツイストホールド

### やり方

　床面に座り、脚を揃えて伸ばす。片方の脚を曲げ、その足裏を反対側の膝の外側の床面に平らに置く。もう一方の脚を曲げ、その脚を床面から離さないようにしながら、かかとを臀筋に触れさせる。立てた膝に向けて反対側の肩をひねり、その肩側の肘から下を背の方向へ押し込む。もう一方の手を体の後ろに巡らせ、指同士を触れさせる。指と指を引っかけるか、モンキー・グリップでつなぐ。胸を上げ、首を回して後ろを見る（写真参照）。目標とする時間その姿勢を保つ。普段通りの呼吸を心がける。反対側でもホールドを同じ時間行う。

### 説明

　このステップ5ができるようになれば、すばらしい機能的柔軟性が手に入っている。このホールドはより高度なツイストの雛型になる。そこから、指を超えるところで握り合うストレッチを目指す。しかし、1センチごとに指数関数的に達成が困難になっていくだろう。わたしは手ではなく、手首どうしをつかめるようになったが、そこまでなるには、身を入れて1年間ワークする必要があった。

## 関節を〝防弾〟する効果

ツイストは能動的ストレッチの〝究極〟ともいえるエクササイズだ。特に筋力系のアスリートに役立つ。理由は以下の通り。

- トレーニングには体を上下あるいは前後に動かすものが多い。どれだけの人が体を回転させるトレーニングをやっているだろうか？ ツイストは、ほとんどのトレーニングプログラムに欠けている〝失われたつながり〟を補い、回転にかかわる深層筋の柔軟性と筋力を高めるものになる。
- ツイストした時の上腕骨と肩ソケット（関節窩）の位置が、ローテーターカフを内からも外からもストレッチさせ、調子を整える。体の深いところまで届く刺激が肩を解放し、関節可動性を改善する。血流をよくし、治癒を促し、古傷を治し、肩の痛みを和らげる。
- フル・ツイストを定期的にやっていると、肩に沈着したカルシウムが分解する。痛む骨棘（骨の一部がトゲ状に突出したもの）を除く場合もある。
- ツイストは、内腹斜筋を安全に鍛えるベストエクササイズだ。ヒューマンフラッグのような外腹斜筋エクササイズと組み合わせると、腹斜筋プログラムとして完璧なものになる。
- 上背部の痛みに苦しんでいるアスリートは多い。肩甲骨の間にある筋肉がひどく緊張しているからだ（ローイングとカールでは助けにはならない）。ツイストは肩甲骨をほぐして自由にするが、上背部の筋肉や筋膜の深い層にある緊張を散らすものにもなる。
- 左右へ体を回転させることが内臓器官をマッサージする。各臓器を健康にし、消化の助けにもなる。
- 間違った使い方をしたり、使わな過ぎだったりすることが原因になる股関節や背中の硬さが改善される。股関節痛や腰痛の予防にも役立つ。股関節をひねることは、パンチ、キック、打撃、投げるといった動作のカギになるので、運動能力やスポーツパフォーマンスの向上につながっていく。

## GOING BEYOND?
## その先へ？

最初は、ほとんどの人がうまくツイストできない。ふだんの動作パターンと違うからだ。フル・ツイストホールドへの到達は、誰にとっても難しいものになるだろう。ボディビルダーなら……その推測はやめておこう。フル・ツイストで回転する範囲は、その人にとっての理想的な回転可動域になる。忍耐と献身さえ忘れなければ、誰もが、その可動域を知ることができる。

関節にとっての理想的な可動域は、最大可動域ではない。わたしがここで

紹介したエクササイズを超えてツイストしても、関節が健康になったり能力が向上したりすることはない。ケガをするリスクが増すだけだ。もっと高度なツイストを学びたければヨガマスターから学べばいいが、それは必要なことではない。フル・ツイストホールドができる体を少しずつつくっていき、そこで得た可動性を少なくとも週2～3回のツイストで保つ。それだけで、ラテラルチェーンの機能性を維持できる。

肩関節はボール（上腕骨）とソケット（肩関節窩）でできている。自然がそう設計したことが、腕をねじったり、回転させたりすることを可能にしている。ところが、ほとんどのエクササイズマシンは、腕を直線的に動かすものになっている。そればかりやっていれば、肩の内部構造が、硬く不均衡になるのは当然だ。自重力を使ってツイストすれば、そのダメージを和らげることができる。

## KEEP IT STRENGTH-LED
## 筋力の導きに従う

　消灯の前にもう少しヒントを。ツイストはたくさんの利益をもたらすが、正しく行うことが利益を最大化する。ツイストをやる上での最大の間違いは、無理に引っ張って伸ばすことだ。弾みをつけたり手をぐいっと引いたり

してツイストしようとする。

　これを避ける。ツイストは、筋力が導く能動的ストレッチだ。ブリッジホールドやLホールドと変わりはない。無理に伸ばしたり、体を投げ出したり、ぐいっと引っ張ったりはせず、筋力だけでツイストする。体幹にある筋肉の収縮力を使って回転させ、動作の限界で一時静止する（つまり、ホールドする）。紹介したステップのどれを使うかは、自分の回転力で決める。他の方法で決めてはならない。

　思うほどツイストできない？　それでもいい。できる範囲でワークし、無理をするな。力任せのストレッチはコントロールを手放すことになるし（それが受動的ストレッチになる）、目的を見失うことになる。すべてのトリフェクタは、動作の歪みを正し、機能的な関節可動性を得るためにある。

## LIGHTS OUT!
### 消灯!

　ラテラルチェーンにある筋肉をストレッチする人は少ない。回転運動をすることもめったにない。例外は、野球のピッチャー、ゴルファー、円盤投げや槍投げなどのアスリートだ。それらのスポーツをやれば、胴部の回転力を強くできる。しかし、こういったアスリートでさえ体が硬く、非対称的な強さを身につけている場合がある。あなたがそのひとりであれば、ツイストホールドから普通の人以上に恩恵を受けることになるだろう。

　筋力ルーチンにストレッチをひとつ加えるとしたら、それはツイストだ。わたしはずっとそう言ってきた。重量があるものを対象にする筋力ワークは胴部や肩帯に硬直をもたらす。それを和らげ、同時に下背部と股関節をほぐすからだ。老化を感じている上半身に若い頃の感覚が戻ってくるはずだ。

　1か月ほど真剣に試してほしい。失うのは痛みと、体に溜まった錆だけだ。

# PART 3

## 監房棟Gで学んだ知恵

### WISDOM FROM CELLBLOCK G

20年という長い間、監房の中でトレーニングを続けてきた。
幸運なことに、その旅の途上ですばらしい教師たちと出会い、
古くから続いてきた教えを知ることができた。
しかし、それを身につけるには、
ひとりでトライ&エラーを繰り返すしかなかった。

ケガをした時も、ほとんど自分で対処しなければならなかった。
監獄の中にある危険な誘惑から、頭の中に浮かぶ破壊的なつぶやきまで、
ひとりで立ち向かってきた。
そのため、多くのことを学ぶことになった。

キャリステニクスは、極めていくと、
プッシュアップ以上のものになる。

このセクションでは、
わたしが学んだ、セットとレップス数を超えたところにある、
アスリートの生活について伝えたい。

# CHAPTER 18

## トレーニング生活に服役する
### DOING TIME RIGHT

### LIVING THE STRAIGHT EDGE
### ストレート・エッジを歩け

　前作を含め、ここまで自重力トレーニングのエクササイズや技術について紹介してきた。正しいフォーム、ルーチンのアイデア、さらにはエクササイズを漸進的に高度化していく原則などにも、話は及んでいる。これらの要素を使えば、独自のワークアウト・プログラムをつくることができるだろう。

　しかし、理想的なプログラムさえつくれれば、強くて大きな体が手に入ると言ったら、間違った方向へとあなたを導くことになる。それは違う。ワークアウトは人生の中の小さな部分しか占めていない。毎日1時間トレーニングしたとしても――全力でやっているなら十分過ぎる時間だが――24時間のうちのおよそ4％にしかならない。本当にわずかな時間だ。

　しかし、この4％がとても大切な時間になる。そして、残りの96％をどう過ごすかが、目を瞠るような成果をもたらすか、そこそこの結果にしかならないかを左右する。1日を通してやることのすべて――何を食べ、どれくらい眠り、嗜好品として何を体に入れるか――がトレーニングに影響する。ひとつひとつの影響は小さいし、それぞれ別項目だが、何週間、何年と経つうちに合算され、倍増され、ついには大きな違いとなって現れる。わたしは

今まで何百人もの囚人アスリートを見てきたが、ライフスタイルのあり方がトレーニングの成否を分けると断言できる。ワークアウトをしていない時の生活が、だらしなく自暴的だと、理想の自分はつくれない。潜在的な能力に恵まれないアスリートが、遺伝的に優れているアスリートのはるか先まで到達する例などザラにある。遺伝的優位性だけでアスリートを判断するやつは何もわかっていないし、それがすべてを決めるなんてほざくやつは人間のクズだ。アスリートの行く末は、トレーニングを含め、生活のすべてを律していけるかどうかにかかっている。

ジムに行くと、意欲にあふれた男たちが一心不乱になってトレーニングをやっているが、トレーニングの後、夜遅くまで飲み歩くことについては何も考えていない。わたしは、外にいる生徒たちにもたくさんのルーチンを書いてきた。しかし、休息を取って体力を回復させることをおろそかにするせいで、結局プログラムをさぼり始めるトレーニーが多かった。そして、ついにはやめてしまう。監獄の中でも、能力的に恵まれたアスリートたちが自堕落な生活を送ることで、文字通り自分を破壊していく例を嫌というほど見てきた。

## DISCIPLINE UNLOCKS TALENT
## 規律が才能を解き放つ

あなたは、あなた自身のコーチだ。目の前にいるトレーニーの性根を叩き直す処方箋があるとすれば、それはひとつ——規律だ。人を矯正するための施設に収容されて学んだことがひとつあるとすれば、それは自制心を持って規則正しいライフスタイルを送る大切さだ。このことについては前作でも言及したが、大切なことなので確認しておきたい。監獄では、起きる、働く、運動する、食事する、交流する、そして、眠りにつく時間が決まっている。監獄に入ってきた新入りは、この生活スタイルを強いられるとパニックになりやすい。起きたい時に起き、見たいものを見て、好きな時にタバコを吸い、寝たい時に寝る。子どもの頃からそういった生活を送ってきた者がほとんどだからだ。彼らは、歴史上もっとも自由を与えられた世代だろう。それまで規律というものに向き合ったことがないから、パニックになるのだと思う。

ブザーの音とともに生きる。そのライフスタイルからもっとも恩恵を受けるのが、こういった男たちだ。最初はショックを受ける。しかし、それが過ぎると、監獄が自分の生活に強いてくる秩序の価値を見出していく。何らかのスケジュールや規律といったある種のパターンを生活に組み入れない限り、ゴールに達することはない。それはトレーニングに限らない。価値ある目的を達成するには、規則正しい生活が欠かせない。その大切さを読み取れる囚人になれるかどうかだ。

　この章では、ワークアウトから離れ、雑然としていてあいまいなライフスタイル——ワークアウトをやっていない時の過ごし方——について探っていきたい。自重力トレーニングという旅を続けながら、トレーニングをやっている時以外のいくつかの要因が、トレーニングプログラムにもたらす（あるいは、もたらさない）影響について調べていこう。すでに白髪が交じってきた前科者が多くの失敗から得た教訓だが、参考になるものがあるはずだ。

## REST AND SLEEP
## 休息と睡眠

　トレーニングの疲れを癒すのにもっとも大切なのが休息だ。キャリステニクスをハードにやると、筋肉や関節に微小外傷ができる。その傷から筋細胞内に毒素が流れ込み、神経系やホルモン系にいくらかのストレスがかかる。筋細胞の中にあるブドウ糖（グリコーゲン）も激減する。体には、こういったダメージのすべてを完全に修復させ、筋肉が必要とするエネルギーを補給する能力が備わっている。しかし、それには時間がかかる。その完全な回復を図るのが休息だ。

　次に満足にトレーニングできるようになるまで、つまり筋肉が完全回復するまでの時間には、個人差がある。それはトレーニングの量と強度、その人の回復能力、アスリートとしての経験によって違ってくる。同じエクササイズを週３回やっても進歩し続ける人がいるのは確かだ。しかし、同じエクササイズを次にやるまでには１週間程度、空けた方がいい。２秒、１秒、２秒、

1秒のハードかつ厳格なやり方でトレーニングする場合は、特にそうだ。

　どの程度の休息が必要かを確認する方法として、プログラムの難度を高めて観察するやり方がある。ビッグ6であれば、厳格なフォームのままレップス数を増やしてみる。あるいはステップアップする。それで疲れなければ、今の休息パターンで体力が回復している。レップス数を増やすのに苦労したり、フォームが崩れたりする場合は、セッション間での休息が十分取れていない。進歩を最大化できる休息サイクルと、できるだけ頻繁にできるトレーニングサイクル。この2つの接点を探したくなるだろう。トレーニングと休息を均衡させるこのデリケートなバランスは、知的なトレーニングを積み重ねない限り、特定できない。それがわかれば、とても効率的なトレーニングプログラムになるだろう。

　睡眠が、体を回復するための大きな要因になることは間違いない。監獄に入って初めての夜から2週間ほど、わたしは一睡もできないような夜を送ることになった。1日中、強度の不安に苛まれるため、囚人は当たり前のように悪夢を見る。夜中に叫ぶやつ、大声を張り上げるやつがそこここにいる。さらに、自分がやったことの正当性を主張しようと真夜中にしゃべり続けるやつが、各棟に必ず何人かいる。夜な夜な聞こえてくるこの騒音が、新入りだったわたしを怖がらせた。暗闇の中でこうした声を聞きながら、目を見開き、むかむかする胃をおさえて耐えるしかなかった。祈るように次の朝を待ちわびるが、次の朝が来ても何もできない自分がいた。イライラし、落ち込み、疲れ果て、おびえきっていた。満足に眠れないと、体ばかりか心までダメにしていくことを嫌というほど味わうことになった。

　監獄の夜の雰囲気に慣れ、連続8時間眠れるようになるまで、3か月はかかっただろう。このハードなトレーニングを乗り越えたせいか、今では、どこであっても、周りで何が起こっていても、よく眠ることができる。実のところ、慣れてしまえば監獄は眠るのに格好の場所だ。遅くまで起きていることができないからだ。消灯になれば電源が落ち、テレビを観るどころか、本さえ読めない。寝るだけだ。騒音に慣れてしまえば、これほど深く眠れる場

所はないだろう。

　外の世界で十分な睡眠を取ることは、とても難しい。慌ただしいライフスタイルを送っている場合は特にそうだろう。わたしができるベストアドバイスは、睡眠パターンにも規則性をもたらすことだ。監獄に入ると否応なくそうなるように、消灯時間を決めるのだ。起床時間を基に、十分な睡眠が取れる就寝時間を定める。その時間になったら、すべての誘惑を断ち切って、何が何でもベッドに入る。この睡眠パターンを繰り返せば、体がルーチンに慣れ、就寝時間になれば眠たくなる体になっていくだろう。これができれば、トレーニング上のパフォーマンスがかなり上がる。

## ACTIVITY LEVELS
## 新たな活動レベルへ順応するには

　そんなことは考えていないと思うが、監獄に入りさえすればストロングマンになれるのかというと、そんなことはない。確かに、通常のトレーニングに刑務作業が加われば、体が開発されるだろう。しかし、人々が考えるほど効果的なものにはならない。丸太小屋での労働が、カナダきってのストロングマンであるルイス・サイルをつくった。マイティ・アトムがもっとも力をつけたのは、港湾労働をやっていた時だ。重量挙げとボディビルで有名なジョン・グリメックは、製鋼所でくたくたになるほどのシフトをこなしながら強くなった。ジムに通い出したのは後のことだ。このように、肉体労働だけでストロングマンになった男は数えきれないほどいる。もちろん、さまざまな強壮剤（150ページ参照）を使ったと思うが。

　定期的にトレーニングしていて、突然、週5日、12時間シフトの肉体労働をやることになったとしよう。当初は、トレーニングに確実に悪い影響が出るだろう。セットルーチンに急激な変化が生じると、新たな運動量に慣れるまでの時間が必要になるからだ。しかし、必要なカロリーを体に与えさえすれば、短期間でエネルギーシステムが順応していく。筋力トレーニングからも再び成果を上げられるようになる。わたしたちの体には、すばらしい適応能力が隠れている。アラバマ出身の囚人仲間がいた。そいつは1本の鎖に

他の囚人たちと一緒につながれ、うだるような暑さの中で毎日働いていた。そして、休み時間になると、プッシュアップやシットアップをやっていた。カロリーを余分に取り、時間をかけて新しい活動レベルに順応していけば、こういったことが可能になる。

## STRESS
## ストレスとは何か

　疲れてくると、誰もが「ストレス」を口にする。さらに、自分がどれほどストレスを感じているか、臆面もなくさらけ出す。暴食はストレスのせい。病気もそう。ストレスで押しつぶされそう。ストレスで病気になったと言って仕事まで休む。どれもこれも、ニューエイジ世代の戯言だ。

　この手のことを言う囚人はいない。そんなことを口にすれば、即座に標的になるからだ。ストレスは弱さであり、監獄ではそれを隠す。監獄生活に比べれば、外の世界の「ストレスフルな生活」など、どこにストレスがあるのかって感じだ。シャワールームでレイプされるかもしれない。古株の機嫌を損ねて昼休みに刺されるかもしれない。そうした身の危険が、監獄内のあちこちに転がっている。金銭や友人関係が原因のストレス？　そんなやわなストレスなら余裕で眺められるようになる。

　監獄から外に出た時、コマ送りにしたフィルムを観ているようだったことを覚えている。ストリートを見回すと、すべてが違っていたし、少し悪い方に向かっていた。最後に仮釈放された時は、アメリカの変わり様にショックを受けたものだ。わたしが子どもの頃のロールモデルは、ジョン・ウェインやチャールズ・ブロンソンだった。強きをくじき弱きを助けるヒーローだ。今の子どもたちにとってのそれは、パリス・ヒルトンやブリトニー・スピアーズだろう。いつの間に、自分に執着するだけの時代になってしまったのか？　他の国よりも豊かな経済に、腐り切ったメディアがくっついて洗脳し、大人でさえ、自分のことしか考えない子どもになっている。自分の考えや感情に夢中になっていたら、〝ストレス〟を感じるのは当たり前の話だ。

やるべきことをやる。そこに照準を絞れ。紛争地帯で戦っているゲリラには、ストレスを感じている暇はない。生き延びることしか考えていないからだ。干ばつに襲われた遊牧民にも、ストレスに悩んでいる暇はない。水のありかを突き止め、それを子どもたちに与えることに忙しいからだ。同じように、プッシュアップのマスターステップを目指しているなら、何もかも忘れて、そこに照準を絞れ。ストレスが吹っ飛んで、気分が良くなること請け合いだ。

## CONJUGAL VISITS／THE BONE YARD（…SEX!）
## ボーンヤード（……セックス!）

わたしがとんでもない時代遅れであることが、わかってもらえただろうか（そう見られるのは、もはや慣れっこだ）。それを証明するもうひとつの話をしよう。

州立刑務所の多くに「ボーンヤード」と呼ばれる空間がある。家族が訪問するために確保されている空間だ。そこは、セックス可能な空間にもなっている。だが、連邦刑務所にはそれがない。そのため、セックスとトレーニングの関係について考えさせられる時期があった。

過度のセックスは筋力と持久力を枯渇させる。昔のストロングマンの多くが、そう信じていた。1970年代以前のボクシング・トレーナーも同じ意見を共有していて、ビッグマッチの前週にはセックスをしないよう、ボクサーたちに厳命するのが常だった。性行為はエネルギーを枯渇させる。この教えが、当時のボクシング界を支配していたのだ。

セックスすると何らかの形で体からエネルギーが搾り取られる。それは、かなり古くからある考え方だ。道教では、性的パワーである「精」が身体的エネルギーである「気」に変わるとする。ヒンズー教のタントラセックスでは、性的エネルギーを体の中にとどめて蓄え、それを健康増進に役立てようとする。歴史を遡れば、世界中に似たような説があることがわかる。

近頃のスポーツ科学者は、こういった考え方を笑い飛ばしたがる。幼稚な迷信に思えるのだろう。わたしには、そこまでの確信がない。何年も監獄に暮らしていたので性的な欲求不満については誰よりもわかっているし、その欲求不満を他の世界に向けられることも知っている。精力旺盛な囚人にとって、蓄積されたテンションはハードなトレーニングでしか発散できない。エネルギーが放出されていなければ、力がみなぎり、神経が昂り、うずうずし、エクササイズをやるのに完璧な状態になる。一方で性的に満足すると、男たちはたちまち腑抜けになる。何セットも続けるプッシュアップなんて考えたくもなくなる。当たり前の話だ。

　ガールフレンドをベッドから追い出せと言いたいのではない。セックスは人生においてベストと言えるもののひとつだからだ。自分の性的な行動と、それが筋力レベルにどうかかわってくるか、そこに意識的であれと言っているだけだ。今週のトレーニングで最高記録を達成したいのであれば、ワークアウト前の数夜、セックスを控えてみたらどうだろう？　きっと、その結果に驚くことになるだろう。

## SKIN DIPS
## アスリート最大の敵、タバコ

　タバコを吸う習慣を持つ者が監獄の中には多い。タバコを吸ってつぶしたい時間がふんだんにあるし、誰もが、20年後に肺がんになることよりも大きな問題を抱えている。平均的な囚人は、数日単位、数週単位でしか物事を考えられない。それ以上大きな単位で人生について考えると、頭が完全におかしくなるからだ。

　タバコが許されている監獄では、それが主要な貨幣として流通している。普通のタバコ1本は「テーラーメイド」と呼ばれ、金塊ほどの価値を持つ。安物の手巻きタバコはずっと安く出回っていて、「スキンディップ（素っ裸）」とか「ローリー」（訳注：「roll-your-own〈手巻きタバコ〉」の略）とか「ペーパーウエハース」と呼ばれている。それだって、盗まれないよう気をつけなければならない宝物だ。タバコの葉を巻くペーパーがなければ、想像力を駆

使して何とかしようとする。トイレットペーパーから聖書まで、ありとあらゆるものを使ってタバコを巻こうとする姿には涙ぐましいものがある。タバコにはヘロインと同程度の中毒性があると言われるが、わたしが目にしてきたものを考えると、それは紛れもない事実だろう。

　わたしは幸運だった。タバコの味がわからないからだ。大半の子どもと同じように、紙巻きタバコを吸おうとしたことはある。ところがその瞬間、胃の中のものを戻してしまった。それ以来、見たくもないものになっている。喫煙は監獄暮らしの助けになるどころか、それをさらに苦しいものにする。タバコを手に入れた喫煙者は、できるだけ吸わずに持っていようと本当にもがく。しかし、もがけばもがくほど、その衝動に逆らえなくなる。タバコを吸った後は、勝負に負けた自分がクズに思えてくる。監獄内の喫煙者は、間違いなく、それを吸わない囚人より不幸な生活を送ることになる。

　何を言われようが、タバコを吸い続けるアスリートは多い。わたしは、喫煙癖のある囚人アスリートにたくさん会ってきたが、その中には、すばらしいアスリートがたくさんいた。スポーツ界に目を転じてみると、ジョー・ディマジオもタバコを吸うのが好きだったし、ジェシー・オーエンスやベーブ・ルースですらそうだった。ひとつ言えるのは、彼らがタバコを吸っていなかったら、さらに偉大なアスリートになっていたということだ。

　ハードにトレーニングする時は、空気を大量に吸い込む。空気中の酸素が肺を通り、血液を通して筋肉に送り込まれる。酸素がなければ、わたしたちの体はエネルギーをつくることができない。そして、エネルギーの要求量が増えるほど、酸素が必要になる。トレーニングしている時は特にそうだ。呼吸を通してのみ、それが可能になる。

　健康が呼吸に左右されるのは間違いない。タバコに火をつけることは、呼吸器系との関係を台無しにすることだ。タバコの煙には、肺の中にある肺胞や毛細血管を破壊する毒素が多数含まれている。煙を吸い込んだ瞬間から、空気交換に欠くことができないこういった組織へのダメージが始まる。さら

に、べたつくタールが、肺だけでなく呼吸器系のすべてにこびりついていく。タールは、肺組織と吸い込んだ空気の間に頑強なバリアをつくる。息が切れたヘビースモーカーがひどく苦しそうに見えるのは、そのためだ。タールが、十分な酸素を取り込むことを邪魔しているのだ。

体内に酸素を取り込んだ後も、喫煙者の体は苦しむ。タバコの煙に含まれる一酸化炭素がヘモグロビンと結びつくからだ。血液の中で酸素を運ぶ役割を担っているのがヘモグロビンであり、このヘモグロビンが減ると、血液が持っている酸素を運ぶ能力が低下する。酸素に飢えている筋肉（心臓も含む）に酸素を運べなくなってしまうということだ。タバコを体内に取り込むと──単に噛むだけでも──心拍数が上昇し、持久力を食いつぶす。喫煙は、がんはもちろん慢性気管支炎、心臓病、肺気腫などの直接的・間接的な原因になる。こうした要因すべてがトレーニング生活に悪影響をもたらす。

キャリステニクスに真剣に取り組みたいなら、タバコをやめるか、少なくとも本数を減らす必要がある。吸っていないのであれば、吸おうなんて考えるな。

## PRISON HOOCH
## 監獄酒

喫煙と違って、監獄内で酒を飲む者は少ない。外の世界では喫煙する人の数がどんどん減っているが、喫煙が許されている監獄では、多くの囚人が馬鹿みたいにタバコを吸っている。タバコを許す監獄が多い一方で、アルコールは完全に禁止されている。禁止される理由は……酒ほど男たちをろくでなしにするものはないからだろう。

だからといって、囚人がアルコールなしで生活しているかと言えば、そうでもない。大酒飲みたちは、「プリズンホック」「レーズンジャック」あるいは「プルーノ」の名前で知られる密造酒を自分用に製造している。この得体の知れない安酒の造り方は、囚人の数だけある。標準的なレシピは、まず、ゴミ袋の中にいくらかの水とフルーツ──レーズン、リンゴ、ブドウなどが

人気だ——を投げ入れる。違いがわかる酒飲みが好んで使うのがプルーンなので、これが「プルーノ」という名前の由来になった。このゴミ袋を湯の入った洗面器に入れるか、熱くなっているパイプに近づける。そして最大1週間、発酵させる。硬くなったパンやケチャップが加えられることもある。酵母菌や砂糖が発酵を早めると信じられているからだ。しかし、「発酵させる」なんて生易しいもんじゃない。「腐敗させる」という表現の方がしっくりくる。ともあれ、完成したら漉して飲む。メチルアルコールそのものと言っていいほど強い。ひと袋あれば、棟全体で酔っ払うことができる代物になる。

わたしも数回、プルーノを勧められる光栄（？）にあずかったが、においがたまらず、その都度、断った。年季の入った大酒飲みですら、吐き出すのを抑えるために鼻をつまんで飲む。

ほどほどのアルコール摂取なら、健康面でいくらかいいものになるというのがアメリカ公衆衛生学会の見解だ。たぶん、そうなんだろう。だが、わたしが知る限り、アスリートにもたらす利点はない。ビールにしろ、ワインにしろ、スピリッツにしろ、怠惰にさせるだけで、囚人アスリートが理想とする姿と正反対の状態をつくり出す。もしあなたが酒飲みで、飲酒量を減らす方法を探しているなら、自家製プルーノをつくってみればいい。鼻をつまんで数口飲めば、数年あるいは死ぬまでアルコールを見たくなくなるだろう。

## JUNK, DOPE, HORSE
## 新しいドラッグ

わたしは多くの過ちを犯して生きてきた。そのうち最大のものは、ローティーンの時にドラッグに手を出したことだ。短期間のうちにマリファナからアンフェタミンに移り、最後にはコカインとヘロインの中毒になった。のめり込んだのがこういった悪魔的な物質でなかったら、そもそも監獄に入らずに済んだはずだ。サン・クエンティンには薬物中毒のまま収監されたため、その後の数年間は地獄のような日々を送ることになった。今は完全にドラッグが抜け、その状態が十数年続いている。

ドラッグは監獄そのものを蝕んでいる。外の世界の人間は、誰ひとりとして状況がどれほどひどいものかを理解していない。警察やメディアもそうだが、政治家は絶対に知らない世界だ。麻薬取引が、監獄内での一大産業になっている。非合法薬物が施設のスタッフや訪問者、家族、運び屋、果ては尻にドラッグを詰めた男たちによってこっそり持ち込まれる。外に労働に出た囚人が、指定された場所から拾って帰ってくる。壁越しにドラッグが投げ込まれる場所も数か所ある。こんな状態なので、一部の監獄は、外の世界よりもドラッグを入手しやすい場所になっている。監獄は、アスリートに、規律、抑制、ルーチンの守りやすさといった利点をもたらす。しかし、大きな落とし穴がある。その最たるものがドラッグだ。

　ギャングの資金源になるドラッグは、ストリートでドラッグ戦争を引き起こす。監獄内でも、ドラッグを巡る縄張り争いに、需要と供給の関係が絡みつき、頻繁に暴力沙汰が起きている。ドラッグ絡みの借金が殴り合いや殺人にまで発展する。囚人がこの毒のために払っている代償は、とてつもなく大きい。

　ドラッグを原因とする病気や症状は限りなくあるし、組み合わせによっては、猛スピードで突っ込んでくるトラックよりも速く人を殺すことができる。しかし、体が被る以上に苦しむのは精神だ。中毒になると、次のドラッグを入手することしか考えられなくなる。このレベルまで堕ちると、考えや行動が悪い方へと向かう回路ができ上がり、犯罪は避けようもない。監獄へと行き着く道の入り口に、ドラッグが落ちていることは少なくない。ドラッグはじわじわと心を蝕み、心の奥の奥まで到達する。

　わたしも例外ではなかった。肉体的な意味でドラッグを断ち切ったつもりでいた時も、ドラッグの方ではわたしを自由にしてくれなかった。それにどっぷりはまっていた時の仲間たちが周りにいたからだ。誘惑に勝てず、長年、破壊的なサイクルを繰り返す運命が待っていた。

　多くの友人が、この悪循環を経験した。当然の帰結のように思えるが、最

初はそんなことになるとは思わない。哀れにやせ細り、未来の見えない廃人になろうと思ってドラッグに手を出す人間などいない。ヘロイン中毒になりたくてヘロインに手を出す人間もいない。被害妄想のひどい社会病質者になりたくてコカインを吸い始める人間もいない。ドラッグが好奇心を掻き立て、クールに見えるからだ。楽しいからだ。それこそが、ドラッグがまとっている幻想だ。この幻想はとてもパワフルで、魅力的に見える。その幻想の向こうにある世界を洞察できる賢さがあれば、安全な世界にとどまることができる。しかし、幻想の向こうにある世界が見えない人間には、忍び寄ってくる危機が理解できない。そして、理解した時にはもう手遅れになっている。

　ドラッグと決別するまで、本当に長い時間がかかった。そして、それを助けてくれたのがキャリステニクスだった。わたしは中毒になりやすい性格をしている。そして、初めはそんな風には思わなかったが、トレーニングが〝新しいドラッグ〟になってくれたのだ。この世界に出会わなかったら、たぶんもうこの世にはいないだろう。今はこの上もなく健康だし、毎日、気分がいい。筋力レベルも限界を突き破っている。このまま向上していきたいモチベーションも衰えることがない。わたしがキャリステニクスに心酔している理由がわかってもらえたらうれしい。

## JUICIN' IT: ANABOLIC STEROIDS
## ステロイドの真実

　どんな愚か者でも、酒やタバコ、ドラッグがトレーニング生活をめちゃくちゃにすることは理解できる。しかし、かなり思慮深い者の目にも、ステロイドとそれに類似したアスリート向けの薬は、まったく別物に映っている。長い目で見れば、ステロイドが健康を蝕むことを多少はわかっているかもしれないが、身体的パフォーマンスにマイナス効果を及ぼすかもしれないと言ったら、おそらく一笑に付すだろう。ステロイドは〝運動能力向上薬〟じゃないのかい？　アメリカのトップアスリートの多くがステロイドを使っているし、大きくて強そうなプロのボディビルダーもステロイドを大量に服用している。どんな理屈からステロイドがトレーニングに悪いと言えるんだい？

これが、ステロイドとその類似薬に対する一般的な見方だ。しかし、彼らは物語の半分しか見ていない。

　アナボリックステロイド──ジアナボルやスタノゾロール、ナンドロロンのような化合物──は体の中に入ると、男性ホルモンであるテストステロンの真似をする。テストステロンは睾丸でつくられる。思春期に入るとこのテストステロンが放出され始め、その働きで、男子たちの腕に突然、筋肉が現れるのだが、ステロイドを服用すると似たような現象が起こる。しかも、より増幅された形で。第二の思春期──気分のムラや声変わり──を経験し、筋量が飛躍的に跳ね上がる。

　こう書くと、すばらしいもののように聞こえる。短期間的に見れば、確かにその通りだ。しかし、大きな欠点がある。人工的なテストステロンを体に注入し始めると、睾丸が「もう働かなくてもいいや」と勝手に判断することだ。そして活動しなくなる。そのため、テストステロンの内部生産が止まってしまう（ステロイド使用者の睾丸が必ずと言っていいほどしぼんでいるのは、そのためだ。気の毒な話だ）。さらに、他の薬剤と同様、ステロイドへの耐性が少しずつできていき、効果が弱まっていく。その結果、〝周期的〟に使うようになる。つまり、次の効果を生むために服用をやめる期間をつくらなければならなくなる。

　服用をやめたら、どんなことになるだろうか？　ステロイドを使用する前の筋肉、筋力、フィットネスのレベルに戻るのか？　答えはノーだ。今の体は人工的なテストステロンがつくり出したものだ。そして、テストステロンを外部から摂取しているために、体の中にあるテストステロン生産工場（睾丸）の方は開店休業になっている。そのため外部からの服用をやめると、テストステロンのレベルが、平均男性よりずっと低い、本当に低いレベルにまで落ち込んでしまう。その結果、文字通り、筋肉が体からはがれ落ちていく。ほどなくすると、ステロイド使用者の筋肉と筋力は、薬を服用し始めた時よりも落ちてくる。これから書くことを、正しく読み取ってほしい。ステロイドを使用すると、行き着く先には、小さくて弱くなった自分がいる。

タフな男たちの精神面に与える影響は破壊的だ。ハルク・ホーガンが突如としてピーウィー・ハーマンになるのだから。自信という意味で痛ましいほどの打撃を受ける。もちろん、少し間を空けてから服用を再開するという選択肢もある。しかし、ダメージを受けている心と体を払拭するために、この人工物にますます依存するようになっていく。周期的に服用をやめながら続けていくしかなくなるということだ。

　それでは、ステロイドを使うプロスポーツ選手はどうしているのか？　彼らがそれを使うのは、比較的短いシーズン中であることが多い。なぜなら、その間だけピークの状態を保てばいいからだ。オンシーズンで大金を稼ぎ、オフシーズンにはステロイドの使用をやめる。オフにパフォーマンスが落ちても気にすることはない。

　もしトレーニングへの情熱を維持したいなら、ステロイドは忘れた方がいい。代わりに、意志力を注入するのだ。その方が格段に効く。

## LIGHTS OUT!
## 消灯!

　「ストレート・エッジ」という言葉がある。囚人のある種のライフスタイルを指すスラングだ。監獄生活の憂さを晴らすため、多くの囚人がタバコや酒、ドラッグ、その他の破滅的な気晴らしに魅了されていく。だが、ストレート・エッジを歩く男たちは違う。自分を律しながら時間を過ごしている。身を潜め、他人には構わず、穢れを知らず、集中したままでいる。体内にアルコールやドラッグ、ニコチンのような毒を入れない。常に自分を制御していく生き方だ。

　わたしがどんどん魅了されていったのが、この考え方だ。鉄格子の後ろにいる真面目なアスリートたちの大半が、このやり方で生活している。この態度を厳格に貫けば貫くほど、トレーニングから得るものが大きくなることが

わかっているからだ。反対に、この緊張感がなくなると、実りは小さいものになっていく。

　強制しているわけではない。外の世界には誘惑がたくさんある。だから、この生活スタイルを続けるのは難しい試みになるかもしれない。しかし、トレーニングに心底取り組みたいなら……ストレート・エッジを歩け。

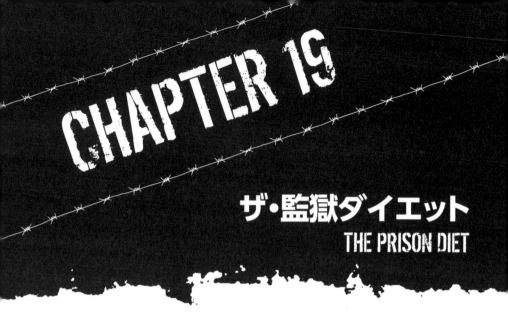

# CHAPTER 19

## ザ・監獄ダイエット
### THE PRISON DIET

**NUTRITION AND FAT LOSS BEHIND BARS**
## 囚人アスリートは何を食べて筋肉をつくるのか?

　囚人アスリートの食事といっても特別なものはない。法律的にも、食事を出さなければならない監獄のような施設を縛る定めはなく、憲法修正第8条と、州それぞれの内規があるだけだ。国から要求されているのは、1日3回、食事を出すことだけ。そのため、食事内容は施設によって大きく変わる。

　収監されたばかりのボディビルダーの多くが、〝健康的な食事〟を目指して涙ぐましい努力をする。食堂係が皿に乗せる食べ物の中から好ましいもの──肉、卵、野菜──を選んで食べ、ポテトフライやプリンなどのジャンクフードを控える。時には、自分の皿の上にあるジャンクフードを、他の囚人の皿の上の栄養豊富な食べ物と交換しようとする。ところが、その努力が3週間を超えて続くことはまれだ。健康的な食事をしたいという欲求を、カロリーが欲しいという欲求が上回るようになり、いつしか何でも食べるようになる。以前の食事スタイルから監獄の食事スタイルに変わっていくのだ。

　わたしは代謝がいい。そのため収監されたばかりの頃は、満腹感を得ることがあまりなかった。毎日欠かさずトレーニングをやるようになっていたし、日によってはハードな自重力トレーニングを何十セットもやったから

だ。それでも工夫を凝らすことで、ついには監獄の食事でもうまくやっていけるようになった。すばらしいメニューとはとても言えないが、少なくとも飢えることはない。どれほど激しくトレーニングしようと、その程度の食事で十分なのだ。

　鉄格子で区切られてはいるが、監獄には、ストリートと変わらないところがある。太ったやつらがたむろしているし、IDカードに入っている金を使って売店で食べ物を買うことができる監獄もある。管理がゆるいところになると、家族が差し入れる食料が流通システムに乗る。まさかと思うだろうが、監房で料理する囚人もいる。さすがにコンロや電子レンジの所有を許すような監獄は聞いたことがない。しかし、インスタントコーヒー1杯分の湯を沸かす小さなヒーターを認めているところはある。それを使ってインスタントのスープやヌードルをつくる囚人もいる。

　そうした恩恵に恵まれない場合、パワーリフターやボディビルダーの多くが、厨房の仕事にありつこうとする。筋肉を維持する食べ物を手に入れるためだ。サプリや濃縮ビタミン、ステロイドを秘かに持ち込む囚人もいる。

　古参の囚人や力の強い囚人が、自分より弱い囚人や新入りから食べ物を巻き上げるのは日常茶飯事だ。しかし、わたしが取ったのはこうしたやり方ではない。1日3回、自分の皿に乗ったものを食べるだけだ。この1日3回、決まった時間に食べるシステムにショックを受ける新入りが多いのは、外の世界で、好きな時に好きなものを食べていたからだろう。真夜中にケンタッキーフライドチキンにかぶりつく生活、おやつにアイスクリームを好きなだけ食べる生活。監獄ではそうはいかない。おい、時間だ、これを食べろ。そう命令される生活に否応なく馴らされる。このスタイルに体が馴染むのには、ちょっと時間がかかる。しかし数か月もすれば、血糖値が規則的なルーチンに適応してくる。わたしは今も、1日3回の食事を取る。しかも決まった時間に。そんな風に食事することに慣れてしまったため、そういう風に食べないと胃が変に感じるようになってしまったからだ。

## EATING BEHIND BARS
## 監獄式のメニューと食べ方

　監獄ごとに異なる食事ガイドラインがあるため、標準的なメニューを示すことはできない。季節や所在地によっても食事内容が変わる。しかし、囚人はこんな種類の食事をしているのだと参考にしてもらえるメニューを示すことはできる。以下に示すのは2日分のサンプルメニューだ。

　〝フィットネスに適した食事〟からは程遠いメニューだし、こんな食事では、筋力も筋肉もつくはずがないと考えるかもしれない。しかし、囚人たち——なかには本当にすばらしいアスリートもいる——は、こうした食事を何年も続けながら体をつくり上げていくのだ。

### 【ある日の監獄の食事メニュー】

■サンプル1
朝食：コーンフレークと牛乳
　　　トーストとゼリー
　　　オレンジ1個
　　　コーヒー
昼食：ミートボール・スパゲッティ
　　　チーズサラダ
　　　ドーナッツ2個
　　　牛乳
夕食：ミートローフのオニオンソースがけ
　　　ごはん
　　　さやいんげん
　　　クッキー3枚
　　　コーラ

■サンプル2
朝食：ブランフレークと牛乳
　　　トーストとゼリー
　　　りんご2個
　　　コーヒー
昼食：チキンウィング
　　　ミックスベジタブル
　　　ブラウニー1個
　　　牛乳
夕食：ハンバーガー
　　　マッシュポテト
　　　コーンブレッド
　　　デザート用ゼリー
　　　水

〝フィットネスに適した食事〟は複雑だ。その複雑な食事法に迷い込む前に、監獄アスリートたちの食事ガイドラインから学ぶことがあるかもしれない。

・アスリートにとって大切なのは規則性だ。毎日同じ時間に食べるようにすれば、いつ栄養が入ってくるか体が理解するようになる。

・日々のトレーニングに必要なカロリーを摂取する。ハードにトレーニングしている時は、ほどほどであれば、ケーキやゼリーやキャンディといった〝ジャンク〟を遠ざけなくても大丈夫だ。

・食べ過ぎない。代謝がいい人は、食事間の軽食1回（2回でもいい）は許容範囲だ。普通の代謝なら1日3回の食事で事足りる。体が大きいアスリートも食事回数を増やす必要はない。体格に比例させて、1回に食べる量を増やすようにする。

・食事の席に着いたら、腹が空いていなくても、しかるべき量を取る。食事を抜くと後で空腹になり、疲れを感じやすくなるからだ。そのうち体の方で食べ物が入ってくる時間がわかるようになる。こうなれば、食事時間が来ると自動的に腹が空いているパターンができ上がる。

・バランスの取れた食事を心がける。「バランスを取る」とは、毎日、肉、穀類かシリアル、乳製品（牛乳、チーズ、卵など）、野菜、果物を食べることだ。ベジタリアンの場合は乳製品に重点を置く。

・常に水分を補給する。食事の際には常に何か飲み、食間にも水分を取る。

　プロテイン粉末や栄養バー、サプリに金をつぎ込む前に、このシンプルなルールに従ってほしい。トレーニングがやりやすくなって、手の込んだ食事が必要ないことに気づくだろう。

## FLUID INTAKE
## 蛇口から水を

　人間にとってもっとも大切なのは酸素だ。次が水。食べ物はかなり離れて3番目に来る。食べ物がなくても数週間、水がなくても数日間は生きられる。しかし、空気がなければ数分しかもたない。サプリメント会社は自社の商品こそアスリートにとってもっとも大切なものだと言うが、それは違う。肺をきれいにして酸素をスムーズに取り込むことが、もっとも大切なことだ。その次に大切なのが、水だ。

　水分をどう取るかは、複雑になったもうひとつの分野と言える。単に生きながらえるだけでも、頻繁な水分補給が必要になる。アルコールのような毒や、海水のように嘔吐を催させるものでなければ、どこから水分を取ろうと問題にはならない。コーヒーがいい例だ。利尿作用があるため、コーヒーを飲むと脱水すると多くの人が考えている。確かに、コーヒーを飲むと腎臓が軽度の刺激を受けてトイレに行きたくなる。しかし、コーヒーを飲んで取り込んだ水分は、排尿で失う分より多い。だから、コーヒーを飲めば水分を補給していることになる。

　昔から親しまれてきた水道水は、現在、マーケティング・プロパガンダの攻撃を受けている。最初に出所した時にびっくりしたことがある。小さくて高価な水のボトルを、誰もが後生大事に持ち歩いていたからだ。監獄でそんなことをするやつはいない。のどが渇いた時、アルプスやミネラルバランスがいいどこかの泉から汲んできた水を飲みたいと考えることはない。そんな変わり者がいても、そもそも買う場所がない。のどが渇いた時は、蛇口から飲むのが常識だ。でなきゃ、干からびてしまう。

　水道水の中に入っている不純物を気にする人は多いし、確かに、水道水には不純物が含まれている。しかし、殺菌してからボトル詰めにする水だってそうだ。人類が水を飲んできた歴史を通じて、不純物はいつも入っていたし、これからもそうだろう。だがそれは、人々が主張するほどの問題ではない。人の体は何百万年もかけて進化してきたものであり、そのほとんどの期間、

わたしたちは、沼、河、小川、水たまりや獲物の血から水分を取ってきた。入ってきた水分を濾過し、必要な成分を吸収する力が、わたしたちの体には備わっている。アメリカの水道水の質は世界でも清潔で安全な部類に入るし、1ガロン（約3.8リットル）につき1セントという安さだ。利用しない手はない。

## KEEP IT SIMPLE, SWEETHEART
## シンプルにいこうぜ

　わたしはスポーツ栄養にかかわる新説——少量の食事を1日に6～8回取るか、プロテインを大量摂取する——をまったく信用していない。こうした現代的な戦略を選択すると、消化を妨げ、脂肪をつけ、体重を増やすからだ。

　栄養学が進歩しすぎたせいで、スポーツ界は混乱をきたしている。主要栄養素の比率、酵素量、グライセミック・インデックスといった要因までが強調されている。フィットネス・マニアはビタミンやミネラルの摂取に血眼になっている。もっとも、この背景にはアメリカ人特有の病的な執着があるのかもしれない。

　1950年代は、東側のアスリートがアメリカを常に打ち負かしていた時代だった。大量のビタミン剤を摂取しているアメリカ選手の姿を、ソビエトのコーチたちがいつも笑いながら見ていた。体が必要とするビタミンとミネラルは、バランスの取れた食事を取っていれば十分摂取できることを科学者から教えられていたからだ。わたしたちの体は、それがどんなものであろうと、過剰な成分を老廃物として排出する。尿を通して。当時のロシアには、「アメリカ選手の尿は世界で一番高価だね」というジョークがあったほどだ。

　怪しげな説や一時的にもてはやされる考えを採用して、食事を複雑にしてはならない。アスリートの食事でいちばん大切なのは、プロテインやビタミンではなくカロリーだ。それが、ハードにトレーニングするためのエネルギーとなる。だが、カロリーは近年〝呪いの言葉〟と同程度の禁句になってしまっている。わたしたちが恐ろしいほどの過食社会に生きているからだ

ろう。サン・クエンティンに最初に入れられた時、わたしは背が高くひょろっとしていたが、代謝力だけは爆弾並みだった。空腹にならないよう、皿に乗っているものをすべて食べることを即座に学んだ。しばらくすると、どれだけハードにトレーニングしようと、その食事で十分になった。わたしと同じように規則正しく毎日３回、バランスが取れた食事を取ることに集中してほしい。時計仕掛けの習慣をつくるのだ。それができれば、プロテインの大量摂取や特別な食べ物の組み合わせは必要なくなる。コンビクト・コンディショニングとして結実したトレーニング方法を編み出したのは、昔の囚人たちだ。当時は、生き延びるだけの食べ物さえあれば幸せな環境だったはずだ。身体的理想像を体現した古代ギリシャの戦士やアスリートがプロテインを大量摂取していたという記録も、もちろん見つかっていない。

## PROTEIN - THE BIG SCAM!
## プロテインについて

　筋肉量を最大化するには、体重１ポンド（約0.45キロ）につき１グラム、最高２グラムのプロテインが必要だ。これが、ボディビル界のグルたちの共通認識になっている。そうすると、体重90キロのボディビルダーは、毎日の食事で最低200グラムのプロテインを摂取しなければならなくなる。これでは、いくらなんでも量が多すぎるだろう。

　19～70歳の90キロの男性が、その体重を維持するために必要なタンパク質量は、実は１日56グラムだ。この数字はマンガ雑誌の裏表紙にある広告から得た情報ではない。全米科学アカデミーと米国医学研究所が導き出した食事摂取基準に示されている公式な数字であり、多くの矯正施設で採用されている推薦量でもある。こうした名高い――かつ公明正大な――組織が、体重90キロの男性には１日56グラムのタンパク質しか必要ないと言っているのだ。それは、アスリートであろうがなかろうが関係ない。消費するエネルギーはカロリーからくるのであって、タンパク質からではないからだ。炭水化物や脂質から必要なカロリーを摂取していれば、日々必要とするエネルギーがタンパク質から〝盗み取られる〟ことはない。どんなアスリートも、同体重のカウチポテト族よりも多くのタンパク質を必要としているわけでは

ない、ということだ。それにもかかわらず筋肉系の雑誌は、ボディビルダーや筋力系アスリートになりたいなら1日200グラムのタンパク質だと力説する。それでは、余分な144グラムはどこに行くのだろう？

その144グラムが筋肉をつくる。グルたちは、そう言ってあなたを納得させようとするだろう。ぶっとい腕とたくましい胸筋。クールだろ？　確かにそうだ……いや、違う。こんな話に煽られてはダメだ。筋肉がタンパク質でできているという広告に、どれだけの人がだまされているだろう？　実際には、筋肉に詰まっているタンパク質は、重量の3分の1にも満たない。体の他の部分と同じで、70％以上が水だからだ。筋肉1キロに占めるタンパク質の量は、せいぜい180グラム。200グラム以上でないことは確かだ。

広告のアドバイスに従って144グラムの余分なプロテインを摂取し、水分適量を加えて筋肉を増やしていくとする。すると、大量のプロテインを摂取しているこの男は、年間に300キロ近くの純粋な筋肉をつけることになる。別の言い方をすれば、ミスターオリンピアとして最盛期だった頃のアーノルド・シュワルツェネッガーの5～6倍の筋肉が、たった1年で手に入ることになる。エネルギーの使い過ぎや消化上の問題、あるいは非効率的な組織形成が原因で、摂取したプロテインの4分の3が失われたとする。それでも、1年後には地球上でもっとも筋肉が隆々とした男になっているだろう。

## PROTEIN OVERLOAD
## タンパク質がそんなに必要か？

高タンパク食は不要だという話が信じられないなら、自然からの例を示そう。比例的に考えると、生後5か月間で体が倍の大きさになる新生児には、巨大なボディビルダー以上のタンパク質が必要になる（薬物を大量投与しても、5か月で体を倍の大きさにできるボディビルダーはいない）。倍の大きさになるには、比例的に、高タンパク食が必要になるはずだ。しかし、母乳に含まれているタンパク質は5％未満だ。人間がもっとも成長しなければならない時でも、5％に満たないタンパク質で十分なのだ。

牛乳と比較してみる。牛乳にはおよそ15％のタンパク質が含まれている。なぜか？　ヒトの赤ん坊は体重が倍になるまで５か月かかるが、子牛は45日（1.5か月）で体重が倍になる。また、アメリカ人の成人男性の平均体重は86キロだが、雄牛は１トン以上にもなるからだ。ここで言いたいのは、牛乳には、人間には必要がないほどたくさんのタンパク質と成長物質が入っているということだ。

　そこでグルたちは新人ボディビルダーに言う。牛乳の中にプロテインの粉末を入れろ！　と。牛乳にプロテインやホエー（乳清）を入れる？　それは、氷砂糖に砂糖を振りかけるのと同じことにならないか？

　競合他社の数字を絶えず追い越そうとするプロテイン会社の方針が、事態を悪化させる。市場に出ているプロテイン・シェイクの多くが、混ぜた状態で１回分につき50グラム以上のプロテインを含んでいる。５か月で体重が倍になる赤ん坊に必要なプロテインが５％未満だというのに、ボディビルダーは40％かそれ以上の比率になるプロテインを摂取している。こうした余分なプロテインがすべて体に利用されるわけではない。しかし、何らかの形で代謝しなければいけない。それが腎臓にストレスをかけることになる。

　低タンパク質ダイエットを提唱しているわけではない。もちろん、牛乳、卵、チーズ、シーフード、おいしいステーキを楽しんでほしい。わたしも満足感を得られるタンパク質食品が大好きだ。とはいえ、プロテインを巡るこの馬鹿騒ぎは常軌を逸している。筋肉をつけるために筋肉（タンパク質）を取っても効果はない。それは科学ではない。類推だ。心臓を食べることで敵の勇気を吸収しようとした未開人と、どこが違うというのか？　筋肉を手に入れるのに大量のプロテインは不要だ。普段の食事に含まれているタンパク質で事足りる（ゴリラやゾウなどの大型哺乳類が草食であることにも注目したい。低タンパク食でも筋肉量を容易に維持できる好例だ）。

　では、「筋肉をつけるにはプロテイン！」という考えが、事実上、アメリカ中のありとあらゆるフィットネス雑誌とウェブサイトにあふれているのは

なぜか。答えはひとつ。こうした雑誌やウェブサイトが、プロテインを売ることで何らかの恩恵を受けているからだ。

締まった筋肉と強い筋力を得たいなら、監獄の食事スタイルに従えば簡単だ。満足のいく1日3回の食事を定期的に。それで十分だ。

## "SMALL AND OFTEN" ...REALLY?
## 「少量を、回数多く」……って本当か?

フィットネス栄養学には、もうひとつ「神聖かつ侵すべからざる教え」がある。それは1日に最低6回食べろ、という教えだ。もっと回数を増やせと言うライターもいる。ベルトコンベアを使って食べ物を口に運ぶしかなくなる話だ。

この教えの背景にあるのが、量が少ない食事を回数多く取ると重要な栄養素の吸収がよくなる、とする考えだ。実際には、その逆のことが起こる。回数多く食べると、消化器官が途切れない食べ物でいっぱいになり、この過重負担が、栄養素の適切な吸収を妨げる。吸収をよくしたいなら、1日3回、食べ過ぎにならない食事スタイルにし、次の食事まで少なくとも4時間空ける。こうしていれば、胃から老廃物が取り除かれ、毎回ベストコンディションで食事ができる。食べ物を分解したり利用したりするのに必要な酸や酵素が欠乏することもない。

夜間に食事をする囚人はほとんどいない。その日最後の食事を5時か6時頃に取り、消灯前の5〜6時間をかけてゆっくりと胃腸を空にしていく。2〜3時間ごとに食べないと筋肉が衰えると教えられているボディビルダーにとっては悪夢のような話だ。わたしは、監獄では当たり前のこの食事スタイルの信奉者。肥満を防ぐ安全弁にもなると確信している。それに、アメリカが肥満大国になる前は、これが普通の食事スタイルだった。少し考えればわかることだ。数時間ごとに体に食べ物を入れていたら、いつ脂肪を燃やす時間があるというのだ?

就寝前に多少空腹でいることは悪いことではない。空腹になると、体は筋肉ではなく脂肪を燃料として燃やすことを好む。だから、苦労してつけた筋肉を失うことはない。もし腹が空いて仕方なかったら、軽いスナックを食べる、もしくは水かコーヒー、炭酸水を飲めばいい。夜間の空腹感は、実際にはのどが渇いていることが多いからだ。就寝前に空腹であれば、胃腸が休まり、血液が解毒され、夜の脂肪燃焼を最大化し、睡眠の質を良くする。そして、次の朝には確実に腹が空いている。食べ過ぎる人には、この健康的なサイクルが欠けている。

　腹を空にしてから次の食事にありつく。これが、もっとも自然な食べ方だ。石器時代の人間が１日に６〜８回も食事をしていただろうか？　彼らは終日狩りをし、その間、脂肪を燃やしていた。獲物を仕留め、やっと食べ物にありついた。このスタイルで狩猟するにふさわしい体を保っていたのである。

　〝専門家〟が異議を唱える姿が目に浮かぶ。しかし、それがどうしたっていうんだ？　１日３回の食事で強くなっていくなら、体に筋肉が加わっている証拠になる。これは囚人アスリートが証明済みの話だし、その方が簡単でいい。食事回数を増やしても、胃腸の働きを悪くするか、脂肪をつけるだけだ。

## OBESITY
## 肥満について考える

　アメリカ人の３人に２人が肥満に悩んでいる。土台から最上階まで、食い意地と多種多様な食べ物の組み合わせでつくられているのが、この国だ。

　ボディビルダーだけは違うって？　確かに、テレビや雑誌で見かけるボディビルダーは〝筋肉隆々〟だ。ところが、実際は、その他大勢のボディビルダーと筋力トレーナーは体重過多であり、それは、この業界がプロテインの摂取を必要以上に強調しているからだ。プロテインを貪欲に取っていれば筋肉がつくかのように言い、誰もがそれを実行している。すでに述べた通り、筋肉は主に水分からできており、タンパク質ではない。もちろん、毎日水を何十リットル飲んでも筋肉がつくことはない。トイレの回数が増えるだけ

だ。水を胃に大量に流し込んでも、膀胱で濾過される。ところが、度が過ぎる量のプロテインを体に放り込むと、プロテインがアミノ酸になって血流に乗り、それが分解されて糖と脂肪酸に変わる。超健康的なプロテインが、単なる糖と脂肪酸に変わるのだ。それがラードになり、内臓器官の間に挟み込まれ、胃腸の周りでゆらゆらするのである。

　余分な脂肪は、自重力アスリートにとっての大敵だ。体重を〝抵抗〟として使うため、余分な脂肪すべてが負荷になるからだ。エクササイズを難しくさせ、進歩を妨げ、太るほどに、ビッグ6のステップを進んでいくのが難しくなる。大きく突き出た腹をしていたら、キャリステニクスの偉大なマスターにはなれない。キャリステニクスをやる上で体重は大きなテーマになるので、もう少し掘り下げていこう。

## BURNING CALORIES IS NOT THE SOLUTION
## カロリーを燃やしても解決策にはならない

　体重を減らそうとする時、エクササイズに頼る人は多い。エクササイズをやれば、確かに体脂肪量の上昇や減少に影響するが、食事と比較すると、その影響は小さいものになる。余暇の一部をちょっと割くようなエクササイズでは、体重に影響するほどのものにはならない。

　たとえば、余分な体重が5キロあり、毎日欠かさず30分歩く決心をしたとする。どれくらいかければ体重を減らすことができるだろうか？　ほとんどの人は1時間につきだいたい5キロ歩く。つまり、30分につき2.5キロだ。2.5キロのウォーキングで燃焼するカロリーは、およそ150カロリー。体脂肪1キロには約7500カロリーが含まれているので、毎日欠かさず30分歩いた場合、5キロ減らすのに250日かかる計算になる。単純計算で125時間以上歩くことになる。つまり、あまりいい投資にはならない。しかも悪いことに、運動すると食欲を刺激する。意識しないまま、同じ日に減らしたカロリー分（それ以上になることもある）を取っていることもある。150カロリーは大きくない。おそらくパン2枚、ポテトチップスの小袋、コップ1杯の牛乳くらいに相当する。こうした理由から、エクササイズを重視しても、5キ

ロ減らすのに250日を超える時間がかかる可能性の方が高い。数年かかるかもしれないし、まったく体重が減らないこともある。

## FOCUS ON NUTRITION FOR WEIGHT LOSS
## 体重を減らすには

　本気で体重を減らしたいなら栄養補給に注目する方が楽だ。カロリー摂取を穏やかに減らしていけば、およそ３週間、あるいはもっと短期間で、５キロを安全に減らすことができる。

　食事を通して体重を減らす場合、やり方がいくつかある。人気があるのはカロリー計算だが、体の締まったアスリートで文字通りのカロリー計算をしている者はほとんどいない。何をやっているかというと、規則的で一貫した食事をベースラインに定めることだ。ベースラインが定まったら、そこから食べる量を少しずつ減らしていく。こうすれば、体重を落としていくことができる。

　脂肪を落とすには、監獄ダイエットをテンプレートにした以下のシンプルなルールに従えばいいだろう。

①１日３回、同じ間隔で食事する。それ以上の食事をすると脂肪が落ちにくくなる。容易に利用できるエネルギーが体内で循環し続けることになるからだ。１日を通じて６回も７回も食事していたら、確実にそれが起こる。夜遅くの食事も避けた方がいい。

②決まった時間に食べる。決まった時間がきたら食事するスタイルを守れば、血糖値が安定し、無駄な脂肪をつくらない。時間になれば食べ物が入ってくることを体が覚えるので、衝動的に食べたくなる気持ちも減っていく。

③バランスの取れた食事を取る。毎日、基礎食品群――肉、乳製品、穀物、野菜およびフルーツ――を組み合わせて食べる。食事のたびに水分を取ることも忘れない。体に合わせて１回に食べる量が少なくならないようにする。

このやり方で規則正しく食べるベースラインを定めたら、1～2週間、毎日体重をチェックする。体重が安定しているかどうか確認するためだ。安定していたら、そこから体重を減らせるようになる。体重が落ち始めるまで、毎日の食事量を少しずつ減らしていけばいい。体が受け入れてくれるよう、トレーニングと同じように漸進的に減らしていく。無理やり体重を落とせば、筋肉が落ちるからだが、辛抱強く取り組めば、そんなことは起こらない。たとえば余分な体重が50キロあったとしても、週1キロずつ減らしていけば、1年ですっぽり体重を落とすことができる。規則的な食事をもってすれば、トレーニングしやすい体重にすることは難しくない。

## THE 'SUBCONSCIOUS EFFECT' - A 'SECRET WEAPON' FOR FAT LOSS
## 潜在意識の効果──脂肪を減らす〝秘密兵器〟

キャリステニクスには脂肪の減少を促す効果があり、この点については前作でも説明している。脂肪をつけたまま自重力トレーニングを始めた人たちは、しばらくすると脂肪が減っていることに気づく。カロリーの燃焼とは関係のないところで、これが起こる。意図して体重を減らそうとしなくても、自重力トレーニングに励むことが、この効果をもたらすのだ。

ウエイトトレーニングは過食を促す。ベンチプレスで先週100キロを6レップス挙げ、今週のゴールを7レップスに設定したとする。この場合、十分食べることで、成長、修復、栄養補給を確実なものにしたくなる。ゴールにこだわればこだわるほど、食べる量が増えていく。そうすればゴールに近づくことが潜在意識的にわかるからだ。

自重力トレーニングは食習慣に反対の影響を及ぼす。先週ワンアーム・プッシュアップを6レップスやり、今週のゴールが7レップスだとする。潜在意識的に、ここで食べ過ぎたらゴールに手が届かないことがわかる。食べれば食べるほど体重が増え、プッシュアップがつらくなっていくからだ。これはビッグ6だけでなく、他の自重力エクササイズすべてに言えることだ。心の奥深くで、軽めの食事と成功体験との間につながりができていき、ト

レーニング中の苦痛も減っていく。1レップ増やすのにどうすればいいかは体が知っている。余分な荷物（脂肪）を捨てていくことだ。トレーニングをやりやすくするためには食べ過ぎない。それは、キャリステニクスをやっていれば自然に身についていく食べ方だ。

## LIGHTS OUT!
## 消灯！

　監獄スタイルの食事法？　誰もが眉をひそめるだろう。たいていの人にとって、食べることは自由と個性にかかわる話だ。そして、何をいつ食べるか他人に指示されることを嫌う。1日3回、決められた時間に食べるなんて、考えただけで息が詰まりそうになる。

　わたしも同じだったが、他の囚人アスリートたちと同じように、監獄スタイルの食べ方に価値を見出すことになった。外の世界の人たちには、何をいつ食べるかについて多くの選択肢がある。しかし、アメリカ市民の70％近くが体重過多で、それでいて40％には定期的にエクササイズするだけのエネルギーがない。アンバランスの極みだ。食事に〝自由〟と〝個性〟がどれくらい役立っているかを問う時がきているのだろう。監獄には、外の世界ほど太っている者がいない。シンプルな食事スタイルで、ワークアウトに汗を流し、それでいて元気過ぎる男が多い。監獄ダイエットはやってみる価値のあるものに違いない。

　食事と栄養の取り方は、複雑になればなるほどうまくいかなくなる。基本に忠実でバランスが取れ、決まった時間に食べる食事スタイルにこだわればこだわるほど、トレーニングがやりやすくなる。

　この章で述べた簡単な食事ルールだけで、監獄アスリートは強くなっていく。あなたも強くなれるだろう。そもそもこの簡単なルールこそが、アスリートが必要とするすべてだからだ。

# CHAPTER 20
## 傷ついた体を修復する
### MENDIN' UP

**THE 8 LAWS OF HEALING**
## 治癒を促す8つの法則

　長年の監獄生活で、わたしは数えきれないほどのケガをした。喧嘩や刑務作業、不注意による事故が原因だが、トレーニングでは大きなケガをしたことがない。週7日ハードなトレーニングを毎日こなしていた時期を含めての話だ。これは伝統的なキャリステニクスが安全なトレーニングであることのひとつの例になるだろう。ジムに行くと、重いバーベルやダンベル、奇天烈なマシンを使ってヒーヒー言っている男たちがいる。彼らは、いつもどこかを傷めている。柔らかい肉と動じない鉄の戦いでは、鉄が勝つに決まっている。

　安全にトレーニングしていてもケガに見舞われることはある。体はマシンではない。予測することも調節することも難しい、不可解で絶えず変化するものだ。350キロのデッドリフトを難なくこなすパワーリフターと話をしたことがある。彼は、20キロに満たない自分の娘を抱き上げた瞬間にギックリ腰になった。ワンアーム・プルアップを楽々とこなすくせに、歯磨き中に肩を外した男もいる。その男は一度肩を脱臼しているのだが、ワンアーム・プルアップ中は外れないのに、歯を磨いていたら外れたのだ。人間の体は時に不思議な動き方をする。もともとそうできているのだろう。

3回にわたる長期刑の間に、わたしは鼻の骨を2回折り、歯を3本なくし、左の上腕二頭筋を痛め、右前腕に3度のやけどを負い、肋骨を（再骨折も含めて）数本折り、右の膝の皿を脱臼し、仙腸靭帯を断裂し、鼠蹊部で肉離れを起こし、くるぶしを砕いた。愚痴っているのでも自慢しているのでもない。わたしよりひどい傷を抱えて監獄を後にする男は少なくない。監獄は肉体を極限まで痛めつける。それだけは確かだ。

　ケガはトレーニングの妨げになる。監獄の医療体制は外とは比べ物にならないほどお粗末なので、その妨げがさらに大きくなる。医者は、治療を求める囚人を極端に警戒する。刑務作業を逃れる口実が欲しいか、鎮痛剤（あるいは薬なら何でも）を手に入れたい。この2つが目的であることが多いからだ。ケガが軽度だと、たいていは監房に戻って温めろと言われる。トレーニングに取り憑かれていたわたしは体に痛みを感じたりちょっとしたケガをしたりすることが多かった。トレーニング以外でのケガは先ほど紹介した通りだ。しかし、その都度、トレーニングが停滞しないよう対処法を開発していった。

　言うまでもなく、わたしは医療の専門家ではない。外の世界でケガをすれば専門家の治療を受けることができるが、体験から言わせてもらえば、アスリートがケガをした時、医者はどう助けていいかわかっていない。それをもっとも知っているのはベテラン・アスリートだ。長年トレーニングをやってきて、何度もケガし、手術、投薬、理学療法やサポートにあまり頼らずに対処してきたアスリートだ。さっきも言ったが、わたしは医者ではない。しかし、そのベテラン・アスリートの条件には当てはまると思う。

　できるだけお役に立てるよう、学んだことを凝縮して8項目にまとめ、「治癒を促す8つの法則」と名づけた。年長のアスリートなら、その多くをすぐに受け入れてくれるだろう。年若いアスリートも、できるだけ早くこの考え方を採り入れ、トラブルや痛みを避けてほしい。

用意はできたかな？ では、始めよう。

## 法則1：自分を守る

　ケガを扱う最高の方法。それはケガをしないことだ。何を馬鹿な話を、と思うだろう。しかし、痛々しいケガのほとんどが、起こるはずのないつまらない原因によって起こる。ティーンエージャーに「自分を守れ」と言っても、聞いてくれることが少ない。思春期を迎えた子ども（もちろん男子だ）は、自分の体の成長のさまに調子づく。自分が不死身で無敵だと勘違いし、無鉄砲になり、危険を冒すことに喜びを感じるようになる。喧嘩をふっかけたり、車を暴走させたり、遊び呆けたりして、健康など二の次だ。で、そこから成長して分別がある大人の男になれる確率は、どれほどあるだろうか？

　ちょっとした擦り傷を負うだけでも、人は自分が弱い存在であることを自覚する。それが肋骨や指の骨折ともなると、二度と元の感覚が戻ってこない。靭帯は、完全に断裂すると再生することはない。肩を脱臼すると、死ぬまで不安定な肩を抱えて生きることになる。何らかの圧力がかかると簡単に脱臼するようになるのだ。ごく小さな裂傷や捻挫であっても、それが蓄積すれば、ついには厄介な痛みや機能低下につながっていく。20年前、高校のフットボール場で激しく体をぶつけ合ってきたタフガイたちは？　もうフットボールはやっていないのに、彼らの体は今も体をぶつけ合う時の痛みを感じている。適切なケアを怠ったからだ。

　フィットネス世界の隆盛が、体をケアする人を増やしているイメージがあるかもしれない。しかし、実際は逆のことが起こっている。ジムに通う連中は、いつかは自分の体をダメにしてしまうような愚かな繰り返し運動に夢中だ。骨を砕くほどの負荷をかけながら、ベンチプレスやビハインドネックプレスのような危険なエクササイズを毎週やり、それを何年も続ける。この繰り返されるエクササイズが関節を痛めつけ、結合組織や軟骨を削り取っていく。隣の男よりましになろうと、あらゆる類のガラクタを食べたり注射したりするが、このことが内からも外からも体を蝕んでいく。

監獄の中には、後ろ盾になってくれる者はいない。ギャングの一味に加われば守ってもらえると思うかもしれない。しかし現実的には、ほとんどの争いがギャングの仲間内で起こる。ギャング同士の抗争になったら大変だが、そんなことはほとんど起こらない。下手にケガをすれば、自分を無防備にするからであり、外の世界での抗争のように勇ましい行為にはならないからだ。このように、監獄で生き抜くいちばん賢いやり方はケガをしないことになる。

　人生のすべての局面で言えることだが、自己防御に徹することが危険を回避するカギになる。トレーニングから多くを得たい時にも、この心構えが必要になる。のちの痛みの原因になる日々の小さな裂傷や捻挫をケアすることも、これに含まれる。トレーニング中も俯瞰して物事を見るようにし、危険につながる変化を敏感にキャッチする。愚かな行為は慎む。そして、体を大切に扱うようにする。

　次のことに留意してほしい。

- トレーニング環境を安全にする。つまずくようなものが床に転がっていないか、最初に確認する。
- 器具や対象物を使う場合は、安定しているか、その動作にふさわしいかを、よく吟味する。
- 危険そうな動作に思えたら（たとえば転倒する、頭を打つなどの可能性がある）、それはやらない。
- 自己防御とは、どうトレーニングするかでもある。あるエクササイズをやっている時に痛み――努力中の不快感ではなく、ケガにつながるかもしれない痛み――を感じたらやめること。痛まないやり方でやるか、代わりになるものを見つける。

「自分を守れ」は、ケガを負った後にも適用できる（もちろん、そうならないことを願うが）。ケガをしたら、すぐに何が起こったかを確認し、さらなる危険を回避する。わかりきったことのようだが、実行できない者が少なくない。頭上のパイプを使ってプルアップしていたところ、そのパイプがゆる

んで落下した男がいた。肘をコンクリートにぶつけて骨を砕いたが、予定していたセットを終わらせるために別のパイプに飛びついた。結局、肘のケガを悪化させることになったのだが、これが自己防御とは正反対の愚かなマッチョ行為のいい例だ。結局、自分を弱くするだけで終わる。強くなれ。しかし、頭を使わなければダメだ。

ケガと同様、病気もトレーニングの妨げになる。栄養に気を配り、健康的な生活スタイルを心がける。風邪をひいていたり、ウイルスを持っていたりする人には近寄らない方が賢明だ。悪性の風邪をひくと、トレーニングが3週間ほどできなくなる場合があるからだ。

**法則2：即時治療を施す**
負傷したら身の安全を図り、回復を早める対策をすぐに講じる。

鋭く激しい関節の痛みは、アスリートの悩みの種になる。軟組織の激しい痛みは、ほとんどが捻挫や肉離れ（筋違い）が原因になっている。捻挫は靭帯を伸ばし過ぎた時に、肉離れは筋肉組織を伸ばし過ぎた時に起こる。捻挫や肉離れを起こすと、患部が防衛モードに入って腫れ始める。傷ついた部分に大量の体液を送り込み、それをクッションやショックアブソーバーにするためだ。残念ながら、体はこの腫脹をいつストップしていいかわからないことが多い。収まらない腫脹は治癒プロセスの邪魔をする。そのため、腫脹をどう扱うかが、治癒するまでの時間を左右する。

ケガをしたら、まず腫脹を和らげることが最優先事項になる。「PRINCE」に従うといい。

- **PROTECT（守る）**：これは第1の法則に続くものだ。負傷したら、それ以上の傷を避ける。ケガの原因がエクササイズであれば、そのエクササイズをやめる。原因がマシンなどの器具や対象物であれば、その器具や対象物から離れる。ケガの原因から離れることで自分を守る。

- REST（休ませる）：患部を動かせば動かすほど腫脹がひどくなる。そのため患部とその周辺を動かさないことが重要だ。エクササイズ中に肉離れを起こしたら、当面その筋肉は使わないようにする。落下して肘を痛めたら、肘に負荷をかけないようにする。常識的な話だ。患部を動かすことは長い目で見れば治療にとって不可欠だが（法則3と4を参照のこと）、ケガをした直後は安静第一だ。

- ICE（冷やす）：患部に氷を当てると、組織が冷たくなって収縮し、過度の腫脹を防ぐことができる。氷嚢か冷凍食品で患部を冷やすのが一般的なやり方だ。氷を使う場合、2〜3時間ごとに15〜20分、患部を冷やすようにする。氷での火傷を防ぐため、患部と氷嚢の間に濡らしたタオルなどを挟むようにする。氷を入れた風呂に患部を浸すやり方もある。肉離れや捻挫を起こした後の2日間に限って冷やし、それ以上は冷やさないようにする。

- NSAIDs（非ステロイド系の抗炎症薬）：NSAIDsとは、細胞レベルで腫脹を阻害する非ステロイド系の抗炎症薬で、患部の腫れを抑えてくれる。監獄ではこうした薬の入手は制限されているが、外でケガをした時に使ったところ、驚くほどよく効くことがわかった。ケガをした時のアスリートは、条件反射のように鎮痛薬──パラセタモールのように店頭で買える痛み止め──に手を伸ばす。これは間違いである。鎮痛薬に頼るのではなく、イブプロフェンやアスピリンなどの非ステロイド系の抗炎症薬を正しい処方の下で使うべきだ。痛みを取り除くだけでなく、これらの薬には腫れを抑えて治癒を促す働きがある。

- COMPRESSION（圧迫する）：圧をかけることも、患部で起こる過度の腫脹を抑える手段になる。患部を包帯できっちりと、ただし血流を阻害しない程度にくるむ。心臓からいちばん離れたところから巻き始める。痛みを伴ったり、感覚がなくなったりしたら巻きをゆるめる。

- ELEVATION（高くする）：患部から余分な体液を抜くため、患部を心臓より上に持っていく。ケガをした部位を十分な時間──少なくとも30分間──そのままにしておける安定した場所を見つける。患部に氷を当てることができないまま眠る場合にも、夜間に腫れをひかせる方法になる。

この即時治療は、関節のケガに数日間（長くても1週間）適用するとよい。当座の痛みや腫れがひき始めたら、すぐに第3の法則に移る。

**法則3：ケガをしていない部位のトレーニングを続ける**
　ケガをしたアスリートは、当たり前のように休みを取る。しかし、それが治癒プロセスを遅らせることになる。ケガをしていない部位のトレーニングにできるだけ早く復帰した方がいい。

　左腕を骨折しても、右腕をトレーニングすることは可能だ。ミッドセクションや脚を鍛えることもできる。両脚を骨折しても、胴部や腕のトレーニングはできるだろう。下背部を痛めても、手足を動かすことはできる。場合にもよるが、安全に動かせる部位があれば、トレーニングすべきだ。ひどいケガでも、イーグルクロウならできるかもしれない。

　このアプローチ法から得るものは多い。以下に紹介しよう。

・心理面——トレーニングは自己評価を高めるが、ケガをすると、それがぐらつきやすくなる。トレーニングを続ければ、自己評価が低くなることはない。トレーニングへのモチベーションが維持でき、回復期間中も自分を制御していこうという気概が生まれる。回復期間が生産的なものになり、先のことを考える余裕も生まれるだろう。

・ルーチン面——ケガをした後に休むと、タイムテーブルと習慣が乱れる。できるだけ早くトレーニングに復帰すれば、普段のトレーニング生活から迷い出る可能性が低くなる。

・クロスオーバー効果——体はシステムとして働いている。無関係に見えても、ある筋肉群を鍛えることが、自動的に他の筋肉群を強くしている。

・フィットネスの維持——運動能力は、心血管系の状態、神経細胞間の情報伝達能力、

細胞の健康度合いなどの身体機能の上に成り立っている。トレーニングを継続すれば、基本的な身体機能の維持につながっていく。

・ホルモンバランス——筋肉を増強させ、脂肪を燃焼するテストステロンなどのホルモンの放出をトレーニングが促している。トレーニングをやめると、これらのホルモンレベルが低下する。

・血液循環と血流——トレーニングすることが、体全体の血液循環を促す。それが治癒プロセスを加速させる（法則5参照）。

・ストレス減少——ノルアドレナリンやコルチゾールといったストレス化合物が過剰になると、心にも体にも悪影響を及ぼす。トレーニングを続けることが、こうした化合物の生成を抑制し、痛みを消すエンドルフィンなどの神経伝達物質を増加させる。

体の一方の側だけを動かしていると——たとえば左腕が動かない時、右腕だけを動かすなど——筋力が不均衡になるのは確かだ。しかし、ケガをした時はクロスオーバー効果を優先した方がいい。トレーニングをまったくやらなくなるより、筋力レベルを保つことができるからだ。ケガをした側のトレーニングを再開した後、筋力の対称性を均等にするまでの時間も短くなる。

ケガをした周辺部位をどうトレーニングしたらいいか、不安になることもあるだろう。しかし、「意志あるところに道は開ける」ものだ。ある理学療法士が、同じ職場にいた対麻痺になった男の話を聞かせてくれたことがある。彼は動かせる方の手でポールにしがみつき、体を前後にゆすって体幹をトレーニングしていたそうだ。覚えておいてほしいのは、どうトレーニングするかを頭を使って考え、細心の注意を払って臨むことだ。ケガを悪化させないように気をつけながら、できることをやる。それが大切だ。

高い筋力を持つ部位を負傷した時、今まで開発してこなかった筋肉をト

レーニングすると、急激に開発できることが多い。それは、（精神的にも肉体的にも）開発されていない筋肉にエネルギーが投入されるからだ。たとえば腕をケガした時は、脚の筋力を強化する絶好のチャンスになる。

**法則4：傷を鍛える**

　法則2で説明したように、ケガに対する体の最初の反応は、腫脹と炎症である。治癒プロセスを開始するには、まず腫脹をひかなければならない。腫脹が収まれば、ケガをした部位の軟組織が自己修復を開始する。そうなったら、ケガをした部位のトレーニングにいつ戻るかを考え始める。再開するまでどれくらいの時間を取るかは、ケガの深刻さによる──いずれにせよ1週間から1か月、あるいはもっと長くかかるかもしれない。

　トレーニング初心者が過ちを犯しやすいのが、このポイントだ。膝であれ、肩であれ、手首であれ、ケガをすると、治癒を促すためにその部位へのトレーニングを控える。しかし何もしないでいると、6か月後、1年後、2年後に、ケガが慢性疼痛に変わっていることに気づくだろう。100％元通りになるまでトレーニングをストップしていたら、傷が癒えることはない。

　これは、結合組織への血流が制限されやすいために起こる。トレーニングを再開すれば、血流を促進させるだけでなく、細胞治癒物質が、傷ついた組織を成長と適応のプロセスに導いていく。監獄にいた古参アスリートたちは、この事実をよく理解していた。「ケガをしたら関節を動かせ」とアスリートたちによくアドバイスしていたことを覚えている。文字通り、「ケガを運動で治す」というこの考え方には、ほとんどの人が違和感を覚えるだろう。傷を治すには安静が第一だと思い込んでいるからだ。しかし、トレーニングした方が治癒を早めることができる。

　ただし、注意書きが付いている。傷を〝鍛える〟には、慎重な観察力が欠かせない。まず、傷ついた関節や部位から腫れがひき、治癒のプロセスが始まっていると確信するまで待たなければならない。次に、ケガをした関節や筋肉を痛むことなく動かせる動作を見つける。ウエイトトレーニングの観点

から教育を受けている療法士は、軽いダンベルを動かすことを勧める。痛みなしに筋肉をふくらませるいつものやり方なら、その動作を探しやすいからだ。わたしが推薦するのは、もちろん自重力を使ったエクササイズになる。コンビクト・コンディショニング・システムの10ステップはすべて3つの〝リハビリ〟エクササイズで始まっている。穏やかな自重力をリハビリに利用したい時は、前作を参照することをお勧めする。漸進的に強度を高めていけるそれらのマイルドなエクササイズは、リハビリと理学療法に適したものになる。痛みを感じることなく傷を鍛えられる動作を見つけたら、しばらくそれをやり、レップス数を少しずつ増やしていく。レップス数が多くなるほど、血流が増加するからだ。それは、負荷が大きいためにレップス数が少なくなる動作に勝り、早い回復を可能にする。筋肉を繰り返し収縮させる単純な動作が、瘢痕組織を伸ばす。瘢痕組織がそれ以上広がらなくなるのも大きな利点になる。無理のない可動域から始め、時間をかけて最大可動域に近づけていくようにする。

**法則5：患部を温める**

　関節を再び動かせるようになると、トレーニングによって患部に送り込まれる血流が増え、回復スピードが速まる。そこに加えたいのが温熱療法だ。

　ケガをした部位に熱を加えて癒やす。これはかなり古くからある治癒技術だ。古代エジプト人が使っていたし、古代ギリシャ人やローマ人も患部に温めた布や湿布を当てる療法について書き残している。現代の囚人たちも温熱療法に頼り切っているのだが、その背景には、鎮痛剤や抗炎症薬を出すことに消極的な医療体制がある。わたしがケガをした時に使うのも温熱療法だ。ただの関節痛であっても、ゴム製の小さな湯たんぽに湯を入れ、患部に20分間当てる。こうしていると、固くなっていた組織がゆるむのがわかる。それが治癒を早めてくれる。痛みも鎮めてくれる。

　患部に熱を当てると、その部位の毛細血管が拡張し、患部へ流れ込む血液が多くなる。治癒プロセスには、この酸素と栄養素に富む血液が欠かせない。そのため、患部周辺の血流をよくすると回復が早まる。増えた血液は組織を

弛緩させ、痛覚の脳への戻りをほどよくブロックする。わずか数分後に鎮痛効果が現れることもある。

　熱を使えば、慢性的なあるいは深刻なケガに対処することもできる。わたしは湯たんぽを使うが、外の世界には、ジェルタイプのパックとか、豆がたくさん入ったパックが売られている。これらは電子レンジで温めて使う。火傷したり痛みを感じたりしない程度に熱し、患部に１時間につき20分間ほど当てる。これらの温熱療法に代わるものとして半々療法がある。患部に温かいものと冷たいものを交互に当てるやり方だ（たとえば湯と冷水を別々のボトルに入れておき、患部に交互に当てる）。半々療法を使うと、血液循環が相当促進させる。適した温度に設定できるなら蛇口やシャワーヘッドを使ってもいい。冷たいものを当てると一時的に肌が無感覚になるので、次に温かいものを加えた時に火傷しないよう気を付けてほしい。また、冷たいものを当てている間は、体を温めないようにする。

　熱を当てると患部での血流が増える。そのため、腫脹や炎症が残っているうちは温熱療法を施してはならない——熱が腫脹を促すからだ。腫れが消え、患部をやさしく動かせるようになってから、熱を当てるようにする（法則４参照）。ハードなトレーニングの後には、筋肉や結合組織が炎症を起こすことがある。エクササイズの直後、触ると痛みを感じるような部位は温めないようにする。腫脹が残っている時も含め、こういう場合は氷を当てるのがベストだ。

### 法則６：ゆっくりと通常のトレーニングに戻る

　ケガをしてからしばらく経つと、ある程度、患部を動かせるようになる（法則４）。治癒が進むと、ある時点でかつてのベストパフォーマンスを目指したくなる。体にはケガを癒す力があるが、ピーク時のパフォーマンスに戻す時は、できるだけ時間をかける。急ぎすぎてケガがぶり返したら、ピーク時に戻すまでの時間がさらに延びることになるからだ。ゆっくりと着実に進むスタイルが、回復を目指すレースを制するカギになる。

痛みなしに十分な可動域を使えるようになったら、コンビクト・コンディショニング・システムのよりハードなエクササイズに移る。負荷を加えていくのだ。一度にいくつものステップを跳び越えてはならない。ごく軽いケガであっても、ベストの状態に跳躍することだけは避ける。ひとつひとつのステップを慎重に上がっていくのだ。どれくらいかけてベストパフォーマンスに戻れるかは、個々の治癒スピードとケガの程度による。直感と五感をガイドにするしかない。少しずつ蒸気を上げていけば、立ち塞がるはずの壁を、見る前に打ち砕くことができるだろう。

**法則7：信念を持つ**

　アスリートは自分の身体能力に強い誇りを持っている。運動能力を自己評価の中心に据えている人も多く、たとえ一時的でも、その能力が損なわれるとひどいショックに見舞われる。意気消沈して自殺することさえある。わたしは、日本のマラソンランナーでオリンピックメダリストだった円谷幸吉の例をよく覚えている。メキシコシティ・オリンピックの前に腰痛でトレーニングができなくなり、命を絶ってしまったのだ。

　ケガは精神的なストレスを招き、それがネガティブな気持ちにつながってゆく。二度と回復しないと思い込んだら、リハビリをやる動機を失い、さらに、治癒が著しくスローダウンするだろう。そのストレスがネガティブな気持ちを呼び、それがまたストレスを招くサイクルに入り込む——これが、「自己実現的な予言」と呼ばれる状態だ。よくならないと本当に信じてしまったら、たぶんよくはならない。

　逆も言える。自分を信じることができれば、回復する可能性が急上昇する。ケガの状態が思わしくないように見えても、ケガがつくり出すネガティブな世界に住み着いてはならない。たいていの場合、ケガは実物以上に大きく見えるものだ。体には奇跡をつくり出す力がある。わたしは、絶望的なケガから完全復帰した例をいくつも見てきた。スポーツの世界には、普通ならキャリアを閉じることになるケガを克服し、偉業を成し遂げたアスリートがたくさんいる。医療の歴史の中にも、絶対に無理だと言われながら立ち上がって

歩き出した事例が溢れている。時間はかかるが、信念さえあれば、傷が癒える可能性が高まるのは間違いない。

　前向きな態度で、1日ごとの改善に集中することが大切だ。前向きな気持ちで今日だけに目を向けていれば、エネルギーレベルを高めることができる。免疫システムを刺激し、気分を和らげてくれるセロトニンという神経伝達物質や痛みを軽減するβエンドルフィンも放出される。最近の研究では、気分がよい状態がヒト成長ホルモン——もっともパワフルな同化治癒物質のひとつ——の循環を増やすことがわかっている。

　回復することを信じ、それを期待することが治癒力を引き出す。それを利用すべきだ。

**法則8：治癒は学習プロセスである**
　法則7に関連するが、治癒の過程にもやるべき多くのことがある。わたしたちはケガをすることを負の体験と見なす。しかし、これは正しくはない。

　傷つくことを完全な悪と見なしたら、チャンスを逃すことになる。わたしは何十年もトレーニングを続けてきたが、ケガをした時にまさに、自分の体について何か新しいことを学ぶチャンスになってきた。傷つくことで、自分の体がどう動いているかを調べる気になるし、フォームを見直したり、新しいメソッドを学んだりするきっかけにもなる。ケガを利用すれば、傷ついた経験を、運動能力を高める上での投資に変えることができる。

　傷を負うことには、さらに深いメッセージが隠れている。ケガをすれば、どんなアスリートも一瞬立ち止まる。今いる戦場をじっくり見渡すよう仕向けられる。自省の機会になるし、なぜトレーニングを始めたのか、なぜ体を鍛え続けているかを思い出させてくれる。肉体がもろく、貴重なものであることの確認にもなる。古代文化では、治癒を神が行っている神聖な行為と見なしていた。わたしたちに大切なことを思い出させてくれるからだろう。

教訓を得るためにケガをしろと言っているのではない。大切なのは、法則1に従って自分を守ることだ。しかし、いつかは大なり小なり傷つく時が来る。長年の間にわたしが学んだのは、ケガをすることは——監獄に閉じ込められることと同じように——世界の終わりではないことだ。じっくり観察すれば、どんな不遇からも学ぶことができる。完全に否定しなければならない体験は、人生にはひとつもない。

## 【治癒を促す8つの法則】

### 法則1:自分を守る

何よりもケガを避ける。自分を守り、状況を注意深く観察することでサバイバルを図る囚人の姿勢に学ぶ。体をケアし、危険を避け、安全なトレーニングを心がける。

### 法則2:即時治療を施す

軟組織を負傷した時は、PRINCEプロトコルに従う。
- PROTECT（守る）——それ以上のケガを避ける
- REST（休ませる）——差し当たっては患部を動かさない
- ICE（冷やす）——炎症を抑えるために、患部を冷やす
- NSAIDs（非ステロイド系の抗炎症剤）——抗炎症剤が症状を改善する
- COMPRESSION（圧迫する）——きつめの包帯で体液が過剰になるのを防ぐ
- ELEVATION（高くする）——心臓より高い位置に患部を持ち上げ、腫脹を抑える

### 法則3:ケガをしていない部位のトレーニングを続ける

ケガをしていない部位を鍛えても安全だとわかったら、すぐに実行する。回復を早め、規律を保つことができ、運動能力や体調の維持につながるからだ。

### 法則4:ケガをした部位を動かす

放置したままにすると、血流不足になって、痛かったり負傷したりした関節が"硬化"しやすくなる。痛みを感じなくなったら、すぐに負傷した部位のトレーニングを再開する。負荷が小さいエクササイズを用い、レップス数を少しずつ増やしていく。こうすることで治癒が早まる。

### 法則5:患部を温める

囚人アスリートは普段、医療の代わりに温熱を用いる。患部の周りの腫脹が完全に治まったら、温熱パックを使って温熱療法を施す。

### 法則6:ゆっくり立て直す

痛みが弱まったら、少しずつ通常のトレーニングに戻していく。自分のペースを保つ。

### 法則7:信念を持つ

ケガを負っても落胆しない。回復できると信じれば、治癒スピードが速まる。

### 法則8:治癒は学びのプロセスである

傷を負った自分を俯瞰して眺め、自分の体について何かを学ぶ機会にする。

## INJURY – A PRISON EXPERIENCE
## 大暴動とケガ

　ケガとどう向き合うか？　20代の初めまで、そんなことは考えもしなかった。しかし、ある事件を契機に、この身をもって体験することになった。

　1982年にサン・クエンティンで起きた暴動が、その事件だ。1000人以上の囚人がかかわり、多数の重傷者を出した大暴動だった。原因はわからない。〝公式〟の説明がたくさん出たが、わたしは、そのほとんどがでたらめであることを知っている。人種問題やギャング同士の対立といった要因はあったが、それが根本的な原因ではなかった。

　それはアッパーヤードで始まった。のちにメディアが「組織化された集団暴動」と表現したが、それもでたらめだ。確かにその時、ヤードにはたくさんの囚人が出ていた。しかし、瞬く間に暴動が拡大したため、組織化する時間などなかった。恐怖と怒りの雲――数週間前からふつふつと沸き始めていた雲だった――がサン・クエンティン全体に突然、降りてきたようだった。

押し合いへし合いがあり、個人間のちょっとした喧嘩が始まった。喧嘩を始めたふたりの仲間や近くにいたギャングがすぐに加勢し、ヤード全体が乱闘騒ぎになった。これが火種となって炎が上がった。15分も経たないうちにサン・クエンティン全体が無秩序状態に陥り、アドレナリンが沸騰するカオスの巣窟になった。

　わたしは暴動の始まりにかかわっていなかったし、何の関心もなかった。事件が起きた時、たまたまヤードにいただけの話だ。多くの囚人が傷を負っていった。今は監視の目が厳しくなったが、当時はペンや歯ブラシでつくったナイフや小刀、短剣が、広く出まわっていた。一部の人間にとっては、心に隠し続けてきた復讐を果たす絶好の機会になった。2人のギャングに取り押さえられたわたしの知り合いは、3人目の男が持っていた短いナイフ——2つに割った鉛筆を軸にし、そこにカミソリの刃を挟んだもの——で耳から耳へと顔を切り裂かれた。彼は、その傷跡のせいでいつも笑っている顔になってしまった。

　わたしも傷つくことになった。暴動が最高潮に達した頃、ヤードの北側にいる知り合いのところへ行こうかという考えが浮かんだ。休憩時間になると、いつもその辺で彼らがたむろしていたからだ。ぶつかり合うオレンジ色の囚人服をかき分けていけばいいと思い、それを実行した。しかし、人込みがあまりにも密集していたため、結局、数分後にはカオスの真っただ中にいることに気づいた。後の祭りだった。ヤードの外周から離れる過ちを犯したのだ。氷のような恐怖で心臓をつかまれた——押しつぶされて殺されるのではないか？　という思いが頭をよぎった。暴動から逃れるために活路を見出したかったが、どっちへ向かっていいか見当がつかなかった。

　そこへ何人かが突進してきた。暴動の最後に加わった群衆が起こした大波だった。その大波が今より15キロほどやせていたわたしを直撃し、数メートル後ろに撥ね飛ばした。ちょうどそこにイタチのような顔をした小男がいて、そいつにぶつかった。このイタチ男が肩甲骨で突き返してきたので、右クロスで彼の貧弱な顎を思い切り打ち抜いてしまった。しかし、これが痛恨

のミスになった。彼が倒れたかどうかはわからない。その瞬間、巨大な男——たぶんミスターイタチの彼氏だろう——の肩が左から割り込んできたからだ。その大男をつかんで身をかわしたところ、勢い余った男がコンクリートめがけて突っ込んだ。そこまではよかったが、男の方でもわたしの囚人服をつかんでいた。そのため、わたしも一緒に倒れてしまった。起きる足がかりにしようと大男の体に足を引っ掛けた瞬間、不幸が襲ってきた。

　突然、超太ったハゲ野郎がのしかかってきたのだ。ものすごい勢いでつまずいて、そいつが倒れ込んできた。体重が130キロはあったに違いない。まるでハーレーダビッドソンか何かがのしかかってきたようだった。そのハゲがわたしの上に落ちてきた時、わたしの体はひどくねじれていた。耳をつんざくような大騒動の中で、「ボキッ」という大きな音が響き渡った。左足に落雷のような一閃を受け、悲鳴を上げた。膨張したカオスのすべてが倒れ込んできて、殺される……という妄想が頭をよぎった。しかし幸運なことに、それ以上は誰ものしかかってこなかった。キングコングの下からはいずり出て、足を引きずりながらその場を離れた。

　少し経って、わたしはヤードの別の場所にいたが、傷ついたことがわかっていた。左足に何の感覚もなく、役に立たない棒切れのようになっていたからだ。

## INJURED IN SAN QUENTIN
## サン・クエンティンで負傷して

　永遠に続きそうな暴動だったが、少しずつ収束していった。夜が来て、アドレナリンとエンドルフィンが消え始めると、痛みが始まった。まずいことをしでかしたとわかった。太ももの裏にある筋肉が骨から剥がされ、ガスバーナーで焼かれ、縫い直されているような感覚だった。愚かにもわたしは、それを歩いて直そうとした。その激痛は耐え難いものだった。翌日になると腰全体が動かなくなった。立ち上がるのも一苦労で、支えなしでは歩けなかった。背骨かどこかの骨を折ったのだと確信し、その恐怖から看守に相談することにした。

ひどいケガであることを見て取った看守が、監獄内にある病院へとわたしを連れて行った。そこは大暴動の犠牲者の群れでぎゅうぎゅう詰めだった。ブラック・コメディの「M＊A＊S＊H」を見ているようで、ひどいものだった。この暴動は、サン・クエンティンの歴史上最悪のものだったと言われている。そして、病院が未曾有の忙しさのさなかにあることは間違いなかった。

　かなり待たされた後、わたしの番になり、数人の医者が診察を始めた。起こったことを説明すると触診を始め、脚を15分くらい動かし続けた。拷問のようなこの検査が終わった時は、心底ほっとした。汗だくになって車輪付きの担架に寝かされていた。年取った医者が、その同僚と相談した後、わたしのところに来て話し始めた。「さてと」。南部訛りがあった。「君の状態ははっきりしている」。わたしは黙って判決を待った。「股関節の靭帯が断裂している。たぶん仙腸関節の靭帯だろう。腫脹の程度から判断すると、きれいさっぱり断裂しているね」

「いつになったら治るんですか？」と尋ねると、医者は眉を吊り上げてわたしを見た。

「断裂した靭帯はもう治らない。切れてしまったら、それきりだ。わたしたちが君にして上げられることはほとんどない。当分の間、刑務作業が免除されるよう頼んでおくが」。そう言うと、行列に並ぶ次の患者を診るために踵を返してしまった。

　監房に戻る助けにしろと、アルミ製の松葉杖を渡された。こつんこつんと音を立てながら、監房までの長い通路をゆっくり歩いていった。そこには、射るような囚人たちの視線があった。ぞっとした。それ以前にも、監獄内で恐怖や無力さを感じたことはあった——これは誰にでもあることだ——が、捕食動物に睨みつけられた時のような恐怖を感じたのは、この時が初めてだった。永遠に伸びていくような通路を、足を踏み出すごとに落ち込みながら進んでいった。ケガが治らなかったらどうなるのか？　医者は、切れた靭

帯は元には戻らないと言った。生涯この役立たずの足を引きずって歩くことになるのか？

サン・クエンティンのような悪の巣窟で身体障害者として生きていく──考えただけで身の毛がよだつ思いがした。すぐにケガを治さなければならなかった。さもなければ、弱っていることを見破られる。それはこの先、トラブルの山がのしかかってくることを意味していた。同じような例をたくさん見てきたため、自分の未来が透けて見えた。負ってしまったケガから回復するには理学療法が必要だったが、専門家のヘルスケアを受けるチャンスなどあるはずがなかった。問題を解決できるのは自分だけだった。

## HEALING THROUGH SUPPLENESS
## 瘢痕組織をストレッチする

その週の残りのほとんどを、ベッドに仰向けになって過ごした。それから壁伝いによたよた歩いて、みすぼらしい図書室に辿り着き、リハビリに関する本を探した。2冊見つけ、どちらも軟組織のケガについて同じ点を強調していることがわかった。それは、治癒後の動きを不自由にするのは、傷そのものではなく瘢痕組織だという点だ。どんなケガをしてもできるのが瘢痕組織だ。この組織には利点が多い。傷を負った組織をつなぎ合わせ、失われた機能に取って代わり、感染が始まらないようにしてくれるからだ。さらに、通常の組織よりも強い。しかし、その強さが欠点になる。柔軟性に劣るのだ。柔軟性がないため、患部が本来の状態よりも硬化する。周辺の筋肉を引っ張り、スピードや機能性を低下させる。関節痛ももたらす。瘢痕組織をしなやかにするたったひとつの方法は──ご推察の通り──受動的ストレッチ（第13章参照）をやることだ。

患部に痛みを感じさせないストレッチを開発し、それを毎日、できる時は1時間ごとにやるようにした。これが背中と腿に効いた。数週間後には、上体を対象にしたキャリステニクスができるようになっていた。1か月後には普通に歩いていたし、6週間後には脚を対象にした自重力トレーニングを再開することができた。そこから治癒スピードが速まった。新鮮な血液が患部

に栄養素を送り込むようになったからか、毎日良くなっていく感じだった。患部のストレッチを続けた。回復期を通してストレッチを研究し、柔軟性とヨガに関する本を貪るように読んだ。3か月後、わたしの股関節は完全に元に戻っていた。以来、この部位に問題が起こったことはない。事故の前から身を捧げていたキャリステニクスが治癒を助けたのは確かだ。ケガをする前のわたしの筋肉は、健康で、新陳代謝が速く、たくましかった。しかし、ケガを負った股関節を絶えずストレッチしたことが、回復を可能にしたことは間違いがない。

繰り返しになるが、人が自分の体について何かを学ぶのは傷ついた時だ。何もかもが順調に進んでいる時、人は体をケアしない。監獄でケガをする。それは恐ろしい出来事だ。しかし、その恐ろしい出来事が、わたしの柔軟性研究のスタート地点になっている。

## PRISON MASTERS
## 監獄内のストレッチマスターたち

ケガの後、わたしは真剣にストレッチをやるようになり、高度なストレッチ技術を教えてくれそうな人物を探し始めた。最初は武道家から話を聞いていた。監獄にいる何人かの武道家と知り合いだったが、そのほとんどは、当時、西海岸で人気があった拳法をやっていた。アメリカに拳法を紹介したジェームズ・ミトセが、殺人罪でホルソム刑務所に収監されていた事実は、ほとんど知られていない。彼は最後にサン・クエンティンに移ってきていた。そして、わたしがそこに入れられた時、まだ生きていた。しかし残念なことに、わたしが入った数か月後に亡くなってしまい、結局、彼に教えを請うことはできなかった。

ストレッチを教えてくれる囚人アスリートは少なかったが、その後、何人かのレスラーや、ごく少数のヨガに詳しい人物（奇妙に聞こえるかもしれないが、サン・クエンティンがカリフォルニア州にあることを思い出してほしい）の元に出入りするようになった。彼らを通して、さまざまな受動的ストレッチに通じていった。

キャリステニクスに復帰した後も、わたしは受動的ストレッチを続けていた。しかし、トレーニング前にストレッチすると、どこかが傷みやすくなることがわかった。そのため最後には、傷を癒してくれた受動的ストレッチをやめることにした。受動的ストレッチは、安全に能動的ストレッチができるまでのリハビリとして利用するだけでいい。その時がきたら、受動的ストレッチから能動的ストレッチにスイッチさせる。そして、簡単なキャリステニクスに取り組むようにする。関節周辺の筋肉にしなやかな強さを取り戻すためだ。この流れに沿って進めば、治癒スピードを最速化することができる。

## LIGHTS OUT!
## 消灯！

　ケガを治療する話は魅力的なものではない。しかし、アスリートにとって絶対に欠かせない話でもある。理想とする体を手に入れるまでには、たくさんのトレーニングが必要だ。長い時間がかかるため、思い通りに機能する体を維持することがポイントになる。ケガの後の慢性的な痛みや苦痛のために、多くのアスリートがトレーニングをやめていく。しかし、やめる必要などない。正しい知識さえあれば、もっとひどいケガからでもカムバックできるからだ。

　残念なことに、体を治癒させるための知識は、体験を経てひとりひとりが身につけていくものだ。ケガをしたアスリートひとりひとりにアドバイスをすることは、もちろんできないが、ケガに対処する技術を蒸留して伝えることはできる。それが８つの法則だ。この法則を使えば、ケガに悩む時間を、何か月、あるいは何年分か節約することができるだろう。

# CHAPTER 21

## 内なる声と向き合う
### THE MIND

**ESCAPING THE TRUE PRISON**
## 心の監獄から自由になる

　暗闇の中では、誰もがひとりだ。

　これは、祖父が亡くなる前に語ってくれた最後の言葉だ。その時、わたしは10歳くらいだった。30年以上も男やもめだった祖父は、ノースカロライナ州にあるクレイトンという小さな町の、古く、薄汚れた家にひとりで住んでいた。80代で、健康でも、幸せでもない老人だった。週2、3回、母とわたしで訪ねては、身の回りの世話をしていた。母が雑用をし、その間、祖父の隣に座って話に耳を傾けるのがわたしの習慣だった。ある年齢に達すると、人は、他人の話を聞きたくなるものだ。

　祖父と最後に会った日、祖父の家の近辺で強盗事件が多発していた。寝る前にドアに鍵をかけるよう、母が口を酸っぱくして注意していた。その日の帰り際、夜ひとりぼっちで家にいるのは怖くないかと祖父に尋ねてみた。その時、祖父が言ったのが「暗闇の中では、誰もがひとりだ」という一言だ。そんな言葉を聞いたことはなかった。しばらくの間、耳にこびりついて離れなかった。葬式の日、棺が暗い穴の中へ下ろされていくのを見ながら、祖父

の言葉がどういう意味なのか考えていた。「暗闇の中では、なぜ、誰もがひとりになるのか？」。「母親か妻、あるいは犬が家の中にいたら、どうなるだろう？」。意味がわからなかった。しかし、いつの間にか、その言葉をきれいさっぱり忘れてしまった。

　サン・クエンティンでの最初の夜。灯りが消えた後、祖父の最後の言葉が蘇ってきた。その夜は眠れなかった。同房者はいたが、人生でこれほど孤独だったことはなかった。囚人たちの怒鳴り声や叫び声に囲まれ、祖父が何を言っていたかがよくわかった。

　収監されてから最初の数か月間は、眠れないと祖父のことを思い出すようにしていた。話し聞かせてくれた内容を反芻したかったのだ。監獄では、灯りが消えると誰もが、家族や幸せだった時代を回想する。祖父は若い頃、サンフランシスコで説教師か何かをしていた。厳格さで知られるルター派で、地獄の業火と責め苦を説くクリスチャンだった。わたしが子どもの頃、母がいなくなると怖い話をすることがあった。母がいる時は決してそんなことはしなかった――たしなめられるからだ。祖父が一度ならず聞かせてくれた話の中に、悪いことをすると思いも寄らない形で罰せられる、というものがあった。罰するのは祖父ではなく、悪魔だ（ルター派にとっての悪魔は、まさに子どもをさらっていくブギーマンだ。祖父はそれを信じていた）。わたしは何でも信じてしまう田舎の子どもだった。そして、とうとう意を決し、祖父に尋ねることにした。「僕が悪さをしたことを悪魔はどうやって知るの？」と。祖父はしわだらけの顔をわたしに近づけ、熱の込もった表情を浮かべながらささやいた。誰の肩にも、見えない悪魔がぶら下がっている。そして、間違いを犯すのを待っている。その時がくるや否や、真っ逆さまに地獄へ連れ去るのだ、と。心底ぞっとし、何週間も震えが止まらなかった。

## INNER NEGATIVITY
## 心の中のネガティブな声

　さて。その話は本当かもしれないし、本当ではないかもしれない。宗教の話になると、とんとわからなくなる。信心のかけらでもあれば、こんな人生

にはならなかっただろう。しかし、コンクリートの要塞に閉じ込められて何千もの夜を過ごした結果、祖父がわたしに教えようとしたことが、象徴的な意味で〝本当〟であることがわかった。それは祖父だけでなく、古い時代の預言者が説いていた〝真実〟でもある。誰の周りにもネガティブな力が潜んでいる。そして、警戒をゆるめると即座に人生に入り込んでくると、いう〝真実〟だ。

　わたしたちを奈落の底に引きずり込むネガティブな力。それは、翼があり、三つ又を持った悪魔の顔はしていない。心の中から聞こえてくるものだ。自己批判や精神的な壁、破壊的思考、疑いや怒りなどの感情がもたらす声だ。わたしたちの心の中にいて、わたしたちを引きずり下ろして、どこかへ連れ去って行く悪魔。それは、わたしたちの頭蓋骨の中でつくり出されるものかもしれないが、祖父が言ったように、いつも「待っている」。そして、時がくるや、わたしたちを圧倒するものになる。

　鉄格子の内側にいると、そういった悪魔と何度も出会うことになる。外の世界には、悪魔の声を聞き流す手段がたくさんある。テレビをつける、散歩する、映画を観に行く、友達に電話する等々。しかし外の世界にいたとしても、夜ひとりになって世界から切り離されると、悪魔の声がはっきり聞こえてくるだろう。監獄で自殺を試みる者が夜になると増えるのも、これが原因だ。多くの囚人が宗教に傾倒するのも同じ理由からだと思う。暗闇の中でひとりになると、悪魔が突然リアリティを増すのである。

## SIX TRANING DEMONS
## トレーニング上の6つの悪魔

　これらの悪魔――ネガティブな心の状態――は、常にわたしたちと共にある。心から逃れられない以上、そこからも逃れられない。食べる時、他人とかかわる時、働く時、遊ぶ時も後をついてくる。睡眠中もそばにいて、悪夢となって現れる。いつも一緒にいて、わたしたちが成すことすべてに影響を及ぼす。それは、トレーニング中も例外ではない。

心が体をコントロールしている。トレーニングからたくさんのものを得ている自覚があっても、暗闇の中に迷えば、トレーニング生活が挫折する。筋肉だけ強靭になってもダメだ。破壊的な独り言に閉じこもっていたら、記録が伸びることはない。内なる声には、喜びや高揚感に満ちたワークアウトを破壊する力がある。トレーニングがつらい、何の成果もない、退屈だ――そういった独り言が時間を侵食し、活力を蝕み、ワークアウトを渇いた荒野に変えていく。

悪魔は誤った思考から生まれてくる。そういった思考パターンの多くを、わたしたちはほとんど偶然に身につける。意図して身につけるのではない。しかし、いったん頭の中に住み着くと――他人から吹き込まれたものかもしれないが――追い出すことが難しい。良い思考は心から飛び去っていくが、悪い思考は根を張って離れない。そこに永遠にとどまろうとする。

それを許してはならない。必要ならば毎日、そして毎夜、心に巣くう悪魔に立ち向かうしかない。ネガティブな思考と破壊的な自問自答をそのままにしていたら、心の中の暗黒面が拡大し、ついには精神を支配し、あなたを破壊することになる。トレーニング人生を攻撃するネガティブ思考と戦う唯一の方法は、その存在を認め、戦うことにある。

向上していこうとするわたしたちを攻撃する6種類の悪魔と、それへの対処法を以下で伝えたい。

わたしは戦ってきた。あなたも続いてほしい。

**悪魔1：劣等感**

「どの男も、わたしより大きくて強い……わたしはトレーニングに向いていないのではないか」

変化を求める試みには、長い時間軸が必要になる。それは何をやる時でも

同じだ。そして、トレーニングも例外ではない――というより、それを実証するよい例になる。

わたしは、最高の天分を持ち合わせながら、初心者の域から抜け出せない男たちをたくさん見てきた。他人と自分を見比べ、早々とトレーニングをやめてしまうのだ。一方で、やせたピーウィー・ハーマンが、セコイア製の警棒を素手でポキリと折るモンスターに成長した例もある。ネガティブな心の声と対決することが、モンスターをつくるのだ。

天分ほど当てにならないものはない。どこからスタートするかは問題ではないのだ。大切なのは、時間をかけて、どこまで辿り着くかだ。トレーニングしない限り、それはわからない。とにかく続けることだ。

**悪魔2：落胆**

「進歩していない」

モチベーションの喪失は、十中八九、この思考がもたらす。「強くなっていない」とか「筋肉が衰えてきている」も同じ。トレーニングをやめさせようと、しつこい自問自答を繰り返させる。

プログラムが激しすぎたり、複雑すぎたりする時に、この独り言が始まりやすい。いったん基本に戻るといい。バリエーションをやっているならいったん止めて、ビッグ6に集中する。1週間を使って、6つのエクササイズを1日につきひとつずつやるようにする。1エクササイズを2ワークセットに限定し、少ないレップス数でスタートし直すのだ。すぐにレップス数を追加できるようになるので、トレーニングに弾みがつく。エクササイズをやるたびに進歩し、強くなっていく感覚を思い出せるだろう。

悪魔3：痛み

「痛くてつらい。関節炎になるのではないか？ こんなこと、やる価値があるのか？」

痛みは男たちを疑い深くさせ、自問自答に導く。にもかかわらず、誰もが痛みについて多くを語らない。だまって耐えるのが男らしさだと考えるからだ。しかし、痛みは思っている以上にモチベーションに干渉してくる。

痛みとトレーニングは切り離せない。パフォーマンスを向上させようとすれば、一時的ではあるが激しい痛みを体験する。筋肉の奥に痛みが残ることもある。

それは好ましい痛みでもある。強くてタフな自分と出会うための熱だと思

## 【自重力に限界はない】

トレーニングを始める動機が必要なら、優れたアスリートから学ぶといい。シフ・ジョン・マローが格好の例になるだろう。

その控えめな立ち居振る舞いからは、人を叩きのめす技術に精通しているようには見えない。少林寺拳法7段で、世界屈指のキャリステニクスのマスターでもあるマローは、メディアによく出てくるアスリートのように有名ではない。しかし、レジェンドと呼ぶにふさわしい人物だ。

マローは、春になるときまって断食する。2004年の断食は41日間にも及んだ。その間に摂っていたのは、フルーツジュース、水、タンパク質補給のための豆乳だけ。断食期間中でも毎日プッシュアップを数百回やり、フルタイムで少林寺拳法を教えていた。断食で筋力が落ちただろうか？ 断食の最終日、非公式ながらプッシュアップのギネス世界記録を破っている。1分間で139回だ。当時52歳だったが、後に公式の場でその記録を塗り替えた。

2011年、マローは59歳になっていた。この年、1時間で2000回のプッシュアップに挑戦し、達成している。しかも、手の甲で体重を支えてのハードなプッシュアップだ。自分の力を誇示するためではない。「Kids Against Hunger」の資金集めのためのパフォーマンスだった。真のアスリートとは彼のような人物を言うのだと思う。

えばいい。しかしそれは、筋肉にできないことを課した時の痛みとは違う。そういった時の好ましくない痛みは、体にトラウマをもたらし、蓄積し、慢性的な関節炎や深刻なケガにつながっていく。好ましい痛みと好ましくない痛みの違いは、ワークアウトを重ねていけばわかるようになる。好ましい痛みの多くは筋肉で起こり、エクササイズを始めた後、決まった時点で現れる。好ましくない痛みの多くは関節と軟組織で起こり、長引いたり、トレーニングが終わってしばらくしてから思いがけない形で現れたりする。

　キャリステニクスの動作は、自然が意図してそうつくったように体を動かす。関節にとっても安全なトレーニングと言えるし、傷めるどころか、それを強いものにしていく。続けていれば、体にしなやかさを残しながら年老いていくことができる。老人特有の関節の痛みやケガも防いでくれる。これは、他のトレーニング法では得られない利点と言える。

**悪魔４：加齢**

「トレーニングをやるには、あまりに年を取り過ぎている」

　大事な話だ——まだ年を取っていないとしても。

　あなたが10代であれば、年を取ることなどまったく考えていない。新鮮な気持ちでトレーニングできるし、体だって新鮮だ。20代になるとぼんやり年齢を意識し始めるが、自分だけは年を取らないと高をくくっている。ともあれ、プロスポーツ界で目立つアスリートのほとんどが20代である。30代に突入し、突然考えが変わる。プロのアスリートたちも若さを保とうとする。しかし、30代半ばのチャンピオンなんていない。高校の時に一緒にフットボールをした仲間は……太って頭がハゲてくる。数年経つと、大きなマイルストーンである40歳が迫ってくる。フィットネス雑誌に出てくるモデル、ジムでワークしている同年代がどんどん減っていく。50代になる。運動するにはもう年だ。60が見えているのに、真剣にトレーニングしている自分が変に思えてくる。それにしても、時間が指の間をこぼれ落ちて行くのが、いかに速かった

ことか……。

　これが普通の人のフィットネス観だ。おもしろいことを教えてやろう。そいつらは馬鹿だ！！！

　トレーニングが何たるかをわたしに教えてくれたのは70代の男性だった。その時、わたしは20代だった。彼は当時、ビッグ6のマスターステップのうち5つをこなせた──わたしはただのひとつもできなかった。若い囚人アスリートのほとんどがマスターステップをひとつもできず、彼といると誰もが自分の弱さを痛感したものだ。

　多くの〝専門家〟が、トレーニングにいちばんいいのは10代だと言う──それ以降に筋肉や筋力をつけようとしても思わしい結果は得られない、とも。しかし、そんなことはない。実際には、筋力トレーニングにもっとも適しているのは30～40代だ。若い頃、やせっぽちだったのに、30を越えてから筋肉質になっていった友人がいないだろうか？　新陳代謝が低下したことで、彼らの体が筋肉──新陳代謝がいいと燃えてしまう組織──を保てるようになったからだ。ほとんどの10代の若者にとって、本物の筋肉をつけることは難しい。なぜなら、その年代の体組織が熔鉱炉のように激しく燃え盛っているからだ。だから、どれだけハードにトレーニングしようと、どれだけ食べようと、筋肉をつくるためのエネルギーに多くがまわらない。10代のボディビルダーが急激に筋肉をつけることがあるが、それはパフォーマンスドラッグによることがほとんどだ。そいつは、10代なのに刈り入れ時を迎えている。彼が70代になってスーパーボディビルダーになっていないことだけは断言できる。元気でいられたら奇跡と言っていい。

　まがい物ではない筋力をつけるには時間がかかる。数か月ではない。何年もかかる。トーマス・インチや〝アイアン・サムソン〟ことアレキサンダー・ザスといったアスリートたちは、50代になってやっとそのピークに達している。わたしたちの体は、70代に入ってもハイレベルの筋力を生み出し、保ち続けることができる。マイティ・アトムは、80代になっても力技を披

露していたそうだ。ビクトリア朝時代の怪力男たちには常識だったことを、最近の科学が理解するようになっている。すなわち、高齢者の力の衰えの多くは加齢によるものではなく、「使わない」ためだ。確かに、年を取れば取るほど適応力や回復力が低下していく。それを否定するわけではない。しかし、地道にトレーニングを続けながら年を取った者だけに与えられる恩恵がある。トレーニングを重ねてきた体験、体を鍛える時の知恵、自制心などだ。それで相殺すればいい。

筋力トレーニングは、年を取ると危険になるどころか、健康に過ごす上で欠かせないものになる。骨粗鬆症や関節炎、動かなくなった体は化学薬剤では治療できない――それらと戦うもっともいい方法はレジスタンス・トレーニングだ。文字通り、体（体重）を動かすことだ。

命がある限りトレーニングを続けてほしい。貴重な時間を無駄にしないように。何歳であってもいい。今すぐエクササイズを始めることだ。

**悪魔５：無気力**

「トレーニングに飽きた」

トレーニング上の問題は、現実世界ではなく心の中から生まれる。その完璧な例がこれだ。

ひとりの男が長い時間かけてプルアップをやっている。喜びと興奮を覚え、身体的なチャレンジの虜になっている。次のワークアウトに備えて痛みを抱えながら眠りにつく日々を送っている。彼にとってのエクササイズは、しびれるような楽しみだ。向上していく自分が見えるし、前回のベスト記録を破ることが絶えざる励ましになっている。昨日よりも今日、今日よりも明日と筋肉がつき、強くなっていく自分にスリルを感じている。ところが、彼の同房者はプルアップをやってしばらくすると、それに飽きてしまった。プルアップが、腕を痛くするだけの面倒な作業にしか見えなくなる。

何が違うのか？　ふたりの男は同じことをやっている。違いは、何を考えているかにある。

　トレーニングに飽き、無気力になる瞬間が、どんなアスリートにも訪れる。トレーニングに打ち込んでいても、やる気は刻々と変化する。しかし、それは気まぐれではない。あなたが健康な人間である証拠だ。トレーニングに飽きが来た時、それを乗り越えるカギは、「退屈は心の状態である」と理解するところにある。その退屈を打ち破るには、トレーニングに対する取り組み方を見直す必要がある。以下にいくつかのアイデアを紹介する。

・退屈が一時的な状態であることを意識する。続けていれば、トレーニングに対する熱意は戻ってくる。そこで止めてしまったり、だらけていたりしては、自己嫌悪に陥るだけだ。

・トレーニングを始めた動機を思い出す。ゴールを見直してみる。弱かった自分が、トレーニングをやることでどれほど強くなったかを考えてみる。トレーニングがそれをもたらしたのだ。

・ゴールを再設定する。挑戦的であるとともに達成可能なゴールでなければならない。翌月中にビッグ6のすべての動作でステップを上げる、といった少し高めのものがいい。

・トレーニングを単調にしない。型に囚われたワークアウトになっていると感じたら、ルーチンを刷新する。トレーニング量やトレーニングする日、エクササイズをミックスする。バリエーションやクロストレーニングを加えるのも効果的だ。ワークアウトをもう一度、創造的でエキサイティングなものにするのだ。

・未来に向かって変化し続けていること、進化し続けていることを忘れてはいけない。理想としている筋力レベルと体格を思い描く。それを手に入れた時、どう感じるかを想像してみる。トレーニングを続けることが、それを現実のものにする。

・トレーニングがハードすぎる、あるいは長すぎる場合は、潜在意識が反抗し始める。ハードに鍛えてもいい。しかし、潜在意識の反抗が始まったら、少し楽なトレーニングをやる期間にする。潜在意識を休ませるのだ。休息が多いルーチンに変え、ワークセット数も減らす。もちろんハードにトレーニングする。しかし時には、体と心を休ませる余裕を持つ。

・少々ずるいやり方になるが、報奨制度を設けてもいい。自分にご褒美というやつだ。たとえば向こう２か月間、週３日をトレーニング日に設定する。達成できたら自分に褒美を与える。

　上記のアイデアを使えば、モチベーションの貯蔵タンクに燃料を注ぎ足すことができる。それでもダメなら燃え尽き症候群だ。２週間の休みを取り、その間トレーニングのことは考えないようにする。他の趣味をやるか、旅にでも出ればいい。気持ちをリフレッシュしてトレーニングに戻り、無理がないトレーニングを再開する。ほどなくして、炎が上がり始めるだろう。

## 悪魔６：時間

「トレーニングする時間がない」

　これは、わたしのトレーニングキャリアの中では出会うことがなかった声だ。監房の中で、わたしは時間を持て余していた。そして、トレーニングだけが時間をつぶすためにすがることのできる、たったひとつの方法だった。

　しかし、誰もがこうではない。外の世界では、トレーニングする時間があり余っている人などいないし、年を取ると事態が悪化する。仕事で重い責任を負わされる。毎日遅くまで働かなければならなくなる。家族がいて、妻や子どもたちと過ごす時間がある。シンクを修繕する、フェンスにペンキを塗るといった家庭仕事もある。正気を保つためにテレビを観て、７～８時間寝る。さあ、どこにトレーニングする時間があるというのだ？

ここからポジティブな話に移ろう。

キャリステニクスであれば、あまり時間を使わずにトレーニングができる。プルアップバーさえ都合できれば、すべてのワークアウトが自宅でできるようになる。ドア枠を利用するタイプのバーを買えば十分だ。キャリステニクスに2～3時間を費やすアスリートも確かにいる──わたしもかつてはそれ以上やっていた。しかし、そこまで時間を投資する必要はない。プログラムを刈り込め。筋力は量ではなく強度によってつくられる。だから、質に焦点を当てていればいい。キャリステニクスのほとんどのワークアウトは、1つのエクササイズが2つのワークセットでできている。ほとんどが5分とかからない。5分の余裕がない人がいるだろうか？

時間がないことを理由にやめるのは、結局、間違った結果になる。トレーニングが生きるエネルギーを高めてくれるからだ。体の調子がよければ、日々の仕事や義務を、はるかに迅速に、効率的にこなすことができるようになる。言うまでもないが、余った時間は人生に付け加えられる。トレーニングはあなたの時間を盗んだりしない。反対に、時間を与えてくれるのだ。

＊＊＊＊

より強い男になることを目指す旅の途上で聞こえてくる〝内なる声〟を説明してきた。おそらく、あなたもどこかでこれらの声に出会うだろう。あなたにしか聞こえない声に立ち向かう時がくるかもしれない。それが何であれ、乗り越えられるよう祈っている。

暗闇の中では、あなたもわたしもひとりになる。頼りにできるのは自分だけだ。

## LIGHTS OUT!
## 消灯!

　この本も、ついに最後まで来た。これが本当の消灯になるだろう。

　この本を書こうと決めた時、ゴールに設定したことがある。長い監獄生活で得たコンディショニング技術のすべてを記録し、世間に公表することだ。本書はトレーニングについて書いたものだが、最終章は、コンディションを保つ要となる心の問題に捧げることにした。

　それは、わたしがトレーニングから真に得たものが、筋力を超えたところにある何かだったからだ。内的な何か、心理的な何かだ。ほとんど精神的なものと言っていい。いちばん近いのが〝望み〟のような何かだろう。未来は、よりよいものに変えていくことができる。少しずつ確信となっていったその思いだ。どんな過ちを犯そうとも、その過ちによって辺境に追いやられようとも、何か学ぶことがあり、内面を変えていくことができるという信念だ。しかし、変わっていくには、かつての行いを手放さなければならない。そのためには誰の内にもある最高の資質——小さな進歩を続ける力——に目を向ける必要がある。

　この本のどこかで言ったように、わたしは宗教的な人間ではない。そして、筆者としての力量のなさを痛感している。だが幸運なことに、ここでわたしが表現したい心情を、説教師のラインホルド・ニーバーが「平穏の祈り」の中で表現してくれている。それは、アルコホーリクス・アノニマスとナルコティクス・アノニマス（それぞれアルコール依存と薬物依存の世界的自助グループ）が採用した祈りだ。口にする者たちの心に染み付くのだろう、監獄の中で何度も耳にすることになった祈りでもある。その最初の一節で本書を閉じることにしたい。

　　変えられないものを受け入れる安らぎ、
　　変えられるものを変えていく勇気、
　　この２つを見分ける賢さを与えたまえ

これでひと通りのことをお伝えした。
さあ、わたしの監房から出て、
ここからは、あなたらしいプッシュアップを！

## 監獄ジムでバーベルを挙げる
### PUMPIN' IRON IN PRISON

### MYTHS, MUSCLE AND MISCONCEPTIONS
### 神話、筋肉、そして誤解

　最後の服役を終えて外に出てすぐの頃、昼間のトークショーを観るという〝災難〟にあった（なんでそんなことになったのか今でもわからない）。テレビなんて嘘っぱちしかやらないが、この時はひどかった。正確なタイトルは忘れたが、『監獄の中にあるジム、究極の危険地帯！』というような番組だった。出演者の中に際立つ２人がいた。囚人にウエイトを挙げさせると、強くて欲求不満のレイプ魔をつくると信じている母親グループのリーダーと、犯罪者にエクササイズが必要なら、鎖に繋いで外の世界で肉体労働させればいいと言い放つデブの保守系議員だ（ちょっとおもしろい考えではあるが）。他の出演者が監獄のジムに抱いている考えも似たり寄ったりだった。実際、監獄のジムから思い浮かべるイメージは次のようなものだろう。

　危険で反社会的な悪党が監獄に入り、終日、何もやることがない。で、中庭でギャングに混じってバーベルを挙げるようになる。この男が刑期を終えて外に出てくると、相変わらず危険で反社会的な悪党のままだ。しかし、入った時よりも強くて大きな悪党になっている。

　こういった考え方が通説になっている。

監獄に悪党があふれているのは真実だ。しかし、そこでウエイトトレーニングする男が、実際に大きくなったり強くなったりすることはほとんどない。そんな馬鹿な、と思うかもしれないが、それが現実だ。誰もが、監獄内で囚人がトレーニングすれば強くて筋肉質になると思っている。違う！　それは、外の世界にいる人間が抱く誤解にすぎない。間違いと混乱に基づくこの誤解は、4つの基本的な神話に分けることができる。それらの神話をひとつひとつ見ていこう。

## MYTH #1
## 神話1

### すべての監獄にジムがある

　基本的な神話だ。連邦法によれば、健康とフィットネスのために、すべての監獄がレクリエーション領域を提供しなければならないことになっている。しかし、歩き回る庭しかないところも少なくない。ウエイトを挙げられる監獄ジムは1950年代につくられ始め、80年代にピークに達した。そして最近は、毎年減少している。

　どこの監獄にも設備の整った巨大なジムがあるんだろうと言われると、笑いを禁じ得ない。矯正施設についてレポートしている新聞や雑誌を読んだことがないのだろうか？　そこは地獄のように混雑している。巨大なジムをつくるための床面積なんてない。

　カリフォルニアにあるいくつかの監獄では、犯罪者を収容できなくなって、寝台が3つ分高くなっている。監獄内の人口密度が上昇していくために、ジムがあったとしても、常に閉鎖の危機に瀕している。だから、監獄が大きなヘルスクラブであるわけがない。

　設備が整った大規模なジムを持つ矯正施設があるのも確かだ。ライカーズがそうだ。しかし、それは例外であり、おそらく長く続くことはないだろう。

BONUS CHAPTER　監獄ジムでバーベルを挙げる　311

メディアのプロパガンダと市民の抗議に曝され、政治家は監獄内のジムへの資金援助の削減を常に求められている。アンクルサム（訳注：アメリカ政府のこと）の財布がピンチになるたびに、最初に攻撃を受けるのが監獄への公的支出だ。その結果、フィットネスブームが押し寄せた1980年代に爆発的に増えた監獄ジムの数は、減る一方だ。矯正施設の民営化によって設備や器具が売却され、ジムが閉鎖されていく地域もある。

ジムを完全に排除したいと考えている政治家もいる。1999年、ニュージャージー州の議員であるボブ・フランクスは、連邦および州のすべての矯正施設で、ボディビルディングとウエイトトレーニングを禁止する法案を提出している。喜ばしいことに可決はされなかったが。しかし、映画やテレビに出てくる囚人は、一日中ウエイトを挙げているクレイジーサイコのように描かれることが多い。これが続く限り、ジムがなくなるのはそう遠いことではないだろう。

## MYTH #2
## 神話2

**監獄ジムは男をより強く、より筋肉質にするのに適した場所だ**

ほとんどの人がわかっていないのは、そこにあるジムが、外にあるジムのようなものではないことだ。重量を使って強く大きくなるには、フリーウエイトが必要になる。ボディビルダー、ウエイトリフター、パワーリフターにとって、フリーウエイトは王だ。商業ジムや大学にあるジムのほとんどすべてが、フリーウエイトを基本にしている。それは、たくさんのダンベルとプレートがあることを意味している。ダンベルは、50キロあるいはそれ以上の重量まで、1キロ単位で上昇する。オリンピックバーベルになると20キロ（バーそのもの）から、どれほど強い男でも押しつぶされる350キロ以上まで重くできる。簡単な計算をすればバーの重量を調整できるのがオリンピックバーベルだ。20キロ、10キロ、5キロ、2.5キロ、1.25キロのプレート重量を足すか引くだけだ。ここがポイントだ。なぜなら、2.5キロ刻みで調節可能な好みのバーベルをつくることができるからだ。

監獄のジムではそうはいかない。ダンベルがあるところもあるが、ほとんどのジムにはない。わたしが見てきた６つの監獄ジムのうち、ダンベルがあったのは１か所だけ。しかも、15キロの１種類しかなかった（すべて棚にチェーンで繋がれていた）。バーベルは？ テレビや映画に出てくるように、確かに重いバーベルがある。ところが、商業ジムのようにプレートを足していくタイプのバーベルではない。取り外せないようプレートがバーに永久的に溶接されているバーベルがあるだけだ。

なぜこんな状態なのか？ 看守に聞けば、すぐに教えてくれる。囚人がウエイトを武器として使わないようにするためだ！ 重いダンベル（特に鋳鉄製で重り部分が六角形のもの）は棍棒にぴったりで、気に入らない相手の頭蓋骨を簡単に陥没させることができる。オリンピックバーベルに使うプレートも危険きわまりない。1994年、ライカーズ内の監獄ジムで小規模な暴動があり、10人の囚人と15人の警備員が重傷を負っている。20キロのプレートが頭に当たった警備員は、ほとんど死にかけた。空のバーベルバーでさえ、頑丈な六尺棒に早変わりする。1993年、オハイオ州ルーカスビルにある刑務所で起きたイースター暴動で、それが証明された。体育館の控え室に何人かの警備員が身を隠したのだが、彼らを守るコンクリート壁を、囚人ギャングの一団がバーベルバーで叩き壊したのだ。そして、警備員のひとりを殺害した。この暴動では、囚人も数人殺されている。

囚人という生き物はものすごい縄張り意識を持っていて（元ギャングにこの傾向が強い）、ウエイト場では定期的にいざこざが起こる。もしジムの床にダンベルやプレートが無造作に転がっていたら、看守が反応する前に、死体が一緒に転がることになる。これが、一般世界が考えるほど監獄内にフリーウエイトが見られない理由だ。将来的には、もっと少なくなるだろう。

ここでわたしが言いたいのは、監獄内では、少しずつ重くなっていくバーベルやダンベルが使えないという点だ。ウエイトをやっていない人は、ウエイトが重すぎて実際には挙げられないことが、どういう問題なのか理解でき

ないだろう。

　重いウエイトを挙げた時、わたしたちの体に起こるのが〝超回復〟だ。重いウエイトを挙げるという苦難は、とてつもないストレスを体にかける。それは、細胞レベルでは生きるか死ぬかといった世界だ。体はこう考える。タフな体験だった。同じことが起こるかもしれないので、少し強くなろう。そして、律儀にも１週間ほど強くなる。だが強くなるのは少し──１％くらいだろう（ほとんどの場合もっと少ない）。これは、次回のトレーニングでもう少し重いウエイトを挙げられるようになることを意味する。しかし、わずか１％なので、今回120キロをベンチプレスできたのなら、次回は１キロ分のプレートを加えることしかできない。ウエイトを使って強くなるには、この小さな１％を増やしながら、１週間後、１か月後と、何年もトレーニングを続けていかなければならない。このシンプルな戦略以外、方法がない。

　この超回復の比較的小さな利益は、さまざまな重量のウエイトがないと利用できない。たとえば１～２か月間、50キロでがんばってベンチプレスしている初心者がいるとする。超回復によって筋肉が少しずつ強くなり、次は52.5キロを試す準備が整った。外の世界では、バーの両端に1.25キロずつ足して52.5キロにできる（多くのリフターは、0.5キロ、0.25キロといったさらに軽いプレートを足していく）。しかし、監獄ジムではこの利益を得ることができない。バーの重さが20キロで、プレートの重さはそれぞれ20キロだ。つまり、ほとんどの監獄ジムでもっとも軽いバーは60キロということになる。これは、平均的な初心者がベンチプレスするには重すぎる。そして、次の重さは、両端に２枚ずつプレートがついた100キロになる。３番目のバーは、プレートが３枚ずつついた140キロ（これが監獄ジムでもっとも重いバーになる）だ。60キロをベンチした後が、いきなり40キロも重い。60キロのバーを使っているのに、次が100キロでは強くなりようがない。同じことが100キロから140キロに移る時も起こる。100キロと140キロをベンチプレスできるのは、収監される前にその重さを挙げていた男たちだけだ。監獄にいる間に、それができるようになる者はいない。

# MYTH #3
# 神話3

すべての囚人が日がな一日ウエイトを挙げている。
そのことが、巨大な化け物を量産している

　わたしには、この神話がどのように始まったかがわかる。収容人数が大きい監獄のウエイト場を見学するチャンスがあったら、必然的に巨大な男たちのワークアウトを見ることになる。ダンプカーをベンチプレスできそうな腕まわり50センチの男たち。目に焼き付く光景だ。しかし、監獄でのトレーニングが彼らの筋力と筋量をつくることはない。それは外の世界でつくったものであり、彼らはその巨大で威圧的な筋肉を維持するために必死にトレーニングしている。ちなみに、巨大な筋肉を持っているとギャングの目に止まりやすくなる。必然的に、監獄にいる巨大な男たちは暴行やギャング関連の犯罪に巻き込まれやすくなり、数か月から3年ほど刑期が長くなる傾向がある。

　繰り返して見てきた光景がある。監獄に入ってきた巨大なボディビルダー（全国レベルの競技者もいる）が、最初は威張って歩いている。ところが、数週間が過ぎてステロイドが切れ始めると、サイズが小さくなっておとなしく歩き始める、という光景だ。こういったマッチョ男が監獄に入ってきて、体格が改善されるのを見たことはない。彼らの最大の望みは、外へ出る日まで、密売されているステロイドを使いながら、監獄にある粗末なウエイト場で体を維持することだけだ。

　もちろん、監獄内で大きくなる男がいないわけではない。しかし、100のうちの99のケースで、ウエイトトレーニングとは関係がない。そいつはステロイドを使っている。ステロイドは、アメリカにある監獄システムの中で広く流通している。収監された男たちは、できるだけ速く巨大かつ威圧的な存在になろうとする。そのため、ステロイドとジムワークが結びつく。しかし、ステロイドには欠点がある。このテーマについては、256ページ以降で詳しく説明しているので参照してほしい。

ウエイト場でワークアウトしている筋肉のモンスターの群れは監獄ジムがつくったものではない。それは、出所する日まで筋肉を維持しようと必死になっているモンスターの群だ。彼らの裏側にあるストーリーを外にいる人たちが知ることはないだろう。さらに、そういったモンスターは、全体から見てごくごく少数派だ。ストリートにいる平均的な男の頭の上に肩がある囚人は、外の人が思っているほど多くはない。

## MYTH #4
## 神話4

**監獄では、いつでもウエイトを挙げることができる。
だから、囚人が巨大で強くなるのは当然だ**

　これも誤解だ。ウエイト場の有無にかかわらず、すべての矯正施設でレクリエーション時間は厳しく制限されている。ジムがあっても、ジムへ行く時間は制限されている。いつ行ってもいいわけではない。多くの場合、許可を得るための申請書に記入しなければならず、週２回に制限されている（申請者が多い場合はもっと少なくなる）。確かに、毎日かなりの時間を中庭のウエイト場で過ごすことができる施設もある。しかし、そうできることが囚人をより強くするだろうか？

　そんなことはない。フリーウエイトの初心者や非アスリートは、ウエイトが体にかける大きな負担を理解していない。過度のバーベルワークは関節を傷め（科学者が微小外傷と呼ぶものだ）、軟組織に炎症を起こす。毎日やったら、肩、膝、肘、腰、手首の関節を削り取っていく。筋肉障害にも結びつく。ホルモンシステム、特に副腎と内分泌腺にストレスをかけることにもなる。過度のウエイトトレーニングは、内からも外からも体を弱らせていく。

　毎日ウエイトトレーニングを長くやれるから強くなれるんだろ、と誰かが言う時、わたしが笑う理由がこれだ。そんなやり方でトレーニングすれば反対に摩耗する！　どんな男だって病気になるかケガをする。そして、残忍と

も言えるやり方で鍛えても、体のサイズや強さが大きく変化することはない。

　それではなぜ、時間さえあればウエイトピットに入り浸る囚人がいるのか？　答えはステータスをつくるためだ。ギャングもごろつきも、監獄では不安定で脆弱な立場になる。そこで、いつもウエイト場にいるワルのマッチョというイメージをつくろうとする。ウエイト場でいつも同じ顔を見ることになるのは、それが理由だ。

## TYPICAL PRISON WEIGHTS PROGRAMS
## 監獄ジムのウエイトトレーニング・プログラム

　外の世界では、これらの神話が信じられないほど普及している。多くの人たちが囚人のウエイトトレーニングについて聞いてくるのは、それだけ興味があるテーマだからだろう。監獄内にいても、こういった実態を知らない者が多いことからすると、4つの神話はこれからも生き続けるだろう。わたしは自重力アスリートだ。だから、どうでもいいことなのだが、メディアを喜ばせるイメージはできるだけ打ち消そうとしている。

　わたしも数回ウエイトを手にしたことがある。賭けのために、全米囚人パワーリフティング競技会に参加したこともある（3位に入った）。ウエイトには関心がなかったが、アメリカにある12の矯正施設の半分で、何千ものウエイトトレーニングを目撃してきた。監獄に入ってくる巨大な男たち、セミプロのボディビルダーやパワーリフターとも議論した。だから、監獄ジムで一般的に行われているトレーニングがどんなものか話すこともできる。

　監獄には、異なるバックグラウンドを持ち、運動能力も異なるさまざまな者が集まってくる。そのため個々の囚人が、異なるルーチンに従ってウエイトを挙げている。しかし、共通するガイドラインがいくつかある。

## THE PRISON KING
# 監獄ジムの王

　監獄ジムのエクササイズの中では、何と言っても、ベンチプレスがキングだ。ウエイト場で尊敬を得たいなら、それは主に、どれくらいベンチできるかによる。前述したように、通常３種類の重さのバーベルがある。60キロ、100キロ、140キロだ。その140キロのバーは、多くの監獄でシンボル的な存在になっている。そいつは強さの象徴だ。ニックネームがつくこともある。サン・クエンティンにある140キロは「ビッグ・ダディ」と呼ばれていた。

　ウエイト場では体が大きいリフターが目立つ。そのため、すべての囚人が強力であると思われがちだ。しかし、それは真実ではない。観察した結果をおおまかに言うと、囚人の約40％が60キロを１レップだけベンチできる。100キロをベンチできるのは、おそらく全体の５％だ。140キロを数レップス挙げる人数を推測することは難しいが、多くはない。全体の１％未満であることは確かだ。だから、ビッグ・ダディをベンチできれば、リスペクトされる存在になれる。

　監獄ジムでは強さをアピールすることが何よりも大切になる。そのため、「強制レップス」がよく使われる。これは、筋肉が疲れきってそれ以上ウエイトをプッシュできなくなったセットの最後にパートナーのサポートを受ける技術だ。パートナーがバーをつかんで数キロ分を受け持ち、バーの軌道を導く。こうすることで、ベンチしている人は完全にセットを完了できる。しかし、この「強制レップス」が完全に乱用されているのが実態だ。特にベンチプレスに多い。ひとりで挙げられる重量以上のウエイトをプレスしようとするのだ。実際は仲間（時には２人！）がバーを動かしているだけなのに、ベンチの上にいる者がものすごい力持ちのように見せかけようとする。

　わたしはこの行為を「強制レップス」ではなく「フェイクレップス」と呼んでいる。手伝っている男たちは忙しい。セット終了後に「おい、俺はほとんど触ってなかったぜ！　全部お前の力だ！」と大げさに騒ぎ立てる仕事が待っているからだ。10レップスのうちの９レップスがこんな感じの時もあ

るし、ベンチ上の男より助けている男たちの方がヘトヘトになっていることもある。チームの強さをアピールするための、まさに〝チームワーク〟だ。しかしフェアな立場から言えば、多くの監獄には３種類のバーベルしかないことも理由になっている。ベンチする男の強さがこの３種類のどれかに完全に一致するとは考えにくく、助けが必要になるのは致し方ない。

　囚人リフターが次に好きなエクササイズは、プルアップだろう。ウエイトを体に着けることもあるし、着けないこともある。外の世界のように、カールが２番目に来ると予測したかもしれない。ところが、そこには、プルアップをやらなければならない重要な理由がある。ベンチプレスをうまくやるために欠かせないエクササイズになるからだ。奇妙に聞こえるかもしれない。ベンチプレスは胸筋と上腕三頭筋のエクササイズであり、プルアップは背筋や上腕二頭筋を鍛えるエクササイズだ。プルアップに精を出す真の目的は、背中を厚くすることにある。というのも、ジムにあるようなクッションの入った金属製のベンチが、監獄ジムのほとんどには存在しない。費用がかかるだけでなく、持ち上げて投げることができるからだ。こういう理由のため、20年の間に見てきたベンチは、ほぼ全部がセメントで固められた建築用コンクリートブロックでつくられていた。このベンチに横たわるだけでも、脊柱にいいわけがない。そこで100キロの鉄をベンチしたらどうなる？　これがプルアップに人気が出た理由だ。背中を鍛えるプルアップをやっていれば、そこに筋肉がつき、情け容赦ないベンチの硬さと戦う時のクッションになる。プレスしている間、脊柱を守ることもできる。筋肉質の分厚い背中がないと、監獄の硬いベンチでプレスしている悲哀を痛みとともに感じることになる。

　プルアップは体重が軽い方がやりやすい。そのため、本当に強いパワーリフターであっても、体重が重すぎるためにプルアップができない場合がある。太っていたら無理だ。プルアップができないリフターが背中を鍛える時は、バーベルロウをやる。お気に入りはリバースグリップ・ロウだ。バーをオーバーハンドグリップではなく、カールグリップで握る。わたしが話をした男たちは、普通のロウより広背筋をつくるのに適していると信じていた。

だが、これが本当であるかどうかはわからない。

## THE OBSESSION WITH ARMS
## 腕への執念

　監獄のウエイト場で、ベンチプレスに精を出す男たちの次に目立つのが、巨大な腕をつくることに執念を燃やす男たちだ。ほとんどの囚人は、ジムでトレーニングする時間の半分を銃（腕）の手入れに費やす。愛情を込めて腕をトレーニングする。実際には、腕は体の中でも弱い部分のひとつだ。脚、股関節、背中、胸といった筋肉エンジンと比べ、馬力が小さい。しかし、もっとも目に触れやすい部位なので、その男の筋系や体力全体を腕が物語ることになる。腕を大きくして周囲を威嚇したいという心理も働いている。囚人にとって巨大な腕は、象にとっての牙のようなものであり、強さと男性性をアピールする。そういった腕を持つ男たちは袖を肩までたくし上げ、できる限りＴシャツやタンクトップを着ようとする。監獄に腕を崇拝する文化があるのは間違いがない。その文化が生み出し、広く使われているトリックがあった。レクリエーション時間の前になると、監房内で、勢いをつけたクローズ・プッシュアップを何セットもやる。体中の血液すべてを無理やり腕の筋肉に流し込むのだ。一時的に腕を大きくし、血管を浮き出させてから、レクレーション時間に臨むのだ。もちろん、周囲からナメられないためである。

　ウエイト場で腕を長時間トレーニングする時は、上腕二頭筋のエクササイズの直後に上腕三頭筋のエクササイズをやり、それを繰り返すスーパーセットが人気だ。血液で腕を素早く膨らませる最良の方法になるからだ。この無限のパンプアップは、長期的にリフターを大きく、または強くするものではなく、一時的に腕を大きく見えるようにするだけのものだ。だとしても問題はない。大切なのはイメージだ。筋金入りのボディビルダーなら、際限なく腕を血液で満たしても成長しないことはわかっている。漸進的に重いウエイトにしていく短くて集中的なセッションだけが腕を育てるからだ。腕に繰り返し血液を満たすスーパーセットは、無意味なことをやっているように見える。しかし、監獄が危険な場所であることを思い出してほしい。評判とヒエ

ラルキー上の位置が、本物の運動能力と同じくらい大切な場所だ。隣の男が巨大な〝銃〟を持っていたら、一時であろうと、もっと大きく自分の〝銃〟を膨らませなければならない。それは、国同士が威嚇し合う軍拡競争に似たところがある。

　スーパーセットは比較的軽量で行うことが多い。これは、腕のワークアウト（およびパンプアップ）が長引きやすいからだ。スーパーセットを好む男は、ピットでの時間を重い重量を使った腕のエクササイズから始める。通常60キロのストレートバー・カールからだ。たくさんカールすることになるので、体ができていない男ほど不正行為をする。100キロをカールしている男でさえ「強制レップス」と「フェイクレップス」をやることが多い。設備の整った監獄ジムであれば、3種類のバーベルの他に軽いキャンバードバーがある。カールをやるのに便利で、60キロのバーが重過ぎる時のトライセプス・プレスもやりやすくなる。タオルワークで腕を鍛えている光景もよく見かける。これは、タオルを押したり引いたりするエクササイズで、タオルの反対側をパートナーが握って抵抗を加える。時には太いロープが代わりに使われる（自殺リスクを回避するため、あまり見かけないが）。そこでやるのは、カール、リバースカール、フロントレイズ、フレンチプレスなどだ。タオルやロープを使ったワークは、抵抗を調整できるので人気がある。

　見せるためではない機能的な腕をつくろうとする男たちもいる。重いウエイトでベンチプレスを決めるには、強力な上腕三頭筋や〝腕の後ろの筋肉〟が必要になる。これは、重い鉄を使ってゆっくりしたペースで少ないレップス数を好む真剣なパワーリフターたちを指している。パワフルな上腕三頭筋を求める男たちがやるのは、スカルクラッシャーという不吉な名で呼ばれるエクササイズだ。ベンチの上に仰向けになり、バーを上方へまっすぐロックするか、腕をわずかに曲げた状態でスタートする。バーが額に触れるまで、前腕を後ろに曲げていく。前腕を動かすだけで、上腕は動かしてはいけない。上腕三頭筋が分離され、肘に大きなストレスがかかる。60キロのバーでスカルクラッシャーをするには、相当な筋力が必要だ。わたしは100キロでこれをやる男の伝説を聞いたことがある。しかし、実際に見たわけではないの

で真実かどうかはわからない。監獄にいるパワーリフターは、ベンチプレスの補助として重いウエイトを使ったトライセプス・リフティングをたくさんやって、腕を男らしいものにする。筋肉を見せてくれるように頼むと、ほとんどの男が袖を巻いて上腕二頭筋を膨らませるが、実際は、上腕三頭筋の方がはるかに大きく、より強力な筋肉である。ウエイト場にいる男たちの大部分が、腕を大きくしようと上腕二頭筋をパンプアップするために時間を費やすが、上腕のサイズの約3分の2を上腕三頭筋が占めている。太い腕にするにはこちらを鍛えた方が早い。

## BOULDER SHOULDERS
## 岩のような肩

古典的なボディビルディングでは、広い肩が良質な体格の特徴だと見なされる。そこに細いウエストが組み合わされると、筋肉の塊のイリュージョン、身体美学の聖杯をつくり出す。監獄の場合、肩のトレーニングは、腕のトレーニングの後のおまけみたいなところがある。好まれているのは、アップライト・ロウ、スタンディング・ミリタリープレス、クリーン・アンド・プレス、シーティド・プレス、スタンディング・シュラッグ、プレス・ビハインドネックの順だ。アップライト・ロウが好まれるのは、弾みをつけたズルができるからだ。そのため多くの男たちが60キロのバーでレップできるようになる。強くなればなるほど、リフターはシーティド・プレスを好むようになる。それはアップライト・ロウのようにズルができないからで、本当に強くなければ重いウエイトを扱えないからだろう。

## LOWER BODY LIFTS
## 下半身リフト

脚を鍛える時に好まれるのは、バーベルスクワットとデッドリフトだ。どちらもパワーリフティング形式で行われる。脚のワークは、上半身のワークほどの人気はない。男たちは上半身に関しては週に6日、または7日間ワークする。スクワットは、おまけのように数セットしかやらない。普通は週に1日だ。

外のちゃんとしたジムには、大抵スクワット用のパワーラックがある。しかし、パワーラックのある監獄ジムは少ない。フリースタンディング・スクワットラックの方が多いが、鎖で一緒につながれていて、棍棒として使えないようになっている。それさえないところも多く、そうなると、ベンチプレスに付随しているラックからバーを持ち上げなければならなくなる。ベンチプレスラックは、スクワットをやるようにデザインされたものではない。大男が首の裏にバーを置いて上に動かすには、バーの下に自分を押し込まなければならない。痛い。スクワットが外の世界ほど人気がないのは、たぶん、これが理由になっている。

　ミッドセクションをワークするトレーニーも散発的に見ることがある。シットアップ用のローマンチェアがある監獄ジムもあるが、チンニングバーでニーレイズやレッグレイズをやっている男の方が多い。シットアップする方の男の足の上にもうひとりの男が立つ二人一組の腹部トレーニングを見たこともある。腹部は、それほどハードにはトレーニングされていない。外の世界では、モテるためにシックスパックを彫る腹部トレーニングが欠かせない。監獄では、誰かの男でない限り、波打つミッドセクションは必要とされない。

　わたしが監獄にいたおよそ20年の間に、ウエイト場でふくらはぎをトレーニングしていたのは3人だけ。うち2人は国際的なボディビルダーであり、できるだけ体型を崩さない努力をしていた。ふくらはぎが、ボディビルディング競技会では重要なポイントになるからだ。3人ともやっていたのは、高レップス数のバーベル・カルフレイズだった。ボディビルディングの知識がある読者なら、カルフマシンとダンベルがなければドンキー・カルフレイズをやると思うだろう。二人一組になって、ふくらはぎをトレーニングする方が上半身を前に倒し、その背中にもうひとりが乗ってやるカルフレイズだ。

　このエクササイズに人気がないのは、後ろが見えなくなるからだ。このコンビには隙ができる。監獄でやるには覚悟がいるエクササイズになる。

# LIGHTS OUT!
## 消灯!

　監獄ジムには際立って目立つ巨大で威圧的な男たちがいる。しかし、人口比率的には少数グループだ。強そうで立派なその体型も、監獄のパンピング・アイアンで育てたものではなく、入る前に培養したものであることがほとんどだ。ステロイドも乱用されているが、リフターに与える効果は一時的なものであり、長期的には負の効果をつれてくる。

　囚人はマッチョな暴力野郎ばかりだというステレオタイプが広く流布している。しかし、その多くは（マジシャンが使う）煙と鏡のようなものだ。わたしはDTA（Don't Trust Anybody）──誰も信じるな──の哲学の信奉者だ。監獄にいる者にとってとても大切なこの哲学は外の世界にも当てはまる。たとえば、監獄にいる男は、ストリートにいる平均的な男よりもテストステロン量が多い傾向にある、という有名な理論だ。その過剰なテストステロンが男たちを攻撃的にし、特に暴力犯罪を起こす可能性を高くする、というやつだ。馬鹿な話だと思う。ウォール街で株式売買している普通の男も、肉体労働をしている普通の男も、監獄の中の普通の男と同じくらいのテストステロンを持っている。違いは、育った環境と、これまでの人生で下してきた決断にあるのであって、血管を流れる物質の多寡が原因ではない。テストステロン量云々は、たいした意味がないということだ。わたしは監獄で長い時間を過ごし、今は外の世界にいる。その経験から言わせてもらえば、外の世界にも、監獄内と同じくらい多くのサメや捕食者がいる。やつらが外の世界で自由に獲物を狙う生活を謳歌できているのは、捕まるほど馬鹿ではないというだけの話だ。

# ACKNOWLEDGEMENTS 謝辞

危険を冒し、メモ書きにした一風変わった話を出版してくれたジョン・デュ・ケインに感謝したい。あなたのアドバイス、導き、サポート、そのガッツにも。最高だぜ、ボス。

パベル・サッソーリンにも感謝したい。自重力ワークを一般世界にもたらしたパベルの先駆的な努力がなければ、本書が生まれたかどうかわからない。本書にはさらに高度な内容が含まれていたが、最後には省略することにした。パベルの古典的な名著『The Naked Warrior』(未邦訳)を超えられないからだ。自重力トレーニングを次の段階に進めたいアスリートは、パベルの本を読め！

序文を書いてくれたブルックス・キュービックにも感謝を。筋力トレーニング界のメンターでありヒーローでもあるブルックスから言葉をもらえたことは、これ以上ない名誉だ。『Dinosaur Bodyweight Training』(未邦訳)は鉄を愛する男たちにとってのバイブルだ。400ポンドをベンチプレスする男が、どんなプッシュアップをやっているか知りたければこの本に書かれている。

キャリステニクスのヒーローであるジョン・モローについて触れることができたのは、わたしにとっての誉れだ。Morrowsacademy.com

次世代の優れた自重力アスリートたちがこの本のモデルとして参加してくれたことにも感謝したい。

前編で活躍してくれたジム・バサーストが、後編にも参加してくれている。Beastskills.com

多くの写真のモデルになってくれたのは、マックス・シャンクだ。マックスは、筋力トレーニングのコーチであり、矯正運動の専門家でもある。ケトルベルからビーチに転がっている石までを利用して、筋力とコンディショニング技術について教えている。マックスはアンビション・アスレチックスのオーナーでもある。
ambitionathletics.com

オリンピックのメダリストなどもクライアントに持つアル・カバドロは、ニューヨーク市で出会えるもっとも優れたパーソナルトレーナーのひとりだ。『A Zen

Approach to Everyday Fitness』（未邦訳）などの著者であり、第7、8、9章のフラッグ技術のコンサルタントも務めてくれている。彼のブログはキャリステニクスの重要な情報源になる。alkavadlo.com

　この本のために、フラッグの写真を提供してくれたアルの弟、ダニー・カバドロに感謝。古典的なキャリステニクスのパーソナルトレーナーをやっている。dannythetrainer.com

　前作に続き、本書でも、ロシアンケトルベルの認定インストラクターであるブレット・ジョーンズが編集補助に参加してくれた。この本の中にある賢明さと真実はブレットの努力によるところが大きい。

　完璧なフラッグの写真（87ページ）は、自重力のマスターであるヴァシリーが提供してくれたものだ。彼のビデオは、www.youtube.com／user／VassTheSupersaiyanで。男の中の男だぜ、ヴァス！

　ダニー・カバドロの写真は、兄のアル・カバドロが撮影している。

　アル・カバドロの写真のほとんどは、才能ある写真家、コリーン・レアングが撮影している。コリーンの眼力に感謝。www.ColleenLeung.com

　カバドロ兄弟の写真（114ページ）はティマル・ケイ撮影によるもの。ワオ！

　美しいバレエダンサーの写真（187ページ）は、ラムトロンに帰属する。

　もりもりした前腕を貸してくれたアンディEへも感謝。

　写真の一部は、ワシントンDCのカロラマ地区にあるバランス・ジムとその周辺で撮影された。バランス・ジムの助けに感謝している。みんな、ありがとう！

　この本を支えているBig Dことデレク・ブリカムの創造力にも感謝を捧げたい。デレクの無限の忍耐と献身がどれだけわたしを助けてくれたことか。

ポール・ウェイド

## ポール・ウェイド
### PAUL "COACH" WADE

元囚人にして、すべての自重筋トレの源流にあるキャリステニクス研究の第一人者。1979年にサン・クエンティン州立刑務所に収監され、その後の23年間のうちの19年間を、アンゴラ(別名ザ・ファーム)やマリオン(ザ・ヘルホール)など、アメリカでもっともタフな監獄の中で暮らす。

監獄でサバイブするため、肉体を極限まで強靭にするキャリステニクスを研究・実践、"コンビクト・コンディショニング・システム"として体系化。監獄内でエントレナドール(スペイン語で"コーチ"を意味する)と呼ばれるまでになる。自重筋トレの世界でバイブルとなった『圧倒的な強さを手に入れる究極の自重筋トレ プリズナートレーニング』(CCCメディアハウス)は日米でベストセラーになっているが、その素顔は謎に包まれている。

## 山田雅久
### やまだ・まさひさ

医療ジャーナリスト、翻訳家。主な著書に『脳を老化させない食べ物』(主婦と生活社)、訳書に『脳を最適化する ブレインフィットネス完全ガイド』『圧倒的な強さを手に入れる究極の自重筋トレ プリズナートレーニング』(ともにCCCメディアハウス)、『フォックス先生の猫マッサージ』(洋泉社)などがある。

| | |
|---|---|
| カバーイラスト | 板垣恵介 |
| カバーデザイン | 渡邊民人(TYPEFACE) |
| 本文デザイン | 清水真理子(TYPEFACE) |
| 校正 | 円水社 |

永遠の強さを手に入れる最凶の自重筋トレ
# プリズナートレーニング
## 超絶!! グリップ&関節編

2018年4月7日 初版発行

| | |
|---|---|
| 著　者 | ポール・ウェイド |
| 訳　者 | 山田雅久 |
| 発行者 | 小林圭太 |
| 発行所 | 株式会社CCCメディアハウス |
| | 〒141-8205　東京都品川区上大崎3丁目1番1号 |
| | 電話　03-5436-5721 (販売) |
| | 　　　03-5436-5735 (編集) |
| | http://books.cccmh.co.jp |
| 印刷・製本 | 豊国印刷株式会社 |

© Masahisa Yamada, 2018　Printed in Japan
ISBN978-4-484-18105-9

落丁・乱丁本はお取り替えいたします。
無断複写・転載を禁じます。